JN313917

文化と
まちづくり
叢書

固有価値の
地域観光論

京都の文化政策と市民による観光創造

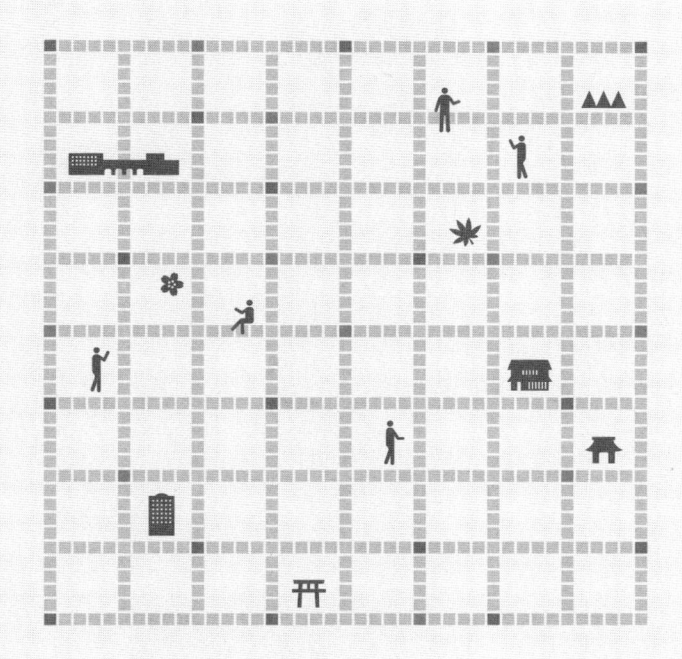

冨本真理子＝著

水曜社

固有価値の地域観光論
京都の文化政策と市民による観光創造

はじめに

　本書は、文化政策とまちづくりの視点から観光にアプローチすることによって、近年、地域再生の切り札として注目されている、オルタナティブ・ツーリズムの一つでもある市民主体の新しい観光の発展プロセスとその諸相を明らかにするものである。また、この市民主体の新しい観光を、ジョン・ラスキンの固有価値論をもとに理論的に考察するとともに、その諸層を京都市のインバウンド・ツーリズム（訪日外国人旅行）の事例により明らかにすることを目的とする。

　19世紀後半にイギリスで活躍した、ジョン・ラスキンは、芸術文化の固有価値とその享受能力に注目し、ウィリアム・モリスとともに文化経済学の祖とされている。ラスキンの固有価値論の詳細は、池上惇（2003）『文化と固有価値の経済学』を基に、本書の中でも論じているが、端的に言えば、経済的合理性や市場至上主義のみでなく、文化的価値や人間の心の豊かさ、環境への配慮などオルタナティブな価値も重視する経済学である。なお、オルタナティブという言葉の意味は、「①代案。代替物。②既存の支配的なものに対する、もう一つのもの。特に産業社会に対抗する人間と自然との共生型の社会を目ざす生活様式・思想・運動など。」（広辞苑による）とある。本書でも扱うオルタナティブ・ツーリズムは、経済的合理性や市場至上主義に通じるマス・ツーリズムから生じた弊害を克服する「もう一つの観光」という意味を持っている。これは、ラスキンによる固有価値論の捉え方と非常に似ている。

　一方、21世紀に入り、我が国では地域再生の切り札としての観光に対する期待は大きい。2003（平成15）年の小泉内閣総理大臣（当時）による観光立国宣言や、2007（平成19）年の観光立国推進基本法の施行、2008（平成20）年の観光庁設置など、観光振興は今や国家的課題となっている。その一方で、従来型のマス・ツーリズムは陰りを見せ、人々の旅行スタイルや価値観が変化してきた。

　そういった中で、新しい観光の形が日本各地で様々に模索され始めてい

た。これらの新しい動向の共通項は、従来では目を向けられなかった旅行者を受け入れる側の地域社会とそこに暮らす地域住民がクローズアップされていることである。さらには、その地域のかけがえのない固有価値を通じて来訪者と地域住民との交流が重視される。そういった新しい観光の形は、経済的価値だけではなく、オルタナティブな価値をも求めている点で、文化政策学・文化経済学に理論的根拠を求めるのである。

　「観光」ということばの語源は、中国・周の時代の『易経』の一節にある「観国之光、利用賓于王（国の光を観る、もって王の賓たるによろし）」であると、言われる。本書では、この「国の光」を国や地域の「固有価値」、「観」を「見る」と「示す」という相互行為から交流として捉え、観光を「固有価値」を仲立ちとしたゲスト（来訪者）とホスト（市民）との知的交流であると捉えている。

　このように、ラスキンの固有価値論や、オルタナティブ・ツーリズム、あるいは「観国之光」など、一見、関連性がないと見えるキーワードをつなぐことから、本書がスタートしたといってもよい。

　本書は、マス・ツーリズムの弊害を克服するためのオルタナティブ・ツーリズム研究において、文化政策学・文化経済学の研究成果をその理論的根拠として活用するという試みであり、その実証として京都市のインバウンド・ツーリズムの事例をあげたものである。

　本書が、市民主体の新しい観光の概念や理論、実践において、研究者や実践者の方々にとって、何らかの手がかりになれば幸いである。さらに、これを機会に、インバウンド・ツーリズムの一端が伝わり、また観光研究の方向を議論するきっかけとなることを期待している。また、読者の皆さまの忌憚のない論評を戴ければ幸いである。

　　　　　　　　　　　　　　　　　　　2011年新春　冨本真理子

目　次

はじめに　4
序章　新しい観光への期待

第1章　市民主体の新しい観光の発展プロセスとその諸相
　　　　　　―「文化政策」と「まちづくり」とに関連づけて―
　1．はじめに　18
　2．マス・ツーリズムから新しい観光へ　18
　　2-1　オルタナティブ・ツーリズム、
　　　　サスティナブル・ツーリズムとニューツーリズム　18
　　2-2　日本における新しい観光の先行研究　22
　3．観光、まちづくり、文化政策の融合へ　28
　　3-1　観光とまちづくりの融合　28
　　3-2　観光・まちづくりと文化政策の融合　31
　4．新しい観光の分析　33
　5．「観光」「文化政策」「まちづくり」の接近と融合の背景　37
　6．まとめ　40

第2章　固有価値論からみた観光論
　1．はじめに　50
　2．地域の個性を活かした内発的発展　50
　3．ジョン・ラスキンの固有価値論と新しい観光について　52
　　3-1　ジョン・ラスキンの固有価値論　52
　　3-2　文化事業と市民主体の新しい観光事業の類似性　54
　　3-3　市民主体の新しい観光と地域資源活用モデル　56
　　3-4　市民主体の新しい観光の担い手としての
　　　　ソーシャル・エンタープライズ（社会的企業）　59
　　3-5　固有価値論からみた市民主体の新しい観光の意義　63
　　3-6　固有価値とソフト・パワー　65
　4．まとめ　66

第3章　日本と京都における観光政策の変遷と観光の現状
　1．はじめに　74
　2．日本の国際観光政策の変遷と観光の現状　75
　　2-1　日本の国際観光政策の変遷　75
　　2-2　日本の国際観光の現状　82

3. 京都市の国際観光政策の変遷と観光の現状　87
      3-1　京都市の観光政策の変遷—2000年まで—　87
      3-2　京都市の観光政策の変遷—2000年から—　88
      3-3　京都市の観光の現状　93
      3-4　観光振興が京都市にもたらす影響　97
   4. まとめ　98

第4章　京都市におけるインバウンド・ツーリズムがめざすもの
　　　　　—現場からの調査を中心として—
   1. はじめに　104
   2. 調査の概要と調査項目　104
   3. 調査結果　105
      3-1　京都訪問と日本訪問の動機の比較　105
      3-2　京都及び日本での感想　109
      3-3　京都や日本の観光内容のニーズについての聞き取り調査　112
   4. まとめ　120
   　資料　124

第5章　女性たちによる新しい観光事業の創造
　　　　　—京都市におけるインバウンド・ツーリズムの現場から—
　　　　　〜ワックジャパンを事例として〜
   1. はじめに　132
   2. 事例検証　133
      2-1　事例概要　133
      2-2　起業の経緯　136
      2-3　人材育成システムとしての講座及び研修制度　138
      2-4　地域資源活用プログラムの認定　139
      2-5　京町家への事務所移転と体験コーナーの設置　140
      2-6　第5回JTB交流文化賞優秀賞の受賞　141
   3. 聞き取り調査　143
      3-1　インストラクターのリーダーへの聞き取り調査　143
      3-2　インストラクター・アテンダントとして活動する人々への
      　　　聞き取り調査　145
      3-3　会社代表による当事例についての分析　147
   4. 事例分析　149
      4-1　事例の意義　149
      4-2　事例の成立要件　157
   5. まとめ　162

第6章　市民による交流をテーマとした観光事業の創造
　　　　　―京都市におけるインバウンド・ツーリズムの現場から―
　　　　　～春光院・シーコケットを事例として～
1. はじめに　170
2. 禅寺における古くて新しい観光への可能性
　　　―臨済宗妙心寺派・本山塔頭・春光院―　170
    2-1　観光と寺院　170
    2-2　禅、日本の仏教・寺院、欧米の仏教　171
    2-3　春光院の事例検証　175
    2-4　本事例のまとめ　182
3. 外国人と京都をつなぐフリーペーパーの挑戦
　　　―国際交流サロン・シーコケット―　183
    3-1　観光と情報　183
    3-2　フリーペーパーについて　184
    3-3　シーコケットの事例検証　186
    3-4　本事例のまとめ　189
4. まとめ　193

終章　市民主体の新しい観光から未来に向けて
1. 市民主体の新しい観光とは　200
2. 今なぜ新しい観光なのか　201
3. 新しい観光の主体　203
4. 残された課題　204
5. 終わりに　205

引用文献一覧　207
あとがき　212

序章

新しい観光への期待

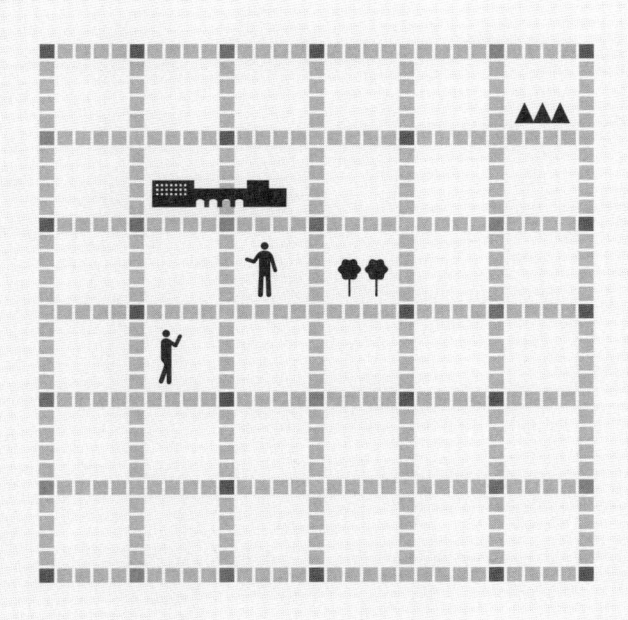

現在は、世界的な大交流の時代である。アメリカの未来学者カーン（1976）は、「観光産業は今世紀末までに世界の基幹産業の一つとなる」[1]と、地球規模での国際観光・国際交流の時代を予測した。世界観光機関（UNWTO）によると、全世界の海外旅行者数は、1950（昭和25）年に2,500万人であったが、1997（平成9）年には6億人を超えた。2008（平成20）年には、9億2,200万人と前年を上回り、過去最高を記録した。同じく世界観光機関（UNWTO）による「Tourism 2020 Vision」（2000年発表）においては、2020（平成32）年までに、15億6,100万人になると予測している[2]。

このようなグローバルな視点での観光の量への注目がある中、我が国においても、観光が大きな関心を集めている。観光庁によると、観光は、裾野の広い産業でその経済効果は極めて大きく、地域経済の活性化に大きな影響を及ぼすことから、21世紀のリーディング産業となり得るとされている。中でも訪日外国人旅行者の増加は、国際相互理解の増進のほか、地域の活性化といった大きな経済効果をもたらすものと期待されている[3]。

2003年1月の小泉総理大臣（当時）による観光立国宣言[4]以降、観光は重要な国家課題として位置づけられている。その背景としては、国際的には地球規模での人の動きの活発化、国内的には少子高齢化に伴う国内各地域の衰退化という側面がある。観光立国における目標は、短期的には観光を基軸とした「地域再生の実現」であり、中長期的には「美しい日本の再生」「文化創造国家の実現」である（石森、2008）[5]。

ところで、「観光立国懇談会報告書―住んでよし、訪れてよしの国づくり―」（2003年4月）では、観光立国の推進に当たって、観光の語源である「国の光を観る」という「観光の原点」に立ち返ること、つまり「観光」の革新が必要であるとしている[6]。このように古代中国、周の時代に書かれた『易経』の一節、「観国之光、利用賓于王（国の光を観る、もって王の賓たるによろし）」が観光の語源として頻繁に取り上げられ、その本義に立ち返ることが近年声高に叫ばれている。

「観国之光」の解釈には諸説あるが、「国の光」とは、本来は、「国の光華盛美」[7]「一国の風俗の美」[8]「国君の盛徳とその教化の美」[9]であり、転じて観光の語源という文脈からは、「一国のすぐれた風光や文物」[10]「その

国の生活ぶり、たたずまい（その背景にある王様の治世ぶり）」[11]「国（地域）の光（さまざまな資源）」[12]「固有価値をもった地域の文化」[13] などがある。さらに、「観」については、「見る」と「示す」という両義があるとするのが一般的であり[14]、そこから、相互的な意味合いを込めて、「交流」という意味合いを含んで解釈している場合もある。その結果、「『光』を『文化』と考えれば、観光とはすなわち文化を相互に見せあう行為に他ならない」[15] という解釈があげられる。さらに、井口（2002）は「地域文化を仲立ちとした来訪者と（地域住民）の知的交流こそが『観国之光』の真意」[16] という解釈をしている。このように、観光とは人と人、地域と地域、国と国、文化と文化の交流であり、交流によって新しい文化を創造することである。このような磁力を持つ「新しい観光」の概念の構築を社会全体が期待している。本書では、後段で論ずるように「国の光」を国や地域の「固有価値」として捉え、観光を「固有価値」を仲立ちとしたゲスト（来訪者）とホスト（市民）間の知的交流であるという立場から以下論述を進めている。

　それでは、なぜ今、「新しい観光」が希求されているのか。それは、先進諸国が第二次世界大戦後の経済復興を背景に経済的豊かさを実現し、マス・ツーリズムを発生させたことにある。その弊害を克服することが一つの理由としてあげられる。大衆観光を意味するマス・ツーリズムの経済的効果を観光の正の効果とするなら、観光地にもたらす負の効果が深刻化してきたのである。安村（2007）は、「例えば、観光公害と呼ばれる、混雑、騒音、犯罪、売買春などの社会問題、環境の汚染や破壊、文化変容などの問題である。さらに、国際観光で豊かな国の観光客が貧しい国の観光地を訪れるケースでは、観光の新植民地主義の問題も観光学者から提起された」と述べている[17]。かかる現代観光の現実を克服するために期待されているのが、オルタナティブ・ツーリズム、あるいは、サスティナブル・ツーリズムであり、本書で取り上げる「新しい観光」である。

　一方、日本の現状から「新しい観光」の必要性について、石森（2008）は以下のように述べている。「地域再生」が国家的課題になっており、政府は地域主導の地域再生事業を展開しているが、その多くは広い意味での

「観光」に関わる事業である。少子高齢化社会においては、「交流人口の拡大による地域活性化」が不可欠であり、観光を基軸にした「地域再生」事業が重要にならざるを得ない背景がある。そのためには、従来型の観光振興をはかるのではなく、地域住民が主役になり、地域住民が誇りを持つことのできる地域資源を持続可能な形で訪問者（来訪者）に提供することによって、地域住民と来訪者がともに感動や幸せを共有できるような「新しい観光の創造」が必要である[18]。

　観光学は、マス・ツーリズムから、その後マス・ツーリズムの弊害を克服しようと、1980年代頃から推進されて現在に至る観光の現実を「科学的」に研究しようとするものである[19]（安村、2007）。ジャファリ（1990）は、1960年代以降の観光研究を以下四つの土台（platform）で説明している[20]。①擁護の土台（1960年代）、観光の経済的な重要性に焦点を当て、開発へのチケットとしてマス・ツーリズムを擁護する段階、②警告の土台（1960年代末〜1980年代末）、文化の商品化やホスト社会に与える負の影響を明らかにし、擁護に対して警告をする段階、③適正の土台（1970年代末〜）、オルタナティブ・ツーリズムのような新しい戦略の萌芽がみられ、部分的な改良なども出現したが、拡大するマス・ツーリズムを完全に克服できず、その規模を縮小することはできない段階、④知識ベースの土台、以上の三つの土台との関連を同時に行いながらも、科学的基礎の上に位置づけることを目的とし、観光の形態や成果ではなく、観光に関する知の科学的蓄積を整理することを目的とする段階、である。観光研究が、マス・ツーリズムの弊害を克服しようと、現代観光の現実を科学的に研究しようとする立場なら、観光研究における知識ベースのステージにある今日、日本における新しい観光研究の意義は大きいと言えよう。

　本書の課題は、文化政策とまちづくりの視点から観光にアプローチすることによって、近年、地域再生の切り札として注目されている、オルタナティブ・ツーリズムの一つでもある市民主体の新しい観光の発展プロセスとその諸相を明らかにすることである。また、この市民主体の新しい観光を、ラスキンの固有価値論を基に理論的に考察するとともに、その諸相を

京都市のインバウンド(訪日外国人旅行)・ツーリズムの事例により明らかにすることを目的としている。

なお、観光の定義づけは、以下のように簡単ではない。岡本(2001)は、「観光学は発展途上の学問であり、今の段階で観光の普遍的な定義を示すことは難しい。それは観光学にとっての永遠の課題である」[21]としている。安村(2007)は、「観光とは何か。この問いに答えようとするのが、観光学である」、あるいは、「観光の完璧な定義は、観光学の最終的な目標とさえいえる。しかし、研究対象としての観光の輪郭を予め記述し、観光を暫定的に定義することが不可欠となる」[22]としている。

観光政策審議会の「今後の観光政策の基本的な方向について」(答申第39号、1995年6月2日)では、観光は「余暇時間の中で、日常生活圏を離れて行う様々な活動であって、触れ合い、学び、遊ぶということを目的とするもの」としている。しかし、これについても不十分で、香川(2007)は、「観光は観光旅行として定義されており観光がもつ含意のすべてが語られているわけではない。(略)観光基本法[23]においても、観光立国推進基本法[24]においても、観光そのものの定義はない」[25]としている。

安村(2007)は、「観光の概念は、三つの視点から捉えられる」とし、「移動」の視点、「交流」の視点、「事業」の視点をあげている[26]。本書では、特に「交流」の視点に重点をおき、ゲストを受け入れるホストの視点を重視している。観光の「交流」の視点、すなわち、「観光客と観光地住民の相互作用」から観光の概念を構成することに注目したのは、文化人類学者スミス(1978)である。スミスは、文化人類学研究のフィールドである未開社会を観光客が訪れるようになった事実に注目して、住民と観光客の交流に関心を抱くようになり、観光の「ホスト−ゲスト論」を展開しながら観光人類学を提唱した[27]。しかし、未開社会でなくても、一般的に他者と自己を見つめることにより自己変革をおこすことは可能であるし、またそれが社会全体に波及して「社会変革」につながることになる。互いの社会の文化は、観光を通して交流を続けながら変化し続ける。「観光は、二つの社会が文化交流しつつスパイラルに社会変革してくプロセス」であり[28]、観光を観光交流として定義できるのである。

序章　新しい観光への期待

本書は、観光の定義を上記のように捉えながらも、観光を文化政策とまちづくりの視点から「理論的」[29]に分析し、事例に基づいて「実証的」に研究する試みであり、以下のような構成で成り立っている。

　第1章と第2章は理論研究である。第1章では、観光を文化政策やまちづくりとの関係の中で捉え直し、先行文献を整理することにより、近年注目されている市民主体の新しい観光の発展プロセスとその諸相を明らかにする。

　第2章では、第1章で取り上げた市民を主体とする新しい観光を、ラスキンの固有価値論をもとに論ずる。固有価値としての地域資源とそれを活用する能力を生み出し、経済活動に結びつける新しい観光のメカニズムを考察、分析する。

　第3章では、日本と京都における国際観光を中心とした観光政策の変遷・現状を明らかにして、第4章の調査と第5章、第6章の事例紹介のバックグラウンドを示す。

　第4章では、筆者がインバウンド観光事業に参画して、実践の中から得られたアンケート調査と聞き取り調査から、外国人旅行者の日本/京都訪問の動機と感想、観光内容のニーズを分析する。ここから、今後インバウンド観光の目指すものを明らかにする。

　第5章では、国際的にも評価の高い観光都市京都市において、海外に日本文化を発信している女性たちによる観光ビジネスを、市民主体の新しい観光事業の事例として取り上げ、分析、考察する。

　第6章では、同じく京都市においてインバウンド観光事業の事例を2例あげる。一つは、仏教を通じて日本文化を発信している禅宗の寺院、もう一つは、外国人向けのフリーペーパー（無料観光情報紙）を発行し、観光情報を通じて外国人と京都、あるいは地域内の様々な主体もつないでいく活動をしている国際交流サロンである。これら3事例により、第2章で導き出した固有価値論から見た観光の意義を実証する。

　終章では、全体を総括し、残された課題を明らかにする。また、今後、日本において「観光立国」の先に見えてくる将来像を提示する。

　本書では、特に市民主体という立場からインバウンド観光事業の現場に

携わる側の視点から執筆していることが大きな特徴である。

注

1 Kahan, Herman, Brown,William and Martel, Leon, *The Next 200years : A Scenario for American and the World*, Associated Business Programmes Ltd., 1977, pp.40-41.
2 「Tourism 2020 Vision」は、世界観光機関（UNWTO）がツーリズムの発展に関して、21世紀の最初の20年間を長期予測し、評価するものである。
世界観光機関ウェブサイト内Tourism Highlights 2009 Edition：
http://www.hhp.ufl.edu/trsm/ctrd.default/activity/marketing_files/2009TourismHighlights.pdf#search='『Tourism Highlights 2009 Edition』WTO)' 2010/12/26 確認
International Tourists Arriavals, 1950-2002.
http://www.rea.ru/hotel/TourMaterials/WTO/1950-2002.pdf#search='international arrivals 19502002 wto' 2010/12/26 確認
なお、世界観光機関の略称WTOは、後に設立された世界貿易機関（略称が同じくWTO）との混同を避けるために。国際連合の専門機関となった後の2005（平成17）年12月1日に、セネガルにおける総会において、国際連合の略称であるUNを冠して、略称をUNWTOとすることが決定された。世界観光機関ウェブサイト：
http://www.world-tourism.org/newsroom/Releases/2005/december/acronym.htm 2010/12/26 確認
3 観光庁ウェブサイト：http://www.mlit.go.jp/kankocho/about/keiki.html　2009/11/27確認
4 2003（平成15）年1月31日、第156回国会の施政方針演説の中で、小泉総理大臣（当時）が「2010年までに訪日外国人を1000万人に増やす目標」をあげたことをいう。
5 石森秀三編著『大交流時代における観光創造』北海道大学大学院メディア・コミュニケーション研究院、2008年、巻頭言（石森筆）。
6 「観光立国懇談会報告書―住んでよし、訪れてよしの国づくり―」（2003年4月24日　観光立国懇談会）では、「観光」の語源について以下の記述がある。
　　２．観光の革新―文化の磁力を高めて―
　　（1）「国の光を観る」―観光の原点―
　　　　「観光」の語源は、中国の古典『易経』の「国の光を観る」にあるといわれている。『易経』は、一国の治世者はくまなく領地を旅して、民の暮らしを観るべしと説いている。民の暮らしは政治の反映であり、善い政治が行われていたならば、民は活き活きと暮らすことができ、他国に対して威勢光輝を示すことができるというわけである。つまり、「国の光を観る」という行為は「国の光を示す」という国事行為につながっていたのである。
　　　　観光立国の推進に当たっては、まずはこうした「観光の原点」に立ち返ること、つまり「観光」概念の革新が必要になる。観光の原点は、ただ単に名所や風景などの「光を見る」ことだけではなく、一つの地域に住む人々がその地に住むことに誇りをもつことができ、幸せを感じられることによって、その地域が「光を示す」ことにある。そのように考えると、観光は、国づくりや地域づくり、町づくりと密接にかかわることが明らかになる。
　　首相官邸ウェブサイト：http://www.kantei.go.jp/jp/singi/kanko/kettei/030424/houkoku.html#I　2009/12/6確認
7 今井宇三郎『新釈漢文大系第23巻易経（上）』明治書院、1987年、446ページ。
8 本田済『中国古典選1　易（上）』朝日新聞社、1993年、205ページ。
9 赤塚忠訳『中国古典文学大系』平凡社、1972年、445ページ。

10 北川宗忠『「観光」交流・新時代』サンライズ出版、2003年、13～14ページ。
11 社団法人日本観光協会編『観光実務ハンドブック』丸善、2008年、236ページ。
12 北川宗忠編著『観光・旅行用語辞典』ミネルヴァ書房、2008年、47ページ。
13 井口貢『まちづくり・観光と地域文化の創造』学文社、2005年、2ページ。
14 今井、1987年、441ページ
15 香川眞「観光の語源」同編、日本国際観光学会監修「観光学大事典」木楽舎、2007年、18ページ。
16 井口貢『観光文化の振興と地域社会』（ミネルヴァ書房、2002年、5ページ）は、以下のように「観国之光」を解釈しており、本書も同様に捉えている。
　「国とは、文字通りの国と、一地域をも含め、『国の光』とは、固有価値をもった地域の文化である。『観る（みる）』とは、ただ漠然と見るのではなく、じっくりと心をこめて観て学び取ることであり、『観す（しめす）』という、迎え入れる側の来訪者に対する姿勢までもが包含される。したがって、観光とはひとつの国（地域）の固有価値としての文化を、さまざまな諸相からよくみつめ学びとることであると同時に、自己の地域のかけがえのない文化を外部の人に示し、みてもらい学んでもらうという行為である」
17 安村克己「観光学の土台」香川編、2007年、28ページ。
18 石森秀三「観光立国時代における観光創造」石森編著、2008年、13、16ページ。
19 安村、前掲、香川編、2007年、28ページ。
20 Jafari, Jafar, "The Basis of Tourism Education" *The Jornal of Tourism Studies,* Vol.1, No.1, May'90, 1990, p.34. 訳語については、安村、前掲、香川編、2007年、28ページを参考にした。
21 岡本伸之編『観光学入門―ポスト・マスツーリズムの観光学―』有斐閣、2001年、2ページ。
22 安村「観光の定義」香川編、2007年、18ページ。
23 1963（昭和38）年6月公布。
24 2006（平成18）年12月13日、議員立法により成立。
25 香川「観光旅行／移動の視点」同編、2007年、19ページ。
26 安村「観光の概念」同上、19ページ。
27 Smith, Valene, L., *Hosts and Guests : Anthropology of Tourism,* Blackwell Publishers, 1978. 三村浩史監訳『観光・リゾート開発の人類学―ホスト＆ゲスト論でみる地域文化の対応―』勁草書房、1991年。
28 香川「観光交流／意味の視点」同編、2007年、20ページ。
29 安村「観光学の諸想」（香川編、2007年、29ページ）は、以下の説明をしている。観光学には、観光の現実に関する「理論的」分析と、観光の発展や課題に対する「実践的」研究の二つの目的が想定される。こうした二つの目的から、観光学の研究形態も、観光の理論を構築する「理論的接近」と観光事業の実践に提言する「実践的接近」の二つがあるとする。そのような観光学の「理論的接近」には、多くの研究分野が取り組んでいる。（略）しかし、現時点の観光学は、体系的な科学的知識群を産出できる学問とは見なせない。したがって、観光学は、「科学的」根拠に基づいた「実践的接近」をできる状態にない。

第 1 章

市民主体の新しい観光の発展プロセスとその諸相
―「文化政策」と「まちづくり」とに関連づけて―

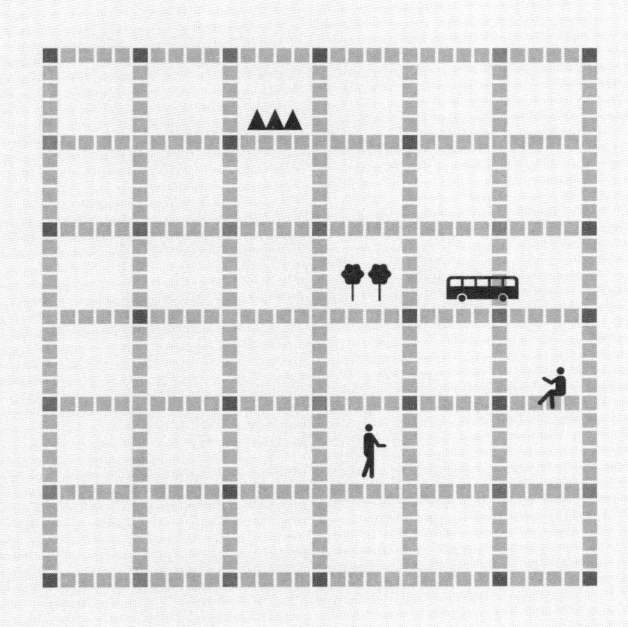

1. はじめに

本章では、観光を、文化政策やまちづくりとの関係の中で捉え直すことによって、近年注目されている市民主体の新しい観光の発展プロセスとその諸相を明らかにすることを目的とする。

「観光」[1]「文化政策」[2]「まちづくり」[3]は、従来それぞれに論じられることが多かったが、徐々に関連づけられて論じられるようになり、本章でも言及する「観光まちづくり」[4]のように一つの用語として成立しているものもある。文化政策と観光政策の関連や、マス・ツーリズム（mass tourism）の弊害を克服するために観光に文化政策の視点を取り入れて論じることも重要となっている。「文化政策が次第にその研究領域をひろげ、都市開発と文化との関係が密接なものとなったこと」（河島、2001）[5]から、「まちづくりと文化政策についての研究」（織田、2009）[6]も進められてきており、その中で新しく観光を位置づける動きも出てきている。

本章では、「観光」「文化政策」「まちづくり」が扱う領域が、次第に広がりつつ、接近して、融合するに至ってきた歴史的経緯を先行文献の整理により明らかにするとともに、その背景についても考察する。

2. マス・ツーリズムから新しい観光へ

2-1 オルタナティブ・ツーリズム、サスティナブル・ツーリズムとニューツーリズム

現代の観光産業はマス・ツーリズムとともに発展してきた。第二次世界大戦からの復興後、1958（昭和33）年にジェット旅客機サービスが始まり、1960年代頃までに、アメリカ、西ヨーロッパ諸国、日本等の先進諸国はマス・ツーリズムの時代を迎える。

マス・ツーリズムとは、観光が大衆化して、大量の観光者が発生する現象をいう。先進諸国では、工業生産力が飛躍的に増大し、大量生産・大量消費の経済活動により、人類史上かつてない経済的豊かさを実現し、いわゆる大衆消費社会を実現させた。そのような動向に対応して、それまで一部の裕福なエリート層に限られていた観光が一般大衆にも享受され始め、大衆消費社会にマス・ツーリズムが発生した。欧米では、1970年代にな

ると、ジャンボ・ジェット旅客機の定期航空路線就航に始まり、国際観光の大量化・高速化、すなわちマス・ツーリズムがいっそう進んだ[7]。

1980年代から1990年代がマス・ツーリズムのピークであるが、一方で1970年代から1980年代にかけては、マス・ツーリズムの諸問題が顕在化してきた。それは、観光地に文化変容をもたらし、犯罪や売買春の発生、環境汚染や破壊、さらにゲストとホストの交流が少なく、地域社会の発展にも寄与しなかったケースが多いといったものである。

そういったマス・ツーリズムに代わる「もうひとつの観光」という意味を持つ「オルタナティブ・ツーリズム（alternative tourism）」[8]という概念が1980年代から盛んに用いられるようになった。ピアス（1992）によると、オルタナティブ・ツーリズムとは、個人や地域による交流の発展過程としての旅行であり、ホストとゲストの個人的文化的交流と相互理解、連帯と平等を目指すのがその目的であり、ホストとゲスト間のふれあいについて強調されているのが特徴である。オルタナティブ・ツーリズムの起源は、1970年代から1980年代初頭にかけて、途上国において出現した観光開発に始まる。小規模で、自然環境に調和し地域住民の参加率が高いという特徴があった[9]。一方、ヨーロッパでも1980年代初頭に、ドイツ語圏のアルプス地方で一定の人気があった「ソフト・ツーリズム」[10]を代表とする様々な名称の観光形態にこのオルタナティブ・ツーリズムの概念が見られる[11]。

1987（昭和62）年に国連環境開発世界委員会（World Commission on Environment and Development）が、"Our Common Future"と題する報告書、いわゆるブルントラントレポートを発表し、持続可能な発展（sustainable development）の概念[12]が注目を浴びた。それは、1992（平成4）年のリオデジャネイロで行われた地球サミットで継承され、アジェンダ21というアクションプランが提示された。アジェンダ21では、従来型の政府主導のトップダウン型のアプローチではなく、地域とその住民を含むボトムアップ型の開発へのアプローチによる持続可能な開発の戦略を想定している[13]。その後、1997（平成9）年のニューヨークでの第2回地球サミットで、観光産業は"持続可能な発展"の実践を必要とする産業として認定された[14]。

さらに、1989（平成元）年の国際観光アカデミー（於ポーランド・ザーコパーネ）で、オルタナティブ・ツーリズムが議題となった。そこでは、オルタナティブ・ツーリズムはあいまいで混乱を来す用語であり、今後は alternative form of tourism または tourism alternative という用語を用いることが提唱された[15]。一方、「サスティナブル・ツーリズム（sustainable tourism）」[16] はより正確で、意味深いとされた[17]。
　安村（2003）は、「オルタナティブ・ツーリズムとサスティナブル・ツーリズムは、南北問題と環境問題という2つの根本問題に対処するために出現した観光形態といえる。この2つの問題は、不可分に関連し合い、近代の高度化という時代の趨勢に関わるので、併せて近代問題（modern problems）と呼ぶことにし、オルタナティブ・ツーリズムとサスティナブル・ツーリズムは、ともに近代化問題という同一の原因から出現した同一の事実とみなされる」[18] としている。すなわち、オルタナティブ・ツーリズムの問題はマス・ツーリズムの諸問題であり、サスティナブル・ツーリズムは地球規模の環境問題である。これらの根本は近代化問題であり、近代化という経済至上主義から発生した諸問題への克服を目指して提唱されたと言える。
　また、プーン（1993）は、ニューツーリズムという用語を使い、その概念を総合的にまとめている（図1-1参照）。プーンは、「観光産業は、危機にある。観光産業自身の性質の急速な変化によってもたらされた危機である」あるいは、「観光産業の危機は、マス・ツーリズムの危機である」と冒頭に述べ、1978（昭和53）年のアメリカ政府による自由競争促進目的の航空会社規制緩和法制定を契機として、観光産業の技術革新が急速に進み、観光形態に大きな変化が起きたとしている[19]。
　プーン（1993）によると、ニューツーリズムは、以下の場合に存在するという[20]。
1．旅行商品が多品種少量生産され、大量生産型旅行と競争可能な価格で購入可能である。
2．観光／観光関連サービスの商品が、スケールメリットだけに支配されておらず、例えスケールメリットが有利であっても、オーダーメ

イドサービスが供給できる。
3. 消費者が旅行商品の生産に対して主導権を徐々に獲得している。
4. 旅行商品が、多様なニーズ、収入、労働時間、旅行への興味を持つ個人へ売られている。マス・マーケティングがもはや支配的ではない。
5. 消費者が、旅慣れており、教育レベルが高く、希望訪問地が多様で、自立性や融通性があり、環境保護意識がある。
6. 消費者が、訪問地の環境や文化を旅行の重要な部分として捉えている。

図1-1　ニューツーリズムの推進要因

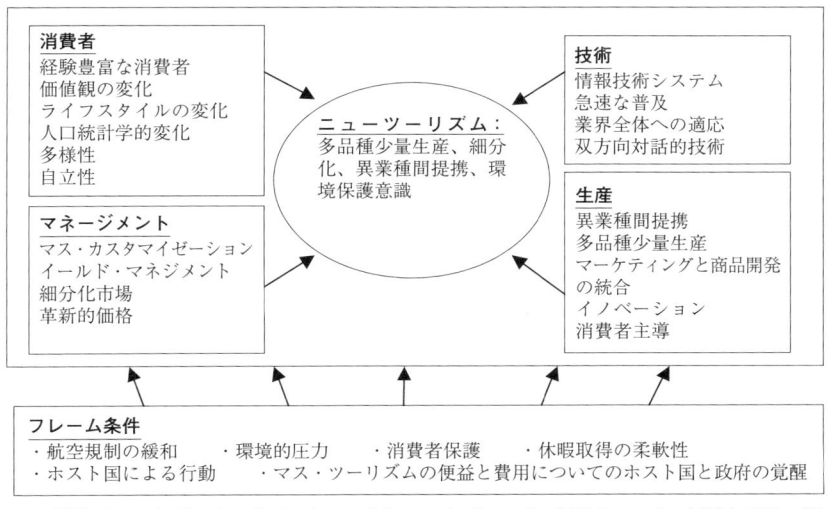

消費者
経験豊富な消費者
価値観の変化
ライフスタイルの変化
人口統計学的変化
多様性
自立性

マネージメント
マス・カスタマイゼーション
イールド・マネジメント
細分化市場
革新的価格

ニューツーリズム：
多品種少量生産、細分化、異業種間提携、環境保護意識

技術
情報技術システム
急速な普及
業界全体への適応
双方向対話的技術

生産
異業種間提携
多品種少量生産
マーケティングと商品開発の統合
イノベーション
消費者主導

フレーム条件
・航空規制の緩和　・環境的圧力　・消費者保護　・休暇取得の柔軟性
・ホスト国による行動　・マス・ツーリズムの便益と費用についてのホスト国と政府の覚醒

出所：Poon, A. *Tourism, Technology and Competitive Strategies*, CAB International, USA, 1993, p.87.

プーン（1993）の分析は、新しい観光が出現した背景を非常によく表しており、観光形態の変化が、社会的背景や消費者の変化、技術革新、それに伴う旅行商品の変化、経営的な側面の変化などから総合的に示されて、観光という現象が社会的背景と複雑かつ密接に関わっていることがわかる。特に、消費者の欲求の発展に伴う価値観やライフスタイルの変化は、観光形態にも変化をもたらし、財やサービスの質が求められるようになったことに注目したい。

なお、次項でも示すように、このニューツーリズムという用語は、近年日本においても様々な新しい観光形態をひと括りにする用語として漠然と使われ、体験・交流・学習の要素を盛り込んだ観光地側から提供するツアーの総称として使用されている。

2-2　日本における新しい観光の先行研究

ここでは、本章と関わる先行研究について整理する。特に、日本における観光政策や観光研究が、ゲスト側および観光産業の視点、あるいは観光の経済的効果に偏りがちであった議論に対し、観光を受け入れる地域社会から観光のあり方を問い、地域活性化に結びつける以下の研究に注目した。

自律的観光

石森秀三（2001）は、鶴見和子（1989）[21] や宮本憲一（1989）[22] らによる内発的発展論の視点に基づいて、地域社会の人々や集団が固有の自然環境や文化遺産を持続的に活用することによって、地域主導による自律的な観光のあり方を創出する営みを「内発的観光開発」として、持続可能な観光の創出につながる観光開発の新しい概念を提起している[23]。また、地域社会の「自律性」を基盤にした内発的観光開発は、「自律的観光（autonomous tourism）」の創出につながり、観光者にとっても、観光者を迎える地域にとっても「自律的観光」であると、説明している。さらに、石森（2008）は、観光による地域再生が国家的課題になるなかで「新しい観光の創造」を重要課題として取り組むべきであると、提言している。具体的には、20世紀の観光は、旅行会社や観光関連企業が中心になって動かされてきたが、21世紀は、主役となる地域住民が誇りを持つことのできる地域資源を持続可能な形で来訪者に提供することによって、地域住民と来訪者が感動や幸せを共有できるような「新しい観光の創造」を行うことが重要な課題であると述べている[24]。石森の研究は、日本独自の内発的発展論の視点から新しい観光のあり方を提唱し、地域住民が主役となり、固有の地域資源を持続可能な形で来訪者に提供する観光のあり方を規定している。

観光まちづくり

西村幸夫（2009）は、歴史的環境の保全や景観整備に関わった地域が、

観光地として活性化した事例を見てきたことから、「観光まちづくり」[25]という概念を構想し、「地域社会が主体となって地域環境を資源として活かすことによって地域経済の活性化を促す活動の総体」と定義づけている[26]。「まちづくり」という、「地域社会を基盤とした地域環境の維持・向上運動」と、「観光」という「資源としての地域環境の利活用をベースとした地域経済の推進活動」が、近年、接近していることを指摘しているのである。「まちづくり」の分野で「観光」を考えることによって、地域経済を「まちづくり」の枠内で考えるという視点を取り込み、「観光」の側では弱点であった地域社会を重視するという「まちづくり」の視点を取り入れている。それぞれが新たな視点を付加することにより、両者が、互いの弱みを補完し、強みに変えるという効果をもたらしている。

ニューツーリズム

観光庁によると、「ニューツーリズムについては、厳密な定義づけは出来ないが、従来の物見遊山的な観光旅行に対して、テーマ性が強く、体験型・交流型の要素を取り入れた新しい形態の旅行を指す。テーマとしては産業観光、エコツーリズム、グリーン・ツーリズム、ヘルスツーリズム、ロングステイ等が挙げられ、旅行商品化の際に地域の特性を活かしやすいことから、地域活性化につながるものと期待されている」[27]とある。尾家（2008）によると、我が国で「ニューツーリズム」という用語が一般に普及し始めたのは2004（平成16）年3月の日本商工会議所による「地球における『ニューツーリズム』展開に関する提言」である[28]。また、2007（平成19）年6月に策定された観光立国推進基本計画においては、新たな観光旅行の分野としてニューツーリズムをあげている。同年9月には国土交通省が「ニューツーリズム創出・流通事業」の実証事業採択を発表し、ニューツーリズム旅行商品を創出する地域と旅行会社とのマッチングのためのデータベースの構築や活動等、ニューツーリズムの創出と流通を促進するための施策を推進している。このような経過から、ニューツーリズムは、政府や行政が主導・提唱し、地域での新しい観光の創出と流通を促進するための施策から生まれた用語である。

なお、同計画においては、ニューツーリズムの創出・流通の背景として、

旅行者ニーズが多様化し、とりわけ地域独自の魅力を生かした体験型・交流型観光へのニーズの高まりと、新たな旅行需要の創出による地域の活性化等が期待されているとしている。観光立国宣言をした日本にとって、経済重視の時代を経て、文化的魅力の向上を内外に高めるために観光は最良のチャンスであり、地域再生の切り札であるという認識のもとに、観光の原点に立ち帰り、「観光」の概念を刷新しようとしている取り組みであると言える。

　京都市では、2007（平成19）年度から、夏・冬のオフシーズン対策や、地域の活性化にも資する界わい観光、体験型観光などにつながる京都の隠れた観光資源を発掘して、京都観光の新たな魅力として発信する「京都市ニューツーリズム創出事業」を展開している。京都市が支援する具体的な内容は、実施団体が取り組む事業の初期・追加経費に対する補助や、企画・進行管理等を助言するアドバイザーの派遣，事業のPR支援であり、その３点をパッケージにしてサポートしている[29]。

　この京都市の事業は、地域の事業体に行政と既存の旅行会社がサポートをする形で新しい観光事業を創出することを企図しており、まさに新しいタイプの観光形態であると言える。地域の事業者は、アイデアはあるものの事業化するノウハウがない点を、行政と旅行会社がバックアップするという意味で、まさに「ニューツーリズム」であり、前述のプーン（1993）が使い始めた用語と同じ背景は一部あるものの、それを日本の現状に合わせて具体的な形で創出するという新しい動きであると言える。

着地型観光

　尾家建生（2008）は、「着地型観光」という用語について、2003〜04（平成15〜16）年頃から地方自治体が使い始め、地域づくりの最前線に立つ自治体の地域振興や産業振興部門が地域づくりのキーワードとして、地域政策に盛り込み始められたとしている。さらに、「着地型観光」は中央や大企業ではなく、地方から発信され始めて、定着し、地方の行動と主張が込められている。地域の文化をそこに住む人々が、観光を通じて、付加価値の高い体験観光商品として発信を始めたのは、ここ数年のことであるという[30]。その定義は、「地域住民が主体となって観光資源を発掘、プロ

グラム化し、旅行商品としてマーケットへ発信・集客を行う観光事業への一連の取組み」である[31]。金井萬造（2008）の分析によると、観光客のニーズは観光地のライフスタイルの体験であることから、着地型観光は日常生活の中からの観光資源化の重要性に着目し、着地側の主体者が中心となって、観光客をもてなす観光行為としている[32]。

常在観光

須田寛（2002）は、「常に在る観光」という意味から「常在観光」という言葉を使っている[33]。さらに、観光の語源である「観国之光」から、「国の光」（地域のもつ価値ある特色）をいかに観光資源化できるかが重要であると同時に、どこにでも「観光資源」が潜在しており、「観光」地になる素地と可能性がある、としている。大切なのはそこに住んでいる人々が、よそものに見せようとする「心」（「観光する心」とでも言うべきか）の持ちようと、具体的な情報発信等の観光行動への結びつきの有無なのであり、その意味でまさに「常在観光」（人の住む所「常」に「観光」「在」り）と述べ[34]、「常在観光」という用語の説明をしている。

井口貢（2005）は、「マス・ツーリズムがもたらした弊害を克服するために、オールタナティブなツーリズムが求められて久しいが、このような時代背景の中であればこそ私たちは地域に所与のものとして存在する、しかし磨き方しだいではキラリと光る可能性をもった資源の価値を再確認して、これをブラッシュアップさせることで生きた観光対象としていかなければならない」[35]とし、このような観光の捉え方を「常在観光」としている。

この常在観光という概念は、従来観光地とは考えられなかった地域でも観光資源となり得るものが必ずあり、それをいかに地域の人々が具体的な観光資源としていくかというプロセスに焦点を当てたものである。固有価値としての地域資源と地域の様々な主体との関わりの重要性を示唆しているところが、注目できる。

地域ツーリズム

佐々木一成（2008）は、「着地型観光」を展開する場合の有望分野として、「フィルム・ツーリズム」「産業観光」「グリーン・ツーリズム」「エコツーリズム」「ミュージアム・ツーリズム」などをあげ、いずれも地域主

導の観光形態として、日本の各地でその萌芽が見られるとしている。佐々木は、これらを従来のマスツーリズムに対し、オルタナティブ・ツーリズムやニューツーリズムなどと呼ばれる新しい観光形態が、地域を基盤として成立し、地域づくりと密接に関係する観光形態であることから地域ツーリズムと呼んでいる。さらに、着地型観光としての地域ツーリズムの特徴として、①新たな施設整備が原則として不要、既存の地域資源を活用しつつ、知恵と工夫のソフト面で集客に当たっていること、②企画・運営を自治体や、住民、NPO、地元観光事業者など受入地域（到着地）側の主導で行っていること、③滞在型、交流型、体験型、学習型のため、人的サービス（インタープリター、インストラクターなど）が商品力の中核となる場合が多く、それほど著名な観光資源がなくとも集客が可能であること、④小ロット・多品種・高付加価値型の旅行商品であること、⑤保護・保全と利・活用の調和がとれ、持続可能な観光を目指す環境共生型であること、⑥観光振興が個性や魅力ある地域づくりと直結し、地元住民の誇りを醸成するとともに、観光競争力強化へとつながっていることをあげている[36]。「着地型観光」を具体的に、より広い概念で「地域ツーリズム」という用語を提唱し、その特徴を明確に掲げている。

　以上のように、日本における新しい観光に関する注目すべき研究を紹介したが、この他にも以下のように同様な提唱や定義づけ、あるいは、実際に体験型ツアーを検索し、予約できるサイトもある（表1-1）。実際に事業化されているもの、施策や支援の立場から概念づけされているものなど様々であり、実態としても、注目を浴びている観光動向であることがわかる。定義や内容から判断すると、これらも本書で取り上げている、一連の新しい観光の形態と同様であると筆者は捉えている。

　先にあげた先行研究や表にまとめたものを総合すると、これらに共通するキーワードは、「住民主役」「地域主導」「地域資源活用」「交流・体験・学習型」「地域活性化」「持続可能」などである。このキーワードから見えてくるものは、従来、外発的な観光開発にさらされ、主体性を持ち得なかった地域社会の役割の大きさに重点をおいていることである。さらに、観光地すなわちホスト側である地域社会が主導し、持続可能な形での地域資

表1-1　新しい観光の諸定義・内容

名称	定義・内容
地旅[37] ※「株式会社全旅の登録商標」	「地域」を誇りに感じている人たちが、そこを楽しみに来てくれる人たちのために企画しておもてなしする旅。 1「テーマや目的」が明確に示されている旅行 2 自然景観、生活文化、歴史遺産など、地域資源の保全に取り組んだ旅行 3 地元の人たち、地域の各種団体（自治会・観光協会・NPOなど）と協力して企画・造成されている旅行 4 地域の食材や伝統工芸品など、地域の物産を生かした広く地域振興に貢献できる旅行 5 地域と密接に関係したテーマ（地元の人たちとの交流や体験機会）が設定され、当該地域ならではの生活文化や産業などの魅力を楽しく伝えるための観光素材（地域案内人の確保）などが含まれている旅行 （株式会社全旅（社団法人全国旅業協会）のウェブサイト）
地域観光[38]	私達は、地域の行政や民間事業者、住民が一体となって、自主的かつ主体的に地域における観光振興に取り組み、その地域への旅行者が増加し、地域社会や地元経済の活性化を実現する一連の活動や現象を「地域観光」と位置づけ、その意義への関心と理解が拡がり深まることにより、「観光立国」を国民運動的なムーブメントに盛り上げていく上で、大きなパワーを発揮することになると考えています。 （地域観光研究所ウェブサイト）
コミュニティ・ツーリズム[39]	『コミュニティツーリズム』とは、観光の形態が、従来行われてきている都市圏を中心とした「発地」の企画担当者が主体となって商品造成し販売する観光から、地域の民間事業者、NPO、市民団体などの地域コミュニティが主体となって商品造成を行い提供する集客交流産業の構築です。本事業は、コミュニティツーリズムの主体となる、地域住民や事業者等が中心となって、その土地独自の魅力ある観光素材を発掘し、地域を熟知した地域プロデューサーが商品造成を行い販売し、ガイドやNPO、商店街等の地域コミュニティが観光客にサービスを提供して、買物や食事の動機付けを行い、来訪者の域内消費につなげるといった「まちをあげての総合的な観光の取り組み」（観光による地域産業のクラスター化）の実現による地域再生事業です。 （JACOM財団法人地域総合整備財団ウェブサイト）
着旅（ちゃくたび）[40]	「着旅（ちゃくたび）」は、観光を機軸とした地域活性化を推進する「地域交流ビジネス」の一環として、地域に埋もれていた全国の体験型のコンテンツをJTBホームページで紹介することで、旅行前や旅行先でお客様に新たな地域の魅力を情報提供し、地域での滞在時間の延長や再度訪れる機会に繋がることを目指す。これは政府の進める観光立国推進基本法の具体的な目標である「国内観光旅行による一人当たりの宿泊数を4泊」「訪日外国人旅行者数1,000万人」につながるひとつの施策である。 （JTBウェブサイト：現地体験プログラム着旅）

筆者作成

　源の維持・活用のため、地域経済と地域社会の活性化によって支える構図が考えられ、そこには、ホストとゲストの交流を伴う体験や学習を重視する観光の形態が浮かび上がっていく。

　プーン（1993）は、「マス・ツーリズムの弊害は認めつつも、それがツーリズムに大衆性、利便性、低価格性をもたらした功績は無視できない。そういった観点からマス・ツーリズムは、今後も一定の需要は、見込まれ

ると考えられる」[41]と述べている。マス・ツーリズムにも一定の価値を見出しながらも、地域社会が主体となった新しい観光のあり方を産官民のパートナーシップのもとでバトラー（1992）の言うように「現実的な試み」が前面に出てきたのである[42]。

3．観光、まちづくり、文化政策の融合へ

　前節では、新しい観光の概要を先行研究から示した。本書では、新しい観光を「文化政策」「まちづくり」との関係の中で捉え直すことを主眼においていることから、本節では、「観光」「文化政策」「まちづくり」をそれぞれの先行研究から歴史的経緯を表1-2にまとめている。その3研究領域が重なり合い融合化することによって、新しい観光の概念が抽出できるという仮説のもと、論考を進める。

3-1　観光とまちづくりの融合

　戦後の復興から観光旅行が復活し、1964（昭和39）年の東京オリンピック、1970（昭和45）年の大阪万国博覧会開催などを経て旅行が大衆化し、マス・ツーリズム全盛の時代を迎えた。高度経済成長期を背景に急成長した観光産業は、観光地の住民の存在と環境保護を軽視した経済効率優先の開発手法をとっていた。一方、1970（昭和45）年から当時の国鉄が始めた「ディスカバー・ジャパン・キャンペーン」は、地域固有の文化に目を向けるきっかけとなった。

　観光とまちづくりの接近に関連して注目したいのは、1960年代頃から研究者やジャーナリズムの主導に始まり、1970年代には住民参加型となる「町並み保全型まちづくり」[43]である。尾家（2008）の研究によると、「『町並み保全型まちづくり』は、ポスト近代の都市計画に『市民参加型』の新しいまちづくり手法を確立した」[44]のであり、「町並み景観の観光による集客効果と経済効果がもたらされる―このような観光の機能と意義の社会的変化は、一般にはマス・ツーリズム（大量観光）からサスティナブル・ツーリズム（持続可能な観光）への転換において観光の本質が変化したものと捉えられている」[45]。すなわち、「町並み保全型まちづくり」こそが、本

書でテーマとしている新しい観光形態の萌芽である。

　似田貝香門（2008）によると、「まちづくりにおけるターニングポイントは、1970年代である。それは、住民参加という視点であり、1960年代に、住民の公害問題や地域生活困難、生活基盤関連社会資本等の不足への要求をめぐる住民の組織化と運動により、まちづくりが住民に自覚され、活動として現れるようになり、この住民運動をうけ、1970年代から80年代には、非制度的住民参加からまちづくりへの住民参加という、地域からのうねりとみられた」[46]としている。1970年前後は、観光やまちづくりのそれぞれの分野において、転換期であると考えられる。それは、戦後の復興期から高度経済成長期を経て、安定成長期にさしかかった時である。

　この70年代について尾家（2008）は「まちづくりと観光の揺籃期」であり、「歴史的町並み保存を通じて交流人口を増やし、観光との関わりを深め、地域の産業創出に新しい手法を生み出した」[47]としている。さらにその時期に、三村浩史（1978）は、それまでの観光政策や観光研究に観光を受け入れる地域社会からの考察が立ち遅れていることを指摘し[48]、猪爪範子（1980）は、観光事業が地域の住民と深く結びつく「まちづくり観光」「住民型観光」を提唱し、地域のトータル・システムとしての観光のあり方を捉えている[49]。このように、「1980年代の初頭までにはまちづくりと観光は、概念上は融合されていた」（尾家、2008）[50]。

　以上のように、1970年代は「まちづくりと観光の揺籃期」、あるいは「まちづくりにおけるターニングポイント」として、重要な時期として捉えられており、共通項は「市民参加」である。まちづくりと観光を結びつけ、新しい形態の観光を創造した重要な要素は、地域の住民、すなわち自立した市民である。

　なお、本書で重要なキーワードとなる「市民」について以下にまとめておく。田村明（1999）が、まちづくりにおいて重要な点は、「日本の自治の歴史、都市の歴史では、『市民』が生まれる土壌は少なかった。（中略）『まちづくり』の実践を通じて、『住民』は『市民』に成長しつつあるし、自治体も変わってきた」[51]と述べるように、まちづくりという活動を通して地域の人々は政治的、社会的に成長したのである。そういう主体性をも

表1-2 「観光」「文化政策」「まちづくり」に関連する日本における歴史的な動向

年代	観光の動向	まちづくりの動向	文化政策の動向
1955～73 高度経済成長期 64東京オリンピック 70大阪万博	45～50年代後半 外貨獲得から観光旅行の復活 60年代前半～70年代前半　旅行の大衆化 63観光基本法公布	①60年代～ 「告発・要求型まちづくり」 「対立・抵抗の住民運動」	①45～59 文化財保護政策が文化政策の柱に ②60年代～70年代前半 文化の重要性の認識とその普及 66文部省文化局発足 68文化庁発足
1973～91 安定成長期 73オイルショック 78「地方の時代」 79第2次オイルショック 80「文化の時代」	70ディスカバー・ジャパンキャンペーン 70年代後半～80年代前半 開発から保護・保存の時代へ	町並み保全型まちづくり ②70年代～ 「地域経済振興型まちづくり」 「かたちの住民参加から自立へ」 ①観光＋まちづくりの融合	③70年代後半～80年代末「自治体文化行政」が前向きに 文化施設の建設ラッシュ
85プラザ合意 85～86円高不況 86～91バブル景気	80年代後半～90年代前半　リゾート開発、温泉掘削ブーム	③80年代～90年代前半 「自己実現型まちづくり」「個別・専門的な住民参加」 観光＋まちづくりの停滞期	89文化庁長官私的諮問機関「文化政策推進会議」設置 ④90年代～ 文化がまちづくりやむらおこしの中核に位置づけられた 「文化行政」から「文化政策」へ
92地球サミット「アジェンダ21」 1991～2000年代前半 失われた10年	90年代後半～： 旅行志向の多様化・高度化と全国的な観光振興への取り組み新しい観光の潮流	④90年代～ 「課題解決型まちづくり」 「行政・住民のパートナーシップ、相互連携へ」 ②観光＋まちづくり＋文化政策の融合	90「芸術文化振興基金」、社団法人「企業メセナ協議会」発足 90～文化政策の発展
95阪神淡路大震災 98 NPO法	96ウェルカムプラン21	98まちづくり三法	94文化庁に地域文化振興課設置 98「文化振興マスタープラン―文化立国の実現にむけて」
05景観三法	03ビジットジャパンキャンペーン開始 07観光立国推進基本法 08観光庁設置		01文化芸術振興基本法 05文化庁「わたしの旅～日本の歴史と文化を訪ねて～」公募

(西村、2009)、(根木、2001)、(織田、2005)、(上野、2002)を参照に筆者作成

った市民の誕生が本書のテーマでもある新しい観光の発展の要素である。なお、ここでは、当然「市民」については、以下のように政治学的にいう市民を指す。「『まち』は、住民が共同して生活するものだから、自分たちが協働して責任をもってつくってゆくという意識が生まれ、（中略）そういう自覚のあるものを『住民』とわけて『市民』という。『まちづくり』の実践の主体は、こうした『市民』であるのが本筋であろう」（田村明、1999）[52]。「市民とは、これまでの、たんにそこに住んでいるという意味での「住民」、または行政概念でいう選挙権を有する住民という意味での「市民」とは異なる、政治学的にいう本来の意味での市民のことです。」（中川幾郎、1995）[53]。「市民、つまり人々としての市民個人が政策の政治主体であること」（松下圭一、1991）[54]。このように本書では、田村らの言うように住民ではなく政治的な主体性を持った存在という意味を込めて「市民」と呼ぶ。

3-2　観光・まちづくりと文化政策の融合

尾家（2008）は、1980年代初頭までに一旦、まちづくりと観光が概念上は融合されたのであるが、1980年代後半に登場したバブル景気を背景とした大規模な観光開発が進み[55]、1970年代に町並み保全型まちづくりのコミュニティ運動から展開された地域と観光の調和のとれた観光開発論は1980年代の社会経済環境の激変により、明らかに後退したとしている[56]。

西村（2009）は、観光がまちづくりを取り入れていく「観光まちづくり」の潮流について、「第一の潮流」（1960年代後半〜）を「外部資源の量的獲得による地域経済の浮揚」、「第二の潮流」（1980年代後半〜）を「外部資源の戦略的活用による地域環境の保全」、「第三の潮流」（1990年代〜）を「外部資源の地域内浸透による地域社会の強化」として整理した。特に「第三の潮流」について、今まさに社会全体が動き出しているところであるとし、その特徴を「磨いた地域資源の魅力を自ら発信し、できるだけ多くの人と共有するために、外部資源としての観光客を受け入れるというところにある」、あるいは「地域での伝統行事や習俗など生活の中で大事にされている資源を地域外のヒトに伝え、価値を共有することによって、

改めて地域に暮らすことの魅力を確認するのである」[57]とする。これは、地域の固有価値を媒介にして、地域の人々が訪問者と交流することにより共感を呼び、自らのアイデンティティを確立していることに他ならない。

　時を同じくして1990年代には、「社会全体が生活の質の向上を強く求める傾向から、それに応えるべく各省庁が文化関連施策を講じ始めたことをうけ、他の政策領域の文化への接近が見られるようになる。地方でも、文化の振興が"まちづくり"の中核的な内容として位置づけられ、地域の開発に文化が重要なテーマとなった。これは、文化政策関連の視野にまちづくりが入り、芸術文化振興支援から出発した文化政策が次第にその関心領域を広げてきたことを示している」（根木、2001）[58]。

　一方、1987（昭和62）年の国連環境開発世界委員会のブルントラントレポート、あるいは、1992（平成4）年の地球サミットによる、持続可能な発展という概念は、文化政策の領域にも影響を与えた。「1998年4月にストックホルムで開催された、発展のための文化政策に関する国際会議では、150の政府代表によって同意された最初の政策目標は、文化政策を発展戦略の重要な要素の一つとすることであった。そこでは、政府は『文化政策が内発的で持続可能な発展の重要な要素の一つとなるように』、発展において広範にわたる文化の重要性を認識して、政策を作成すべきであると提案された」（スロスビー、2002）[59]。

　このような一連の流れの中で、融合が始まっていた観光とまちづくりに加えて、新たに、文化政策の融合が始まったのである。新しい観光は、地域資源、すなわち地域固有の価値を経済的、文化的に活用し、市民参加による、地域と観光のバランスのとれた調和を図るという構造である。

　80年代には円高から産業の空洞化が進み、90年代にはリゾート開発の失敗とバブル経済の崩壊により、地方は大きな打撃を受けた。そのような中、地域固有の文化に注目が集まり、さらに地域の主体性重視の潮流により、地域再生の切り札として地域資源の活用による経済活性化を目的とする観光が再浮上してきた。この時期、すでに融合が始まっていた観光とまちづくりに、地域の固有価値という共通テーマで、文化政策が融合した。この交わりが本書で取り上げている、日本のオルタナティブ・ツーリズムであ

り、「市民主体の新しい観光」と呼ぶことにする。

　以上のように、第一段階として1980年代の初頭までに「市民参加」という手法で、観光とまちづくりが融合した。その後、バブル景気を背景としたリゾート開発、テーマパークの開園、温泉掘削ブームなどの影響でその動きは一旦止まった。第二段階として、1990年代以降、地域の「固有価値」をテーマに、文化政策との融合が進んで、2000（平成12）年前後に観光、まちづくり、文化政策の三者が融合し、その交わったところに本書が取り上げている「市民主体の新しい観光」が生まれた（章末の図1-2参照）。

4．新しい観光の分析

　以上のように、日本における新しい観光の先行研究から、共通するキーワードは、「住民主役」「地域主導」「地域資源活用」「交流・体験・学習型」「地域活性化」「持続可能」などであるとした。また、観光、まちづくり、文化政策の融合のプロセスの経緯を俯瞰した。ここでは、新しい観光の特徴を分析しながら、まちづくりや文化政策との関連性を以下について考察し、新しい観光の定義づけをする。

(1) 来訪者（ゲスト）を受け入れる側の地域社会と市民に注目し、新しい観光の担い手とした。

　マス・ツーリズムは、旅行会社や観光関連企業が中心となって推進されてきたが、新しい観光は、来訪者（ゲスト）を受け入れる地域社会に焦点を当て、その重要性を広く社会に問うている。外発的な観光開発にさらされ、主体性を持ち得なかった地域社会に視点を向けた意義は非常に大きく、以下に見るようなあらゆる要素を引き出す根幹ともなった。明らかにまちづくり運動からの大きな影響を受けているのである。

　さらに、来訪者（ゲスト）を受け入れる側の地域社会に生きる市民という観光の新しい担い手を登場させた。すなわち、新しい観光は、観光事業者だけでなく、市民を巻き込むという意味で担い手の多様化を図り、そういった人々が出会い、信頼関係をつくり、地域のネットワークを構築することを可能にした。その結果、マス・ツーリズムでは対応できない、地域ぐるみの魅力あるまちを生み出すという、観光にとっての好循環を生み出

した。また、地域社会にとって、来訪者の目は刺激となる。その来訪者は、地域のよき理解者、ひいては、将来、まちづくりの担い手となる可能性もある。観光にもまちづくりにも、新たな人的資源を導入、活用することは、非常に大きな力となり、閉そく感のあるシステムを開く働きがある。

(2) 観光においてゲスト（来訪者）とホストとしての市民（来訪者を受け入れる地域住民）の交流という機能の重視

　一方、地域の人々に目を向け、来訪者との交流という側面から捉えると、観光事業を通して、一人ひとりの生活の質やコミュニケーションを良好にし、生きがいを創出し、個人の自立を支援するエンパワーメント効果をもたらしている。新しい観光の担い手、すなわち市民は、観光という場を通じて、自らの地域を学び、その価値を発信する場を得、来訪者と交流することにより、刺激を得て、自身のアイデンティティの形成をも達成している。

　観光の語源「観国之光」にもあるとおり、ゲストとホストとの交流は、観光本来の重要な要素である。しかし、ブーアスティン（1962）は、マス・ツーリズムは、ゲストとホストとの出会いを妨げ、ゲストは旅行をしている地域社会から隔離されてきたと[60]、指摘している。あるいは、三村（1991）は、従来の観光の概念では、ホストとゲストを、経済市場での需要と供給という競合関係と捉えていたのに対し、スミス（1978）の「ホスト-ゲスト論」では人間交流を原点とする関係と捉えていることを評価しており[61]、観光の新しい形を示唆している。「観光には、異質な文化的・社会的背景を持つホストとゲスト、あるいはゲストと自然との接触から新しい文化や事態が創出する可能性があるとし『交流による創造』のメカニズムの実践が新たな観光のあり方」（安村、2001）[62]なのである。このように新しい観光は、観光における交流という機能の重要性をクローズアップさせ、その交流は、観光資源にもなり得ることを示している。

(3) 観光において文化経済学／文化政策学の視点が適用できることを示唆

　地域固有の資源を文化的な視点から、再評価することにより、観光と結びつけ、地域の創造環境に位置づけるというように観光を捉えれば、文化経済学・文化政策学の視点を新しい観光に適用でき得ることを示している。それらの根底にあるとされる固有価値論に基づく詳しい検証は、第2章で

行う。

　池上（2003）は、固有価値とは、芸術的価値を享受する消費者と、創造活動に従事する生産者を交流させ、多様な欲求と、多様な供給者を市場で出会わせる媒体となる概念として捉えている[63]。すなわち、固有価値論に基づけば、観光事業とは、地域の固有価値を媒体として消費者（ゲスト）と生産者（ホスト）が交流し、共感や感動を基礎に個性的で「かけがえのない」財やサービスを作り出すことである。また、市場外部に地域や環境の総合的な管理や設計の問題をも提起しなければならないのである。

　池上（2003）は、「経済資本の主流であった社会は、どちらかといえば、金銭的な価値がすべてを支配し勝ちであった。これに対して文化的な資本による経営の再構築は、人間が自立しながら、同時に、他人や社会との契約関係を構築し、信頼や愛情を育て、豊かな生活と自由人生を追求する社会への模索なのであろう」[64]と述べている。あるいは、「商品中心の単一の開発モデルから人間中心の多元的な開発モデルへの転換」（スロスビー、2002）[65]が、観光にも適用されている。すなわち、観光に関しても、経済性、利便性を追求することには一定の価値があるものの、環境や文化、社会の持続可能性、また旅行者を受け入れる側の地域社会や、人々についての幸せへの配慮、また、旅行者自身にとっても、真に豊かな旅行という観点からの発想が必要であるはずである。観光が、つくり手側の経済性重視優先のスタイルから、旅行者、観光地側の視点に立って、市場外のオルタナティブな価値も追求するようになった今、その理論的根拠として文化政策学・文化経済学の果たす意義は大きい。そういった従来の観光になかったオルタナティブな価値を、文化政策学・文化経済学は提供できるものと考えられる。

　また、観光に文化資本と持続可能性という概念を導入したことも、興味深い。「持続可能な発展」という概念が脚光を浴びたのは、1987（昭和62）年のブラントラントレポートが発表された時であり、「将来世代が自身のニーズを満たす能力を妨げることなく、現在のニーズを満たすような発展」[66]であると特定されている。環境問題と関連づけた持続可能な経済発展という概念が一般的であるが、経済的、文化的、社会的にも持続可能

性を実現する、調和のとれた地域づくりが理想とする形である。前述のように「観光産業は"持続可能な発展"の実践を必要とする産業として認定された」[67]ことと、文化経済学者スロスビー（2002）が自然環境と文化的環境の間や自然資本と文化資本の間に類似性があるなら[68]、環境面からの持続可能性の判定が同様に文化面でも言える[69]と想定しており、観光における持続可能性や文化資本という概念は、適用され得る。観光においては、環境的、文化的価値の保護と、その経済的利用の間で利害が対立しがちであり、それが長らく観光の主たる弊害とされてきた。その両者の利害関係を調和させる一つの手段が持続可能性という概念である。要するに観光においても文化面や環境面と同様に持続可能でなければならない。観光に文化政策の視点を見出すなら、内発的で持続可能な観光開発の要素の一つとなることは明確である。

(4) 地域づくりを目指す総合的な活動の中での観光という位置づけの確立

観光事業は、地域の中で単体として成立するのではなく、地域社会と、地域固有の資源と、地域経済との調和の中での経済活動であるというトータルなまちづくり、あるいは地域マネジメントの一環に組み込まれた観光であるという認識を与えた。

これらから、本書で取り上げている市民主体の新しい観光は、実態においても研究においても、まちづくりと文化政策の要素を含んでいることが特色であり、従来型のマス・ツーリズムとの差異を鮮明にしている。

(5) 市民による起業のチャンス

新しい観光では、市民による観光事業のビジネス化は必要不可欠であり、地域の創造環境を高める上で重要な要因となる。そもそも経済効率優先、大量集客、大量送客、画一的なスタイルであるマス・ツーリズムの問題を乗り越えるためにオルタナティブ・ツーリズムは生まれたが、その一形態である新しい観光事業は、文化事業の非営利性、小規模性、高費用性、個別化されたサービス内容などと非常に類似性があり、文化政策の領域と深い関わりがある。特に、旅行者の嗜好が個性化、多様化の方向にあり、付加価値の高い文化的要素を備えた商品が要求されている新しい観光事業においては文化の重要性がますます増大していくものと予想される。

以上から、市民主体の新しい観光とは、文化や固有価値の視点から再評価した地域固有の資源を仲立ちとして、来訪者（ゲスト）と地域住民（ホスト）が知的交流を図る行為を、地域社会が主体となって地域経済に結び付け地域活性化を図る持続可能な活動の総体であるとする。

5．「観光」「文化政策」「まちづくり」の接近と融合の背景

　前述のように、「観光」「文化政策」「まちづくり」は、もともとは独自に発展してきたものであった。しかし、それらがなぜ接近し、融合するようになり、そこに新しい観光が位置するようになったのか。本節では、その背景について分析する。

(1) 時代背景

　1970年代は、高度経済成長を経て社会の近代化が十分なレベルに達し、民主主義が成長した一方で、経済至上主義への疑問から、オルタナティブな成長の方策を模索し始めた時期でもあった。しかし、バブル経済の到来や1987（昭和62）年のリゾート法制定など、再び外来型の開発による全国画一的な地域振興がなされた。その結果、東京への一極集中が加速し、農山村は疲弊し、自治体財政は悪化していった。そういった、地域経済の再生・活性化を図るための切り札として観光振興が浮上したのである。しかし、観光振興といっても従来型のマス・ツーリズム型では、すでに立ち行かなくなっている。そういった時代背景がまず前提にあって、観光、まちづくり、文化政策の融合による新しい観光が登場した。

(2) 観光、まちづくり、文化政策の総合性という共通の特徴

　本来、観光、文化政策、まちづくりは総合性を持つものであるが、さらに実態としての総合性を強めてきた。総合性とは、ここでは、①行政における総合政策としての性格②実践場面での事業主体としての総合性③本来的に総合的な要素を持つ社会現象という観点から捉えられる。すなわち、行政では、観光、まちづくり、文化政策の各主管課のみで展開できるものではなく、他部局と連携して総合行政的に取り組まれるべきものであり、いわゆるタテ割り行政では対処できにくい。また、観光もまちづくりも文化政策もその事業主体は、産・官・民の協働を含めた多様な主体によって

推進されている。さらには、それぞれが多様な事柄、要素、対象を持ち、社会と多岐にわたる接点を持ちながら成立している。

このように観光、まちづくり、文化政策は、本来持つ総合的な性格が、観光による調和のとれた持続可能な地域活性化という同一の目標を共有することから、より総合化の度合いを深め、共通項が多くなり、融合しやすかった。

(3) 持続可能な発展という社会からの要請

工業化、民主化、近代化が達成された社会の中で、持続可能な発展は共通した課題である。経済成長と環境保護を同時に達成するという概念は、地域社会の役割を重視することが必須である。その後、この持続可能な発展は、経済・政治・社会・文化的分野へと広がった。さらには、従来、観光地の地域住民の知らないところで観光開発が行われ、彼らの意向は無視されてきたことが多かったが、そういった地域の人々にも観光がもたらす恩恵を何らかの形で被らなければ持続可能性は実現できないことも言及されている[70]。持続可能性という概念が、あらゆる分野に適用されてきた結果、単に観光関連産業のみならず、社会全体から観光のあり方を捉える必要がでてきた。

(4) 人々の市民として、消費者としての成熟

総理府広報室による「国民生活に関する世論調査」の中の一つの項目、「心の豊かさ」と「物の豊かさ」についての国民の回答は、1976（昭和51）年から1979（昭和54）年にかけて両者は拮抗していたが、1980年代に入ると逆転して「心の豊かさ」が「物の豊かさ」を上回った。人々は、物質的な豊かさの上に、教育、余暇などの充実もあり、精神的豊かさに注目するようになったのである。さらに、人間の欲求モデルとして、心理学者マズローが唱えたいわゆる「欲求段階説」があるが、人々は今や最終段階の「自己実現欲求」の段階に到達している。そういった価値観の変化から、人々は生きがいを求めて、観光、生涯学習、まちづくりの運動に参加するようになり、それらの活動を通じて市民として成長していった。

まちづくりが「市民」を成熟させたことについては前述の通りであるが、さらに消費者としての成熟も同様に起きている。観光に関して言えば、旅

行すること自体がステータスだった時代から、今や当たり前のこととなり、旅行情報に精通してくるようになった。さらに、インターネットにより自ら情報を得ることが可能になったことや、個性的で目的意識が明確な旅へのこだわり、環境問題や企業倫理等を配慮しながら、商品の選択をする能動的、主体的な消費者主導の観光の時代となってきている。

(5) 既存の観光地での従来型観光（マス・ツーリズム）の行き詰まり

既存の観光地における観光振興は、長期的な不況の下、市場は縮小傾向になっている。すなわち、従来型のマス・ツーリズムの観光産業による経済効率を優先する一方的な観光開発のあり方は威力を発揮しなくなってきている。消費者志向も多様化し、団体旅行から個人旅行へのシフト、ニーズの多様化など、もはや観光事業者だけの手に負えなくなってきている。従来は、観光産業とは関連のなかった地域住民を含む、地域のあらゆる主体の協働によるまちづくりを図りながら、地域発の旅行プログラムを開発するためにも、地域全体のホスピタリティを高め、環境を整備し、その魅力を向上させなければならない段階に来ている。

(6) 地域活性化の切り札としての観光のあり方

少子高齢化社会においては人口減少と政府・地方自治体の財政難が地域経済に及ぼす影響は極めて大きい。人口減少を克服するには、定住人口に交流人口までを対象としたまちづくり、さらには地域をともに支える仲間として捉えることも必要である。

「地方分権が本格化してくる今後は、地域の特色を作り出すような振興手法への転換が不可欠となってくる。それが、固有の自然や歴史・文化、産業等を生かした地域資源活用型の地域振興である」[71]、というように日本の地域振興は、全国画一型から地域の固有価値を生かしたあり方へ強く転換を求められている。

(7) 国の政策として認識された観光振興とまちづくりの関連性

2003（平成15）年に策定された観光立国行動計画により、2010（平成22）年までに訪日外国人を1,000万人にするビジット・ジャパン・キャンペーンが始まり、2006（平成18）年には、21世紀における日本の重要政策の一つとしての観光立国推進基本法が成立した。ここでは、観光が地域経

済の活性化に寄与し、豊かな生活環境の創造等を通じて国民生活の安定向上に貢献することが明記され、明らかに観光とまちづくりの関連性が謳われている。さらに、世界的に成長産業であるとされている観光産業にも国際的な競争激化の中の取り組み、経済不況を乗り越える観光産業を通しての経済波及効果への期待といった、観光本来の経済的な振興目的もあることは言うまでもない。

6. まとめ

　第二次世界大戦後の復興から観光旅行が復活し、高度経済成長のもと大量輸送、大量消費の旅行形態が一般化し、マス・ツーリズムの全盛時代を迎え、それは1990（平成2）年頃まで続いた。一方、マス・ツーリズム全盛の中でも、それがもたらす弊害が叫ばれていた。さらに、より賢い消費者として成長した旅行者の志向が変化してきたことから、観光スタイルにも変化が見られるようになった。その結果、マス・ツーリズムに代わるオルタナティブ・ツーリズムが台頭してきた。あるいは、持続可能な発展を目指す観点からサスティナブル・ツーリズムという概念が導入され、新たな観光のあり方が問われてきた。日本においても、町並み保存や伝統的文化の保存等の運動と、観光を関連づける動きが1970年代から存在したが、1980年代後半からバブル景気時のリゾート開発などで、そうした動きは一旦後退しかけた。しかし、1992（平成4）年の地球サミットにおけるアジェンダ21というアクションプランが提示され、「持続可能な発展」という概念が観光形態にも影響を与えた。一方、日本では、バブル景気崩壊後の地方経済再生のキーワードとして、地域と観光をつなげる新しい観光が浮上してきた。観光地すなわちホスト側である地域社会が主導となり、持続可能な形で地域資源を維持・活用するため、地域経済と地域社会を活性化させる構図が考えられた。そこには、ホストとゲストの交流を伴う体験や学習を重視する観光の形態が浮かび上がってくる。

　次に本章のテーマである、観光と文化政策とまちづくりの融合のプロセスについて、総括する。

　第一段階として、1970年代に、観光とまちづくりは、「住民参加」をキー

ワードにかなり接近し、1980年代の初頭までに融合した。それは、前掲の猪爪（1980）らの研究により明らかになっていたが、その後、バブル景気の隆盛やリゾート法開発により、観光とまちづくりの接近は大幅に足踏みしてしまったのである。しかし、「持続可能な発展」と、「地域再生」という時代背景からその存在は再び、クローズアップされた。そこに、第二段階として、1990年代以降、地域の文化と環境、すなわち地域の「固有価値」の内発的で持続可能な活用が重要な要素[72]として登場し、三者の融合を促進した。それらは、2000（平成12）年以降、融合しその範囲を拡大化しているが、完全に重なりあって同一化することはあり得ない。なぜなら、観光におけるマス・ツーリズムの存在は依然継続するであろうし、インフラ整備などによるまちづくりや、国家や行政が主体となる文化政策もあり得るからである。

　以上のように、観光、まちづくり、文化政策が、融合化したところに、「市民主体の新しい観光」が位置づけられているのである。

　マス・ツーリズムではない、新しい流れとしての観光において、重要な概念は地域の文化・環境の「持続可能」性である。そのためには、地域経済の担い手である観光事業と地域社会の推進力であるまちづくりの両者が、バランスよくその役割を果たしながら、地域固有の価値（地域の環境資源・文化資源）を支えるというトータルな地域システムの中に組み込まれた観光が、地域再生のカギになると考えられる。そこでは、来訪者を受け入れる地域社会が主体となって、地域固有の資源を文化的にも環境的にも持続可能な形で、観光客に提供することにより、市民と観光客が感動を共有しながら交流できる観光が、今後ますます注目されると考えられる。

図1-2　観光と文化政策・まちづくりとの接近

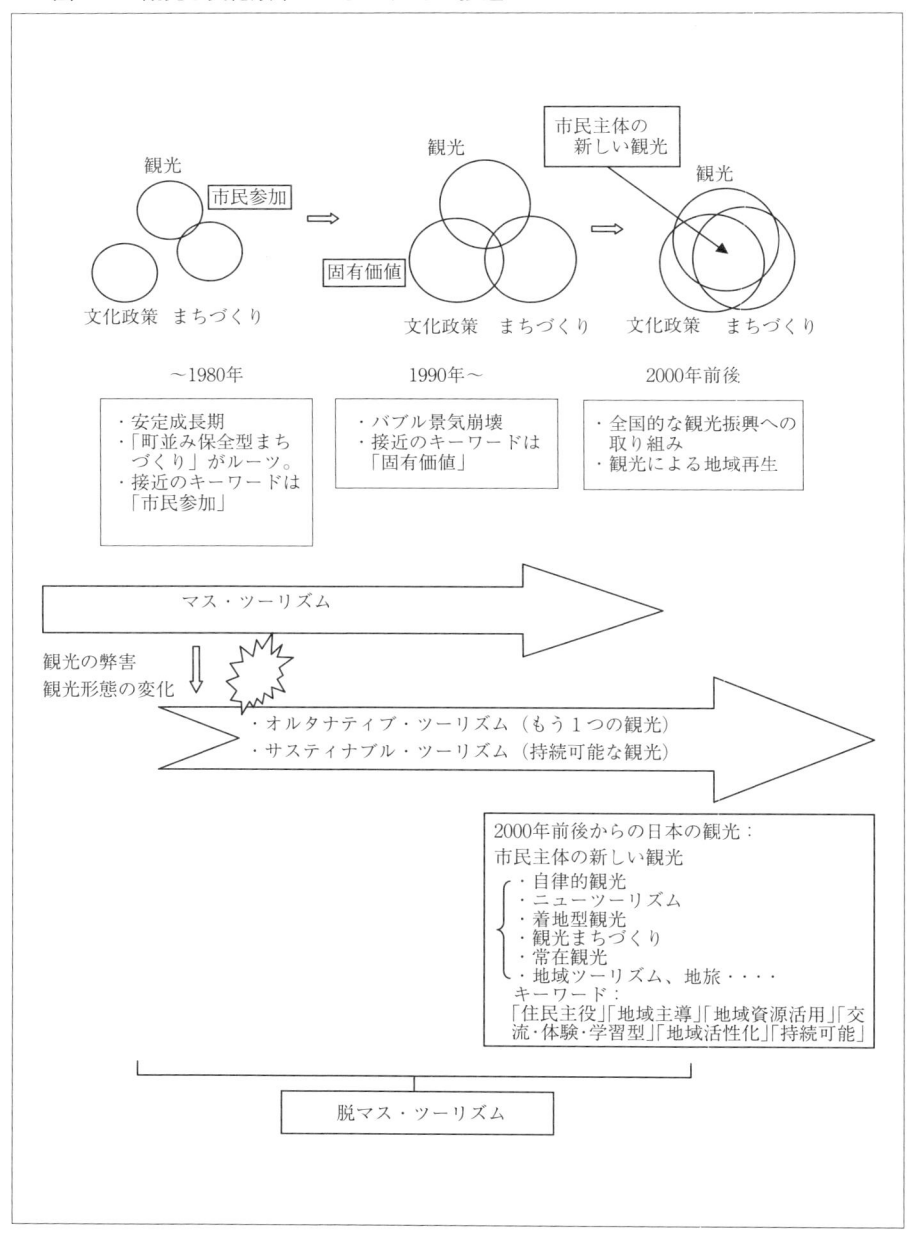

観光　　　　　　　　　　　　　　観光　　　　　　　　　市民主体の
　　　市民参加　　　　　　　　　　　　　　　　　　　　　新しい観光
　　　　　　　　　　　　　　　　　　　　　　　　　　　　　　　観光
　　　　　　　⇒　　　　　　固有価値　　　　⇒
文化政策　まちづくり　　　　文化政策　まちづくり　　　文化政策　まちづくり

　　　～1980年　　　　　　　　1990年～　　　　　　　　2000年前後

・安定成長期　　　　　　　・バブル景気崩壊　　　　　・全国的な観光振興への
・「町並み保全型まち　　　・接近のキーワードは　　　　取り組み
　づくり」がルーツ。　　　　「固有価値」　　　　　　・観光による地域再生
・接近のキーワードは
　「市民参加」

⇒　マス・ツーリズム　➡

観光の弊害
観光形態の変化　⇩
　　　　　・オルタナティブ・ツーリズム（もう1つの観光）　➡
　　　　　・サスティナブル・ツーリズム（持続可能な観光）

　　　　　　　　　　　　　　　　2000年前後からの日本の観光：
　　　　　　　　　　　　　　　　市民主体の新しい観光
　　　　　　　　　　　　　　　　　・自律的観光
　　　　　　　　　　　　　　　　　・ニューツーリズム
　　　　　　　　　　　　　　　　　・着地型観光
　　　　　　　　　　　　　　　　　・観光まちづくり
　　　　　　　　　　　　　　　　　・常在観光
　　　　　　　　　　　　　　　　　・地域ツーリズム、地旅‥‥
　　　　　　　　　　　　　　　　キーワード：
　　　　　　　　　　　　　　　　「住民主役」「地域主導」「地域資源活用」「交
　　　　　　　　　　　　　　　　流・体験・学習型」「地域活性化」「持続可能」

　　　　　　　　　　　脱マス・ツーリズム

注

1 観光政策審議会は、1995（平成7）年に、観光とは「余暇時間のなかで、日常生活圏を離れて行う様々な活動であって、触れ合い、学び、遊ぶということを目的とするもの」という定義をしている。
2 文化政策とは、「創造環境を整備するための公共政策であり、地域社会や都市、あるいは企業の中にある文化資源を再評価して、創造環境の中に位置づける」政策である（池上惇・端信行・福原義春・堀田力編『文化政策入門　文化の風が社会を変える』丸善、2001年、12ページ）。なお、文化政策は公共政策の一つであり、その主体は行政であるという解釈もあるが、本書では、行政以外の多様な主体もまた、公共政策の担い手になりうると捉える。
3 「まちづくりとは、基本的には地域社会を基盤とした地域環境の維持・向上運動である」（西村幸夫『観光まちづくり　まち自慢からはじまる地域マネジメント』学芸出版社、2009年、10ページ）。
4 「観光まちづくりとは、地域が主体となって、自然、文化、歴史、産業、人材など、地域のあらゆる資源を活かすことによって、交流を振興し、活力あふれるまちを実現するための活動（略）。観光まちづくりでは観光はまちづくりの結果の1つのあらわれであり、まちづくりの仕上げのプロセスを意味している」（国土交通省総合政策局観光部監修、観光まちづくり研究会編『あらたな観光まちづくりの挑戦』ぎょうせい、2001年、21ページ）。
5 河島伸子「文化政策の歩み」後藤和子編『文化政策学』有斐閣、2001年、42ページ。
6 織田直文『文化政策と臨地まちづくり』水曜社、2009年。
7 安村克己「観光の歴史」岡本伸之編『観光学入門　ポスト・マス・ツーリズムの観光学』有斐閣、2001年、48～50ページ。
8 「オルタナティブ・ツーリズムとは、これまで見られてきたような大規模な観光開発や環境破壊型の観光に対する反省として、これまでの観光とは違う『もう1つの観光』形態をいう。エコロジカル・ツーリズム、ルーラル・ツーリズム、ソフト・ツーリズム、サスティナブル・ツーリズム、グリーン・ツーリズム、アグリ・ツーリズム、ブルー・ツーリズムなど幅広い概念である」（山上徹・堀野正人編著『ホスピタリティ・観光事典』白桃書房、2001年、15ページ）。
9 Pearce, Douglas G., "Alternative Tourism : Concepts, Classsifications, and Questions "in Smith, Valene. L. and Eadington, W. R. (eds.), *Tourism Alternative : Potentials and Problems in the Development of Tourism*, A Publicaiton of the International Academy for the Study of Tourism, 1992, p.18.
10 ソフト・ツーリズムとは、「地域住民とゲストとの間の相互理解、ホスト地域の文化的伝統を尊重し、可能なかぎり環境保全を達成するような観光」をさす（長谷政弘編著『観光学辞典』同文館、1997年、12ページ）。
　Pearceは、「Sanfer tourism, Soft tourism」で、その特徴として環境問題に配慮し、生態系に敏感な開発政策を奨励するものであるとしている。さらに、以下の定義（Chur Declaration of the Commission Internationale pour la Protection des Regions Alpines〈CAPRA〉、1984年）を引用している（Pearce, *Ibid.,* p18）。
　By soft tourism, CIPRA denotes a form of tourism which leads to mutual understanding between the local population and their guests, which does not endanger the cultural identity of the host region and which endeavors to take care of the environment as best as possible. "Soft tourists" give priority to using infrastructures destined for the local population and do not accept substantial tourist facilities harmful to the environment.
11 Pearce, *Ibid.,* pp.16-19.
12 ブルントラントレポートの基本概念は、「未来の世代がニーズの充足を損なうような事態に陥らないように、現在の世代はニーズを充足する際に、自然環境や生態系の保持に配慮しなければならないとする理念である。その報告書では、『持続可能な開発』の理念に基づいて、地球

規模の環境問題や経済格差の問題に対処する諸政策が提案されている」（安村「持続可能な開発」香川眞編、日本国際観光学会監修『観光学大事典』木楽舎、2007年、22〜23ページ）。この内容については、以下の解説がある。「それまでの議論は、経済的成長・開発か、環境保護かという二元論であったが、このような二元論では常に二律背反の関係にあり、環境向上は経済成長が期待できず、経済成長は環境を破壊することを意味した。しかしこのような二元論を超えての一挙両得の方法を模索するのが持続可能な発展である」（島川崇『観光につける薬 サスティナブル・ツーリズム理論』同友館、2002年、27ページ）。

13　Holden, Andrew, *Environment and Tourism*, Routledge, 2000, p.164.
14　*Ibid.*, p.165.
15　Smith, Valene. L. and Eadington, W. R.（eds.）*Tourism Alternative : Potentials and Problems in the Development of Tourism*, A Publicaiton of the International Academy for the Study of Tourism, 1992, p.xiv.
16　UNWTO（世界観光機関）によると、サスティナブル・ツーリズムは、「持続可能な観光開発は、観光が未来に向上する機会を守り、さらにその機会を高めながら、現在の観光者とホスト地域のニーズに応える。その開発はあらゆる資源の管理につながると見なせる。その資源管理は、文化的統合、生物多様性、生態系の根幹、生態系の維持システムなどを守り続けながら、経済的、社会的、審美的なニーズを充足するようになされる」と定義されている（安村「持続可能な観光」香川編、2007年、23ページ）。
「サスティナブル・ツーリズムとは、観光客、観光関連企業、地域住民の『三方一両得』をはかりながら、観光地の環境を破壊することなく長期的な展望をもって、観光地の経済活動を持続させていくことができる観光形態」である（島川、2002年、41ページ）。
17　Smith and Eadington, *Ibid.*, p.xiv.
18　安村克己「サスティナブル・ツーリズムの理念と系譜」前田勇編著『21世紀の観光学』学文社、2003年、9〜11ページ。
19　Poon, Auliana, *Tourism Technology and Competitive Strategies*, UK, CAB International, 1993, p.11.
20　*Ibid.*, 1993, p.18
21　鶴見和子「内発的発展論の系譜」同・川田 侃編『内発的発展論』東京大学出版会、1989年。
22　宮本憲一『環境経済学』（岩波書店、1989年、278〜303ページ）によれば、1987年に国連環境開発世界委員会（World Commission on Environment and Development）のブルントラントレポートを受けて、環境保全という枠組みの中で「生活の質」を向上し、経済成長あるいは持続的発展をするためには、新しい政治経済制度を生み出さねばならないとしている。それは、従来の外来型開発は、進出企業の波及効果と関連産業の成長によって税収を上げ、地域の住民福祉を向上させるという方式であったが、現実には、地域への経済効果がきわめて乏しかったためである。そこで、日本で1970年代に社会的に定着してきた街づくりや村おこしと表現されているような「内発的発展」という「地域の企業・組合などの団体や個人が自発的な学習により計画をたて、自主的な技術開発をもとにして、地域の環境を保全しつつ資源を合理的に利用し、その文化に根差した経済発展をしながら、地方自治体の手で住民福祉を向上させていくような地域開発」を提唱した。その原則は、以下である。
・地域開発が大企業や政府の事業としてではなく、地元の技術・産業・文化を土台にして、地域内の市場を主な対象として地域の住民が学習し計画し経営するものであること。
・環境保全の枠の中で開発を考え、自然の保全や美しい街並みをつくるというアメニティを中心の目的とし、福祉や文化が向上するように総合化され、なによりも地元住民の人権の確立をもとめる総合目的をもっているということ。
・産業開発を特定業種に限定せず複雑な産業部門にわたるようにして、付加価値があらゆる段階で地元に帰属するような地域産業連関をはかること。

- ・住民参加の制度をつくり、自治体が住民の意思を体して、その計画にのるように資本や土地利用を規制しうる自治権をもつこと。
23 石森秀三「内発的観光開発と自律的観光」『国立民族学博物館調査報告』国立民族学博物館、2001年、10～11ページ。
24 石森秀三「観光立国における観光創造」『大交流時代における観光創造』北海道大学大学院メディア・コミュニケーション研究院、2008年、16ページ。
25 西村（2009年、21ページ）によると、「観光まちづくり」という用語については、運輸省運輸政策局観光部の主要メンバーと各界の学識経験者からなる観光まちづくり研究会（主査西村幸夫）が1998年頃から検討を開始し、2000年3月に『観光まちづくりガイドブック―地域づくりの新しい考え方～「観光まちづくり」実践のために』として発表する中で生まれた用語であるとしている。
26 同上、21ページ
27 観光庁ウェブサイト
http://www.mlit.go.jp/kankocho/shisaku/sangyou/new_tourism.html　2009/8/29 確認
28 尾家建生「地域が活きる着地型観光」同・金井萬造編著『これでわかる！着地型観光　地域が主役のツーリズム』学芸出版社、2008年、216ページ。
29 京都市観光文化情報システムウェブサイト　http://kaiwai.city.kyoto.jp/raku/kanko_top/new_tourism_jigyo2008.html　2009/12/22 確認
30 尾家建生「はじめに」同・金井萬造編著『これでわかる！着地型観光　地域が主役のツーリズム』学芸出版社、2008年、3ページ。
31 尾家「地域はなぜ観光へ向かうのか」同上、7ページ。
32 金井「着地型観光と地域資源の活用」同上、17ページ。
33 須田寛「広域連携による新しい地域づくりをめざして」『北陸の視座　vol.8 2002.3』北陸建設弘済会、2002年、9～10ページ。
34 須田寛『観光の新分野　産業観光』交通新聞社、1999年、187～189ページ。
35 井口貢『まちづくり・観光と地域文化の創造』学文社、2005年、3ページ。
36 佐々木一成『観光振興と魅力あるまちづくり―地域ツーリズムの展望』学芸出版社、2008年、67～68ページ。
37 株式会社全旅（社団法人全国旅行業協会）のウェブサイト。
http://www.anta-net.com/aboutjitabi.php　2009/06/07 確認
38 地域観光研究所ウェブサイト
http://ctl.travelab.jp/index.html　2009/06/07 確認
39 財団法人地域総合整備財団ウェブサイト
http://www.furusato-zaidan.or.jp/navi_05/resources/saisei_53.pdf#search='コミュニ ティ ツーリズム'　2009/06/17確認
40 JTBウェブサイト：現地体験プログラム着旅
http://www.jtb.co.jp/kokunai/chakutabi/　2009/06/17 確認
JTBが体験プログラムをウェブサイト上で紹介し、客が直接予約、現地払いのシステムをとっている。
41 "Mass tourism will not disappear altogether or be completely replaced by the new tourism. However, the rate of growth of new tourism will rapidly outpace that of the old. The future growth prospects of old and new tourism can be compared with typewriters and computers. While there will continue to be a market for typewriters (mass tourism), the growth of new computers (new tourism) will be far greater. Having used typewriters and then been exposed to the power of computers, users will be unwilling to go back to the old way. This exact logic holds for old and new tourism." Poon, *Ibid*., p.23

42 "…the real value of alternative tourism lies in aiding more realistic attempts to ameliorate the problems of conventional tourism rather than trying to do away with mass tourism and replace it with something else."
Butler, Richard, "Alternative Tourism : The Thin Edge of the Wedge" in *Tourism Alternative : Potentials and Problems in the Development of Tourism*, Smith, Valene. L. and Eadington, W. R. (eds.) A Publicaiton of the International Academy for the Study of Tourism,1992, p.44。
43 尾家建生「町並み保全型まちづくりから見たツーリズム発展論」(『政策科学』15（3）、立命館大学政策科学会、2008年3月、27ページ）では、保存運動後、観光客の顕著な増加を見た保存団体として、高山（1966）、妻籠（1968）、白川郷（1971）、湯布院（1970）、小樽（1973）、足助（1975）、近江八幡（1975）、内子・八日市（1976）、小布施（1976）、奈良（1979）の例をあげている。
44 同上、27ページ。
45 同上、27ページ。
46 似田貝香門・大野秀敏・小泉秀樹・林泰義・森反章夫編著『まちづくりの百科事典』丸善、2008年、xiiiページ。
47 尾家、2008年、33ページ。
48 三村浩史「町並み保存と観光」(『隔月刊環境文化』31/32号特集、環境文化研究所、1978年、41ページ）では、町並み保存と観光の関係から、地域社会と観光客との対等互恵的な関係のあり方を問い、今後は地域をより深く理解し交流し合う旅行の時代の到来であろうとしている。さらに地域社会とその住民が新しい観光のあり方を導くような関係がこれからの観光地づくりの目標であるとしている。
49 猪爪範子「地域と観光—トータル・システムとしての観光のあり方を問う」『観光』通号160号日本観光協会、1980年、17ページ。
50 尾家、2008年、34ページ。
51 田村明『まちづくりの実践』岩波書店、1999年、24ページ。
52 同上、123ページ
53 中川幾郎『新市民時代の文化行政—文化・自治体・芸術・論—』公人の友社、1995年、3ページ。
54 松下圭一『政策型思考と政治』東京大学出版会、1991年、91ページ。
55 （尾家、2008年、35ページ）では、地域と観光の調和に大きな影響をもたらしたものに、80年代に出現したテーマパークブーム、「総合保養地域整備法」（通称リゾート法）の制定（1987）、第3セクターの乱立、海外旅行者の年間一千万人達成をあげている。2003年の総務省の調査では、リゾート法は、全国いずれの地域においても基本構想の進展はなく、極めて実現性の低い政策であったと述べている。高度成長期（1960年～1970年）以降、地方公共団体主導の第三セクターが活発に設立されたが、1992年が設立のピークであり、1998年頃から第三セクターの倒産が相次ぎ、多額の負債を自治体が債務保証しての経営、又、他公共機関との統合など大半の第三セクターが厳しい経営状態にあると、指摘している。
56 同上、34ページ。
57 西村、2009年、39～41ページ。
58 根本昭『日本の文化政策—「文化政策学」の構築に向けて—』勁草書房、2001年、12～24ページ。
59 スロスビー、デイヴィッド『文化経済学入門　創造性の探求から都市再生まで』中谷武雄、後藤和子監訳、日本経済新聞社、2002年、115ページ。
60 ブーアスティンは、「旅行者はかつていろいろな土地に住んでいる人々に出会うために世界を周遊した。しかし今日の旅行代理店の機能の一つは、このような出会いをさまたげることである。それは、旅行地から旅行者を隔離するために絶えず新しい能率的な方法を考案している」と表現している。Boorstin, Daniel J., *The Image : A Guide to Pseudo-Events in America*

(*Vintage*), Reissue, 1992, first published 1962. 星野郁美・後藤和彦訳『幻影の時代　マスコミが製造する事実』東京創元社、1964年。
61　三村は、その監訳者あとがきにおいて、スミスの人類学からの観光へのアプローチを、「この主客理論は、経済市場では需要と供給とされる競合の関係を、訪問者側と受け入れ主人側の人間交流を原点とする関係としてとらえたすぐれたもので、思想としても実践理論としてもすぐれていることがわかった」と、評価している（スミス、バレーン・L・編、三村浩史監訳『観光・リゾート開発の人類学―ホスト＆ゲスト論でみる地域文化の対応―』勁草書房、1991年、390ページ。原典はSmith, Valene, L.,1978 *Hosts and Guests : Anthropology of Tourism*, Blackwell Publishers）。
62　安村克己「観光の歴史」岡本伸之編『観光学入門　ポスト・マス・ツーリズムの観光学』有斐閣、2001年、53ページ。
63　池上惇『文化と固有価値の経済学』岩波書店、2003年、45ページ。
64　同上、182ページ。
65　スロスビー、2002年、119ページ。
66　翻訳は、スロスビー、2002年、92ページを参照した。
67　Holden, Andrew, *Environment and Tourism*, Routledge, 2000, p.165.
68　スロスビー（2002年、89ページ）は、「過去から継承されてきた有形の文化資本は、一種の授かりものとして私たちにもたらされるようなものである自然資源と共通点を持っている。自然資源は自然の恩恵に由来するものであり、文化資本は人間の創造活動から生まれるものである。そして両者は現在の世代に管理の義務を課してくるのであり、それは以下で扱われる持続可能性問題の本質といえる」と述べている。
69　同上、114ページ。
70　島川、2002年、36〜41ページ。
71　佐々木、2008年、27ページ。
72　スロスビー（2002年、114ページ）は、「『文化的に持続可能』な発展の型や様式を特定することが可能である」としている。

第 2 章

固有価値論からみた観光論

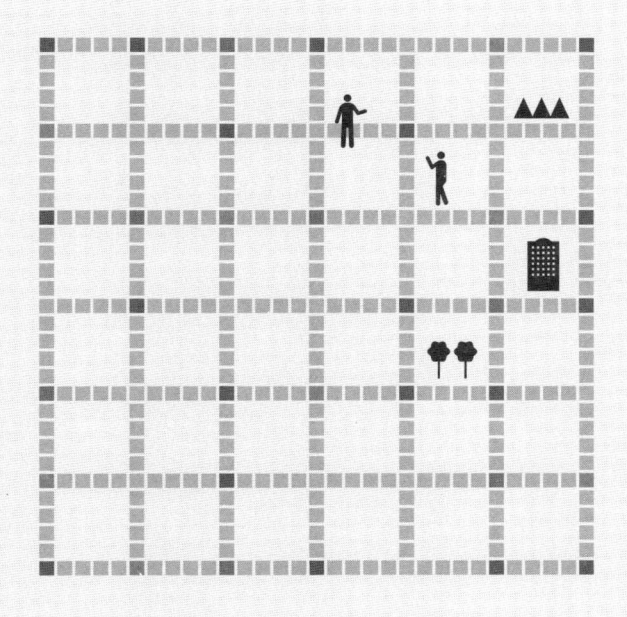

1．はじめに

　前章では、観光を、文化政策やまちづくりとの関係の中で捉え直すことによって、近年注目されている市民主体の新しい観光の発展プロセスとその概要を以下のように明らかにした。

　新しい観光の生成過程は、第一段階として1980（昭和55）年の初頭までに「市民参加」という手法で、観光とまちづくりが融合し、その後、バブル景気を背景としたリゾート開発、テーマパークの開園、温泉掘削ブームなどの影響で一旦その動きは止まった。第二段階として1990（平成2）年以降、地域の「固有価値」というテーマで、発展・拡大する文化政策との概念の融合が進み、2000（平成12）年前後にかけて、三者が融合したところに、市民主体の新しい観光があると結論づけた。

　さらに、市民主体の新しい観光とは、文化や固有価値の視点から再評価した地域固有の資源を仲立ちに来訪者と地域住民が交流を図る行為を、市民を中心とする地域社会が主体となって、地域経済に結びつけ、地域活性化を図る持続可能な活動の総体であるとした。

　これらは、観光の実態を先行研究により考察し、導き出したものである。本章では、学問的考察として、市民主体の新しい観光を位置づけることを試みる。そのために、第1章で取り上げた市民を主体とする新しい観光を、ラスキンの固有価値論をもとに論じ、固有価値としての地域資源とそれを使用する能力を生産し、経済活動に結びつける新しい観光について考察し、分析することを目的とする。

2．地域の個性を活かした内発的発展

　市民主体の新しい観光の概念は、前章で示したように、「内発的発展論」に負うところが多い。我が国の内発的発展論の担い手である鶴見和子（1996）のそれは、「目標を実現するであろう社会のすがたと、人々の生活のスタイルとは、それぞれの社会および地域の人々および集団によって、固有の自然環境に適合し、文化遺産にもとづき、歴史的条件にしたがって、外来の知識・技術・制度などを照合しつつ、自律的に創出される」[1]とい

うものである。鶴見の理論を経済学の立場から展開したのが宮本憲一であり、「地域の企業・組合などの団体や個人が自発的な学習により計画をたて、自主的な技術開発をもとにして、地域の環境を保全しつつ資源を合理的に利用し、その文化に根ざした経済発展をしながら、地方自治体の手で住民福祉を向上させていくような地域開発」を「内発的発展」と呼んでいる[2]。これらから、得られるキーワードは、主体的な地域の住民、すなわち市民が、地域固有の資源を合理的に利用し、持続可能な経済発展をしながら地域の人々の幸福を追求することであるといったものである。

　石森秀三（2001）は、鶴見和子や宮本憲一らによる内発的発展論の視点に基づいて、地域社会の人々や集団が固有の自然環境や文化遺産を持続的に活用することによって、地域主導による自律的な観光のあり方を創出する営みを「内発的観光開発」として、持続可能な観光の創出につながる観光開発の新しい概念を提起している。さらに、観光による地域再生が国家的課題になる中で、20世紀の観光は、旅行会社や、観光関連企業が中心であったが、21世紀は、地域住民が主役になり、彼らが誇りを持つことのできる地域資源を持続可能な形で来訪者に提供することによって、地域住民と来訪者がともに感動や幸せを共有できるような「新しい観光の創造」を行うことが重要な課題であると述べている[3]。

　石森が言うように、今期待されている観光とは、地域に住む人々が主体となり、地域固有の資源を独自の工夫や創造活動によって観光資源化し、ホストであり生産者である市民と、ゲストであり消費者である来訪者による固有の地域資源を仲立ちとした、感動や幸せを伴う交流にも言及している点が特徴である。

　池上惇（1993）は、この内発的発展論を一つの出発点において、ラスキンらの主張する固有価値論に依拠して、地域資源などの固有性を基礎に、機械文明を踏まえた科学技術の成果を取り入れ、市場や交通・通信や経営などの経済的な制度の特徴を活かした地域開発に臨むべきではないかとしている[4]。地域資源を仲立ちとして、地域外のヒトと地域内のヒトの交流により価値を共有し、地域の魅力として確認し、観光資源とする新しい観光の概念は、次節で分析するように、地域の固有性と、その素材を人間の

独自の工夫や創造活動によって固有性を持つ財やサービスに発展させるという固有価値論の概念と共通性があるものとして、論証を進めていく。

3. ジョン・ラスキンの固有価値論と新しい観光について
3-1　ジョン・ラスキンの固有価値論

　池上は、『文化と固有価値の経済学』(2003)の中で伝統や習慣の中で、過去の文化的な蓄積を継承し、生産者と消費者の対話の中で、共感や感動を基礎に、個性的で、「かけがえのない」財が作り出せると考える学問を、「文化と固有価値の経済学」とした[5]。本書では、その研究対象の一つが、市民が主体となって、地域固有の文化的価値を経済活動に活かす新しい観光事業であるとする。この「文化と固有価値の経済学」の理論的根拠となるのが、19世紀イギリスの芸術評論家、経済学者として著名なラスキンの固有価値論である。ラスキンは、1871（明治4）年に、主著『ムネラ・プルウェリス』において「価値」を以下のように定義している。なお、1958（昭和33）年に木村正身によって日本語訳された版においては、現在一般に使用されている「固有価値」は「本有的価値」、「有効価値」は「実効的価値」、「享受能力」は「受容能力」というように訳されている。

　木村（1958）の翻訳によると、「『価値』とは、生を保持するための任意の物の力（ストレングス）、つまり『役だち』（サステイン）を意味し、つねに二重のものである。すなわち、第一義的には本有的（イントリンジック）であり、第二義的には実効的（アヴェイリング）である。」（略）「本有的価値（イントリンジック・ヴァリュー）とは、任意の物のもつ、生をささえる絶対的な力である。（略）使用されるかどうかにかかわりなく、それら自身の力がそのうちに存していて、この独自の力は他のどんなもののうちにも存しはしない。」（略）「しかし、これらの物のもつこの価値が実効（イフェクチュアル）あるものとなるためには、それを受け取る人の側において一定の状態が必要である。（略）それゆえに、実効的価値（＝有効価値）の生産はつねに二つの要請をふくむ。まず、本質的に有用な事物（＝固有価値）を生産するということ、つぎにはそれを使用する能力を生産するということ、がこれである。本有的価値と受容能力とがあい伴うばあいには、『実効的』価値、つまり富（ウェルス）が存する」[6]。

　ラスキンは、価値には、固有価値と有効価値があり、その固有価値はそ

れを享受する人々の能力（＝享受能力）があってこそ有効価値、すなわち富になるとしている。

　さらに、ラスキンの特徴的なことは、固有価値には、素材そのものが持っている固有性と、それを人間の工夫や創造活動によって財やサービスを生産することとの二重の意味を持つものとして捉えていることであり、特にこの固有価値の概念を土地の分析について以下のように詳細に説明している。「土地。その価値は二重（トウフオウルド）のものである。＜A＞すなわち第一には食物および動力を生むものとして。＜B＞第二には観賞と思索の対象となって知力を生むにいたるものとして。」[7]

　池上（2003）の解説によると、ラスキンは、土地の固有価値を、地域における多様性を前提としつつ、一般的には「二重性をもつもの」として把握し、土地が、一方では、食料や物質的な力（mechanical power）を生むという固有の性質と、他方では、観賞と思索の対象となって知力（intellectual power）を生むという固有価値を持つものとして定義しようとしている[8]。

　前者については、土地を開発して食料やエネルギーを生産する物質的価値あるいは、実用性を伴う価値、後者については、環境と人間活動の調和、あるいは、人間にとっての感性を高め科学的知識を深める対象である。土地の固有価値には、実用的な価値と環境保護的な概念が常に同居しており、これまでの実用的側面重視の地域資源の活用のあり方について警鐘を鳴らしていると捉えられる。これは、池上（1993）が言及している「二つの価値要素が土地において結合せられる度合いの決定、または、この二つのうちのどちらか一方の要素が特別の場合において他の要素の犠牲とならざるをえない、または、犠牲の度合いの決定は、設計の選択の関する経済学的研究の最も重要な領域である」[9]という点と符合している。

　さらに、ラスキンの固有価値論で興味深いことは、素材が持つ自然物としての固有性と、その素材を人間の創造活動により固有性を持つ財やサービスに発展させ、それを経済関係との関わりの中で位置づけることである。これは、第1章で示した須田や井口の言う常在観光、すなわち、従来観光地とは、考えられなかった地域でも観光資源となり得るものが必ずあり、

それを地域の人々が発見し、価値を認め、具体的な観光資源とする概念そのものである。観光事業においては、ホスト（生産者）が主体になり、創造能力を高めて、固有価値を作り出し、それを地域外のゲスト（消費者）との交流を図る媒体に発展させ観光資源とする活動そのものなのである。これは、スミス（1978）の「ホスト-ゲスト論」で、観光の概念を人間交流を原点とする関係として捉えていることとも、通じる[10]。また、その固有価値を享受する人々は、当然のことながら享受能力が必要であり、それを高める活動までもが観光事業の中に含まれる可能性もあり、交流・体験・学習型の観光プログラムの存在根拠となる。

　池上（2003）は、「固有価値の概念は、単なる芸術的価値を意味するだけではなくて、芸術的価値を享受する消費者と、創造活動に従事する生産者を、デザイン、科学、技術などを通じて交流させ、多様な欲求と、多様な供給者を市場で出会わせる媒体となる概念」[11]として捉えている。すなわち、固有価値論に基づけば、観光とは、地域の固有価値を媒体として消費者（ゲスト）と生産者（ホスト）が交流することにより、共感や感動を基礎に個性的で、「かけがえのない」財やサービスを作り出すことであり、地域の環境の総合的な管理や設計の問題も提起されるものである。

3-2　文化事業と市民主体の新しい観光事業の類似性

　池上（2003）は、消費者の欲求の発展が、生活の質の向上に向かう時、感動・共感・健康・いきがいなどを喚起する「財やサービスの質」が求められ、ここにラスキンやモリスの経済学が明らかにしたように、財やサービスの生産者（芸術家と職人）が、「芸術文化の個性や創造性」を従来の仕事や産業の中に導入し、芸術文化と産業の接点が生まれるとしている[12]。現在の観光の潮流においても、まさしく同様の現象が起きている。プーン（1993）が、第1章でも表わしたように、消費者の行動と価値の変化が、新しいツーリズムへの根本的な変革への要素となっているとし、その特徴として、以下をあげている。新しい観光を求める消費者像は、情報通で、旅慣れており、教育もあり、価値観やライフスタイルが変化している世代である。さらに、柔軟で、行動的で自律的であり多様な欲求を持っており、

ライフスタイルに反映して、旅行形態も多様であり、自然・環境保護を重視する価値観を持っているという[13]。こういった背景を持ち、余暇の時間を持つ消費者すなわち旅行者は、芸術文化の経済学が示唆するように、当然、感動・共感・人生の輝きをもたらすような財やサービスを要求するようになり、旅行の個性や創造性が市場を通じて従来の観光産業の中に導入される。

特に日本でも1980年代以降、海外旅行の発展、プロスポーツの成長など、「余暇関連産業の発展」「経済のサービス化」が進み、さらには、1990年代には、企業メセナ協議会の発足、芸術文化振興基金の設立など、芸術文化と産業が接点を持ったと捉えられている。こういった、余暇の時間と空間の拡充による市民の積極的な文化活動は、芸術文化の事業化を可能にして産業としての発展を呼び起こす基礎条件であるとしている[14]。

これも、第1章で示したように、観光分野においても同様の動きが見られ、非営利的な性格のまちづくりという活動と、営利的な観光事業が接点を持ち、観光まちづくりという新しい流れが生まれた。「観光まちづくり」は、「地域社会が主体となって地域環境を資源として活かすことによって地域経済の活性化を促すための活動の総体」[15]であり、本書のテーマでもある市民主体の新しい観光の系譜につながる。特に1990年代以降の流れとしてあげられている「生活のなかで大事にされている資源を地域外のヒトに伝え、価値を共有することによって、改めて地域に暮らすことの魅力を確認する」[16]といういわば「固有価値を通じた交流」が、観光に見られるようになったという点に注目したい。

それは、地域社会が地域の固有価値に基づく新しい観光サービスを、創意や工夫を加えて創造したのであり、固有価値論と共通性がある。消費者であるゲスト側においても、その享受能力の高まりが、観光地の地域住民によるまちづくりやその過程における観光事業に反映し、質の高い仕事への発展へと導いている。すなわち、固有価値を通じた生産者（ホスト）と消費者（ゲスト）の交流が成立しており、地域のかけがえのない観光の魅力となるとともに、観光事業を質の高い発展へ導いている。

次に、新しい観光事業と文化事業の関連性について考察する。

佐々木一成（2008）は、新しい観光を「着地型観光としての地域ツーリズム」と称し、その特徴として①新たな施設整備が原則として不要、既存の地域資源を活用しつつ、知恵と工夫のソフト面で集客に当たっていること、②企画・運営を自治体や、住民、NPO、地元観光事業者など受入地域（到着地）側の主導で行っていること、③滞在型、交流型、体験型、学習型のため、人的サービス（インタープリター、インストラクターなど）が商品力の中核となる場合が多く、それほど著名な観光資源がなくとも集客が可能であること、④小ロット・多品種・高付加価値型の旅行商品であること、⑤保護・保全と利・活用の調和がとれ、持続可能な観光をめざす環境共生型であること、⑥観光振興が個性や魅力ある地域づくりと直結し、地元住民の誇りを醸成するとともに、観光競争力強化へとつながっていること、をあげている[17]。

　池上（2003）は、文化産業財を生産し、供給する産業を文化産業として定義し、それを大量生産・大量消費型の財ではなくて、多品種少量生産・個性的消費型の財やサービスを生産する産業であるとしており[18]、前述の佐々木による新しい観光と、類似性がある。

　このように、文化産業の特徴と類似している市民主体の新しい観光事業の特徴は「大量観光客誘致・大量消費型ではなく、地域の固有価値をベースに、持続可能で、地域アイデンティティを醸成するソフト・ヒューマンウェア重視型、多品種少量生産・高付加価値・個性的消費型の財やサービスを生産する観光事業」と整理できる。

3-3 市民主体の新しい観光と地域資源活用モデル

　以上述べてきたように、市民主体の新しい観光は、ラスキンの固有価値論と非常に関連性があり、なおかつ文化産業との類似性が見られることがわかった。そこで本節では、文化経済学者スロスビー（2002）による、「文化産業の同心円モデル」[19]、あるいは池上惇（2003）による「文化産業の三層構造」[20]を応用し、図2-1 地域資源活用モデルを導き出し、地域資源を活用した市民主体の新しい観光事業が固有価値としての地域資源に果

たす役割を考察する。

以下、図2-1についての説明である。

①は、地域の固有価値としての地域資源・文化資源・人材等である。②は、①を発掘し、観光資源としてプロデュースする機能であり、後述する社会的企業などである。③は従来のいわゆる観光産業で、旅行業、宿泊業、運輸業があげられる。①→②→③の順で、営利性が高くなっているのは、文化産業の構造と同じである。

図2-1　地域資源活用モデル

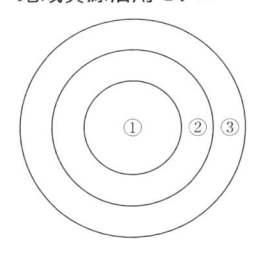

① 固有価値としての地域資源・文化資源・人材等	伝統産業、寺社仏閣町家、生活文化、一般市民との交流など。
② ①を観光資源としてプロデュースする事業・組織	社会的企業（NPO、コミュニティ・ビジネス、一般企業）
③ 従来（マス・ツーリズム）の観光産業	旅行業、宿泊業、運輸業など

筆者作成

①は、地域に眠るあらゆる資源であり、一般的な概念における固有価値のイメージである。例えば、優れた景観、歴史的なまちなみ、文化財あるいは歴史的建造物、稀少な自然、さらには、地域の生活文化など「金銭的基準や測度では、計れない価値で、それが存在すること自体に価値があるもの」[21] である。風光明媚な景色や著名な歴史的景観、建造物は、従来からマス・ツーリズムの文脈においてすでに観光資源となっているものも多い。しかし、従来のマス・ツーリズム的発想では観光資源としては成り立ちにくいが、地域の住民により地域の固有価値として、掘り起こされ、磨き上げた結果、観光資源になるようなものを含む。

この中で注目したいのが②の部分である。②は、①を発掘、再評価し、付加価値をつけたり磨きをかけたりすることによって、観光資源化[22]し、外郭部の一般的な観光産業との間に立つプロデューサー的役割を担う、地域のつなぎ手である。この②の機能が不足または、欠如するとマス・ツーリズムになりがちである。すなわち、マス・ツーリズムは、②が存在しな

い場合に成立しやすいと考えられる。風光明媚な景色や著名な歴史的景観、建造物は、ほとんどそのままで観光資源となってしまう。そのため、②を素通りして直接③と結びつくことが可能であるから、マス・ツーリズムの対象になりやすい。固有価値論から言えば、土地の固有価値における一つの側面、すなわち物質的、実用的な側面のみを活用している事例である。②の部分の担い手は、市民主体で地域密着型の比較的小さな規模の事業体で、営利性も③に比較すれば、低いと予想され、営利と非営利のボーダーゾーンである。すなわち、後段で詳述するコミュニティ・ビジネス的な社会的企業と関連づけることが可能であり、すなわち、本書で取り上げている市民主体の新しい観光を推進する事業体である。②の事業体は、観光においては、素の地域資源を観光資源化し、地域のイニシアティブを発揮しつつ、①と③の事業体との間に立ってコーディネーターとして機能することが可能である。②が機能してこそ、地域の多様な主体がつながる可能性が高く、地域文化の振興につながりやすい。②の機能がなければ、地域社会が関与する機会も少なく、経済効果は地域を素通りして外部へ流れ、地域に経済的効果をもたらすことも難しい。なお、②のように、観光地を基盤とした事業体、すなわち市民主体の新しい観光の担い手である事業体は、2000（平成12）年以降、実態としても増加傾向[23]にあり動向が注目されている分野であることは、前章にて言及している。

　西村幸夫（2002）は、「観光まちづくりには３つの要素がある。先に述べたとおりの地域の住民、地域の資源、そして来訪者である。従来の観光開発は観光資本と観光資源、そして観光客が３大要素であり、その調和が最大の目標であった。そこには、地域社会という視点が欠けていたのである」[24]と指摘しており、地域社会の存在と役割を明確にしたこのモデルの有効性を表している。

　一方、③は営利性が高く、地元企業ではなく、全国規模、あるいはグローバルな観光関連の大企業である可能性が高く、大量の観光客を現地に送り込み大量消費をさせる従来型の観光スタイルになりがちである。ただし、最近の傾向として、大手旅行会社が、地域密着型の事業展開に力を注ぎ始めており、地域別事業子会社を設置したり、地域のNPOや小規模な企業

と協働で地域発の観光プログラムの開発を始めたりする事例もある。地域密着型の事業体にとっても、③にあたる大手旅行会社の持つグローバルな販売網を背景にした大きな集客力は魅力であり、事業運営にも学ぶことが多い。今後、大手旅行会社の着地型観光への参入がいかにされるか、その動向についても目が離せない。ただし、大手旅行会社にとって、こういった着地型観光への参入は、即効的な収益性が望めないことや、地域のネットワーク構築の必要性に迫られ、ある程度進出に制限がかかることが予想され、地域を熟知する地元密着型の事業体に優位性がある。また、大企業と地元発の事業体との協働の動きも実際にある。

　筆者は、マス・ツーリズムを完全に否定しているわけではなく、観光産業すなわちすべてがマス・ツーリズムという発想から、地域社会やその文化を破壊するということで安易に観光を非難の対象とする風潮に疑問を呈しているのである。

　次に、この同心円モデルを提示することの意義を以下のように整理できる。1）マス・ツーリズムとオルタナティブ・ツーリズム（市民主体の新しい観光）の構造の違いを明らかにしている。2）オルタナティブ・ツーリズム（市民主体の新しい観光）が地域振興と関わるメカニズムを明示している。3）地域資源を効果的につなげるファクターとしての②の役割を表している。次項では、この②にあたる事業体について考察する。

3-4　市民主体の新しい観光の担い手としての
　　　　ソーシャル・エンタープライズ（社会的企業）

　前節で表した地域資源活用モデルの②にあたる地域資源を効果的に、つなげるファクターは、近年注目され始めた「ソーシャル・エンタープライズ（Social Enterprise）」（社会的企業）（以下SE（社会的企業）と略する）を適用できるという仮定から、本章では、②を理解するためにSE（社会的企業）について整理してみる。

　谷本寛治（2006）によると、SE（社会的企業）は、今、解決が求められている様々な社会的課題の解決にチャリティ、ボランティアではなくビジネスの手法を活用し事業として取り組む新しい事業体として台頭してい

るという[25]。すなわち、社会貢献という目標を共有しながらも、非営利か、営利かという二者択一的な発想ではなく、ハイブリッドで境界があいまいであり、純粋なチャリティと純粋なビジネスとの中間領域に混在する新しい概念の事業を展開する事業体である。

谷本（2006）は、「ソーシャル・エンタープライズ（Social Enterprise）」（社会的企業）とは、社会的課題の解決に様々なスタイルで取り組む事業体とし、「ソーシャル・アントレプレナー（Social Entrepreneur）」（社会的企業家）は、社会的課題とニーズをつかみ、新しいビジネススタイルを提案・実行する社会変革の担い手と定義づけている。SE（社会的企業）の3要件として、①「社会性」社会的ミッション：ローカル/グローバル・コミュニティにおいて、今解決が求められる社会的課題に取り組むことを事業活動のミッションとすること、②「事業性」社会的事業体：社会的ミッションをわかりやすいビジネスの形に表し、継続的に事業活動を進めていくこと、③「革新性」ソーシャル・イノベーション：新しい社会的商品・サービスやその提供する仕組みの開発、あるいは一般的な事業を活用して（提供する商品自体は従来のものと変わらないが）社会的課題に取り組む仕組みの開発[26]をあげている。

SE（社会的企業）と似た概念でより一般的であるのが「コミュニティ・ビジネス（Community business）」であり、以下、代表的な定義をあげる。

細内信孝（2007）は、「①住民主体の地域密着のビジネス②利益追求を第一としない、適正規模、適正利益のビジネス③営利を第一とするビジネスとボランティア活動の中間領域的なビジネス④グローバルな視野のもとに、ローカルで行動する開放的なビジネス」とし、「その分野は、福祉、環境、情報、観光・交流、食品加工、まちづくり、商店街の活性化、伝統工芸、地域金融、安全の10分野である」[27]としている。

本間正明（2003）らは、「コミュニティ・ビジネスとは、（ローカル、ないし、テーマ）コミュニティに基盤をおき、社会的な問題を解決するための活動であり、その担い手は、NPO、株式会社、有限会社など様々な可能性がある」とし、「その特徴として以下5点①「ミッション性」②「非営利追求性」③「継続的成果」④「自発的参加」⑤「非経済的動機による参

加」をあげている[28]。

　谷本（2006）は、「コミュニティ・ビジネスについて、SE（社会的企業）と重なり合う部分は多いが、前者は基本的に地域に根ざしたものであり、後者は特定地域に限定されるものでも、経済振興にとどまるものでもないとし、また社会的な所有 – 管理の形態に制約されるものでもない」[29]と言及している。以上の整理から本書では、コミュニティ・ビジネスも事業型NPOも広くSE（社会的企業）と捉えて、論考を進めていく。

　SE（社会的企業）の急速な研究の展開は、最近では、ノーベル平和賞を受賞したムハマド・ユヌスによるグラミン銀行の例で脚光を浴びた背景があるものの一般的認知度は低く、経済産業省は、2007（平成19）年９月〜2008（平成20）年３月にかけて、「ソーシャルビジネス研究会（座長：谷本寛治　一橋大学大学院商学研究科教授）」による、国としての調査・課題整理、解決策の検討を進め、報告書をまとめた。その社会的認知度の向上と普及のために、2009（平成21）年３月には、ソーシャルビジネス推進イニシアティブ、経済産業省主催で「ソーシャルビジネス全国フォーラム」が東京で開催され、全国の先進事例紹介や「日本ソーシャルビジネス宣言」を採択した。

　こういった一連の背景には、NPO法施行後10年経過し、NPOセクターの多様化が進んだことがまずあげられる。すなわち、寄付金や行政の支援を主な財源とする伝統的な慈善型NPOから、積極的に事業に取り組むビジネス志向の強い事業型NPOまで存在していることである。NPOの事業化の背景には、もともと日本には、寄付という行為が根づいていなかったことに加え、公的支援が削減される一方の状況で、より自立した責任ある経済基盤が求められていることがある。一方で営利セクターにおいても社会における価値観の変化から、企業の社会的責任、社会貢献が求められ、持続可能な社会経済システムのあり方が問われている。このような背景から、非営利、営利セクターがボーダレス化していることが顕著になってきた。

　以上を踏まえ、筆者は、SE（社会的企業）について、社会貢献をする事業体で、「営利」と「非営利」の間での「連続体」と捉え、社会に新しい改革をもたらすものであるとする。

前節で表した地域資源活用モデルにおいての②にあたる事業体、すなわち市民主体の新しい観光事業の担い手は、営利と非営利のボーダーゾーンに位置し、地域振興、インバウンド観光の場合は国際交流、日本文化の発信という社会貢献を果たし、なおかつ、新しい観光事業の創造という点で社会に新しい改革をもたらしている。そのため、②にあたる事業体はSE（社会的企業）の要件を満たしている。

　文化産業あるいは文化事業とSE（社会的企業）の一つであるコミュニティ・ビジネスの親和的な関係について、中谷武雄（2009）は、「非採算的、非営利的性格や、またその小規模性、さらに先駆的、先進的な事業の取り組みと社会的ミッションの達成という特徴をもつ非営利活動や企業が、文化産業と類似性を帯び、共通の原理・原則が適応できるのは、文化産業におけるとくに中核と周辺との関係性の構築過程においてであろう」あるいは、「その小規模さ、社会のニーズに対応することを優先するミッションの実現、やりたいことをやる、人のためにやることによって人生を充実させ、生きがいを実現するといった過程のなかでは、その事業や企画の継続には組織的な対応が必要であり、これはある種のビジネスとして展開される必要がある」[30]と、指摘している。中谷の言う文化産業、文化事業と市民主体の新しい観光事業の担い手は、共通性があり、これは本章の3－2節でも言及している。

　しかし、ここで一つ課題が浮上してくる。谷本らの言うSE（社会的企業）とは、社会的課題の解決に様々なスタイルで取り組む「課題解決型」である。しかし、慎重に考察すると、文化事業や市民主体の新しい観光事業の担い手は、社会的課題を解決する「課題解決型」事業という側面もあるが、地域資源に新たな価値を見出し、付加することによって、新しい価値を創造し、事業に結びつけていく「価値創造型」事業という側面が強い。これは、本書で後に述べる事例でも示されている。また、この視点は、筆者が吉本哲郎（2008）らによる「地元学」[31]からの教示を受けたことによるものである。このように、文化事業や市民主体の新しい観光事業は、「価値創造型」事業であるなら、SE（社会的企業）やコミュニティ・ビジネスの一つとして位置づけてもよいのか否か、より深い研究の必要性が今

後の課題として残される。

　このような課題を残しつつも、地域密着型の小規模な文化事業、あるいはそれに類似している市民を主体とする新しい観光事業の有望な担い手として、SE（社会的企業）が有望であるとする。

3-5　固有価値論からみた市民主体の新しい観光の意義

　ここでは、市民主体の新しい観光の意義について、固有価値論に基づく分析を試みる。

　まず、3-1節で定義づけたように、固有価値論に基づけば、観光とは、地域の固有価値を媒体として消費者（ゲスト）と生産者（ホスト）が交流することにより、共感や感動を基礎に個性的で、「かけがえのない」財やサービスを作り出すことであり、地域の環境の総合的な管理や設計の問題も提起されるものである。

　この定義から、抽出される市民主体の新しい観光の意義として、以下があげられる。固有価値を媒体としたゲストとホストの交流が、共感や感動を基礎に個性的で、「かけがえのない」財やサービスを生産し供給する観光を通じて人間の発達や生活の質の充実が期待される。観光によって、固有価値を媒体としたホストとゲストの交流から、文化交流が生まれる。地域の環境の総合的な管理や設計の問題も提起される、すなわちトータルな地域づくり、まちづくりの概念を含んでいる。

　次に、固有価値の外部性について得られる特徴、すなわち芸術・文化の正の外部性[32]＝社会的便益から、市民主体の新しい観光の意義を捉えてみる。「ラスキンが固有価値と呼ぶものは、単に芸術的な価値であるというだけではなくて、『外部性』をもつ価値」[33]があり、その享受者のみでなく社会に便益をもたらすとしている。観光が、固有価値を媒体としてホストとゲストが交流する行為とすると、観光は、コミュニティや社会全体にもたらす固有価値の外部性を促進・強化する効果があると考えられる。

　この領域で大きな貢献のあるボウモルとボウエン（1966）は、芸術・文化の外部性について①舞台芸術が国家に付与する威信（プレスティッジ価値）②文化活動の広がりが周辺ビジネスに与えるメリット（地域事業価

値）③将来の世代のために芸術水準の向上、観客の理解力の発達等、将来世代にもたらされる便益（オプション価値）④教育的貢献（教育価値）[34]をあげている。

　固有価値の外部性を促進・強化させる効果のある観光によって、もたらされる意義としては、①については、例えば、京都にある世界遺産が、存在するだけで京都の価値が高まる効果（プレスティッジ価値）を持つが、観光はそのプレスティッジ価値を効果的に伝達していると言える。また、国際観光であれば京都の固有価値をソフト・パワーとすることが可能である。また、来訪者によって、京都の固有価値を評価されることは、京都に住む人々のアイデンティティ醸成の契機となる[35]。②については、観光産業そのものが裾野の広い産業であることから当然地域の経済活性化に寄与することはいうまもないが、筆者はそういった既存の観光産業以外にも、創造的な観光事業の担い手となる小規模なビジネスの存在にも注目している。宗田好史（2009）が、「マスツーリズムのオルタナティブな観光産業は、小さくとも個性的な商品とサービスを開発し、市場の隙間を付いて事業を始めた彼らの登場が、業種構成を変え、観光産業を高度化することであろう」[36]というように、あるいは、本書の後半の事例で示しているように、市民主体の新しい観光が根付けば、地域に小さくても創造的な企業が生まれ育ち、即ち、地域の小規模ビジネスを活性化、定着化させることができる。

　以上を総括し、固有価値論と、固有価値の外部性から、市民主体の新しい観光の意義を導きだすと、以下のようになる。

①固有価値を媒体としたホストとゲストの交流から、文化交流が生まれ、地域の文化振興に寄与する（地域文化振興）。
②固有価値を媒体としたホストとゲストの交流が、共感や感動を基礎に個性的で、「かけがえのない」財やサービスを作り出し、ホスト・ゲスト双方の人間発達や生きがいを創出する（人間発達と生きがいの創出）。
③観光と地域との関わりに注目し、地域の環境の総合的な管理や設計の問題を提起する（総合的なまちづくり）。
④地域の固有価値をベースに、地域アイデンティティの醸成とソフト・パ

ワーの発揮をもたらす（地域アンデンティティの醸成とソフト・パワーの発揮）。
⑤地域の将来世代にわたる教育効果をもたらす（教育効果）。
⑥地域の小規模ビジネスの活性化と定着化をもたらす（小規模ビジネスの活性化）。

3-6　固有価値とソフト・パワー

　前節では、固有価値論から見た市民主体の新しい観光の意義を見出した。その中でもアイデンティティの醸成とソフト・パワーの発揮については、本書でも事例としてとりあげる国際観光の大きな特色であるため、固有価値と関連づけて論じる。

　国際政治学者ナイ（2004）が提唱した概念である「ソフト・パワー」は、「強制や報酬ではなく、魅力によって望む結果を得る能力である。ソフト・パワーは、国の文化、政治的な理想、政策の魅力によって生まれる」[37]と説明され、軍事力や経済力のように他国に政策を変えるように促せるような力をハード・パワーと言うのに対し、ソフト・パワーは、他人を引きつける魅力でもあるとしている[38]。

　ナイ（2004）は、これからの国際関係においての国力として、このソフト・パワーで相手を魅了して引きつけることが、ハード・パワーと同様重要になってきており、ハード・パワーとソフト・パワーのバランスのとれた行使、すなわちスマート・パワーの行使の重要性を説いている。ナイの「ソフト・パワー」は、政府の外交政策上の問題を議論しているのに留まらない。ハード・パワーの源泉である軍事力や経済力は、政府に属しているが、ソフト・パワーの源泉である「文化」「政治的な価値観」「外交政策」のうち、特に「文化」は政府が管理できないもので、もし政府に管理された「文化」であれば、その魅力は減ずるため、「文化」の影響は民間によるところが多いということをナイ（2004）も認めており、民間によるソフト・パワーの有効な行使が問われている。

　ナイ（2004）は、文化伝達の様々な方法のうちの一つに、人的な接触や訪問、交流をあげ、その例として留学生によるものをあげているが[39]、筆

者は、観光も重要な文化伝達の方法の一つであると捉えている。今日、より多数の人々が、最も簡単に訪問地の文化に触れ、人的な交流を図るチャンスが多いのは大衆化された国際観光である。問題は、それをいかに、文化を通じた交流というレベルまで高め、文化的、知的交流につなげ、ソフト・パワーに転化するかということだ。この問題に関しては、米国のジャーナリストで「日本のグロス・ナショナルクール」という論文で知られるマッグレイ（2003）が「今日の日本は、経済大国だった1980年代よりも、はるかに大きい文化的勢力を持っている。（略）外国人が、ことばや文化の垣根を越えて普通の日本人の目に映る日本が見えるようになることはほとんどない。（略）恐るべきソフトパワーを蓄えてきたものの、まだ日本には栓を抜いてそれを出す手段がほとんどない」[40]と述べている。すなわち、ソフト・パワーをたくさん蓄えているもののそれを有効に活用していないと指摘しており、それを改善する有望な方法の一つが観光であると筆者は考える。

　固有価値論で考えれば、日本の固有価値を有効価値（＝パワー）に変えるには、来訪者の享受能力を高めなければならない。すなわち、日本という国の固有価値を観光を通じていかに有効価値とし、効果的なパワーにするかが、国際観光のテーマの一つであり、その担い手としても、政府レベルのみならず、民間に負うところが大きいと考えられる。

4．まとめ

　本章では、以下のことを明らかにした。

　「固有価値とは、芸術的価値を享受する消費者と、創造活動に従事する生産者を交流させ、多様な欲求と、多様な供給者を市場で出会わせる媒体となる概念」[41]として捉えるならば、固有価値論に基づく、観光事業とは、地域の固有価値を媒体として消費者（ゲスト）と生産者（ホスト）が交流し、共感や感動を基礎に個性的で、「かけがえのない」財やサービスを作り出すことであり、市場外部における地域や環境の総合的な管理や設計の問題も提起すべきものであり、この概念にあたるのが市民主体の新しい観光であると結論づけた。

また、市民主体の新しい観光の特徴を大量観光客誘致・大量消費型ではなく、地域の固有価値をベースに、持続可能で、地域アイデンティティを醸成するソフト・ヒューマンウェア重視型、多品種少量生産・高付加価値・個性的消費型の財やサービスを生産する観光事業であるとした。

　さらには、地域資源活用モデルを提示してその市民主体の新しい観光メカニズムを示した。このモデルは、①マス・ツーリズムとオルタナティブ・ツーリズム（市民主体の新しい観光）の構造の違いを明らかにし、②オルタナティブ・ツーリズム（市民主体の新しい観光）が地域振興と関わるメカニズムを明示し、③地域資源を効果的に、つなげるファクターとして固有価値を観光資源としてプロデュースする市民主体の事業体の役割を表した。それは、文化事業と類似性があり、その担い手として、SE（社会的企業）が有力であるとした。しかし、課題として、「価値創造型」事業である文化事業や市民主体の新しい観光事業が、課題解決型のSE（社会的企業）と言えるのかどうかをあげた。

　また、固有価値論と、固有価値の外部性を応用し、市民主体の新しい観光の意義を導き出すと、以下のとおりである。

①固有価値を媒体としたホストとゲストの交流から、文化交流が生まれ、地域の文化振興に寄与する（地域文化振興）。

②固有価値を媒体としたホストとゲストの交流が、共感や感動を基礎に個性的で、「かけがえのない」財やサービスを作り出し、ホスト・ゲスト双方の人間発達や生きがいを創出する（人間発達と生きがいの創出）。

③観光と地域との関わりに注目し、地域の環境の総合的な管理や設計の問題を提起する（総合的なまちづくり）。

④地域の固有価値をベースに、地域アイデンティティの醸成とソフト・パワーの発揮をもたらす（地域アイデンティティの醸成とソフト・パワーの発揮）。

⑤地域の将来世代にわたる教育効果をもたらす（教育効果）。

⑥地域の小規模ビジネスの活性化と定着化をもたらす（小規模ビジネスの活性化）。

　以上のように、観光に固有価値論の視点を投げかけることで、新しい観

光の姿が見えてくる。例えば梅棹忠夫（1970）が、観光をマス・ツーリズムとして捉えて「文化と観光というものはしばしばあい反する概念で、正反対のことがおおいのです」[42]と言うように、従来、観光と文化は対立する概念として捉えられがちであったのが、オルタナティブな、新しい観光の概念は必ずしもそうでないことがわかる。

　例えば、スロスビー（2002）の言うように「観光は、それ自身を文化産業というよりも、むしろ、実演芸術、美術館、ギャラリー、文化遺産などといった、文化部門に含まれる他産業の生産物の利用者であるとみなすことができる」[43]という点もあるが、オルタナティブな観光はこれら固有価値の外部性を促進・強化し、文化産業の定着化に寄与しているという積極的な側面もある。また、「観光の経済的および文化的側面の交点にある主要な問題とは、観光産業を運用する経済的インセンティブと、観光が影響を与え依存する文化的価値との間で起こりうる軋轢を処理しなければならないことである」[44]という点については、オルタナティブな価値を重視した観光がその軋轢を融和する方向に導き得るのである。すなわち、「観光は他産業の生産物の利用者である」という消極的イメージ、「観光が影響を与え依存する文化的価値との間で起こりうる軋轢」というマイナスイメージで捉えられていることに対する観光の文化振興に貢献する積極的なイメージの付加である。あるいは安福恵美子（2000）は、「マス・ツーリズムは、ホスト社会に与えるネガティブな社会的・文化的インパクトゆえに批判の対象になってきた。そして、その批判の多くが、ツーリストという〈よそ者〉が地域社会に侵入するために弊害が生じるという立場から、ツーリストを批判の対象としている。そして地域住民は、ツーリストによって搾取される受身の存在として捉えられることが多い」[45]とし、「観光開発は文化/地域を破壊する」とのイメージで、観光は文化や地域社会にとって、必ずしも良好な関係を築いているとはされてこなかった。これらの分析は、従来型のマス・ツーリズムに関する視点であり、オルタナティブ・ツーリズムの一形態である市民主体の新しい観光は、ゲストとの交流を肯定的に捉えるため、「よそ者」といった概念はない。地域主体で、地域の中から生まれたコーディネーターが存在すれば、観光は、オルタナティブな観光

へと展開し、観光が地域の枠組みの中に拒否感なく受け入れられ、地域の資源をつなげる力をもち、文化を再生し、維持することもできる。固有価値論の視点、すなわち市場経済の価値観に対するオルタナティブな視点を投げかけることによって、新しい観光創造を可能にし、観光は、文化と経済を良好につなぐファクターになり得るのである。

注
1　鶴見和子『内発的発展論の展開』筑摩書房、1996年、9ページ。
2　宮本憲一『環境経済学』岩波書店、1989年、294ページ。
3　石森秀三「内発的観光開発と自律的観光」『国立民族学博物館調査報告』国立民族学博物館、2001年、16ページ。
4　池上惇『生活の芸術家　ラスキン、モリスと現代』丸善、1993年、88～89ページ。
5　池上惇『文化と固有価値の経済学』岩波書店、2003年、xページ。
6　ラスキン、ジョン『ムネラ・プルウェリス　政治経済要義論』木村正身訳、関書院、1958年、39～41ページ。
7　同上、41ページ。
8　池上、2003年、60ページ。
9　池上、1993年、140ページ。
10　三村は、その監訳者あとがきにおいて、スミスの人類学からの観光へのアプローチを、「この主客理論は、経済市場では需要と供給とされる競合の関係を、訪問者側と受け入れ主人側の人間交流を原点とする関係としてとらえたすぐれたもので、思想としても実践理論としてもすぐれていることがわかった」と、評価している。スミス、バレーン・L・編、三村浩史監訳『観光・リゾート開発の人類学―ホスト＆ゲスト論でみる地域文化の対応―』勁草書房、1991年、390ページ（原典はSmith, Valene, L., *Hosts and Guests : Anthropology of Tourism*, Blackwell Publishers, 1978）。
11　池上、2003年、45ページ。
12　同上、104ページ。
13　Poon, Auliana. *Tourism Technology and Competitive Strategies*, UK, CAB International, 1993. p.88.
14　池上、2003年、104～107ページ。
15　西村幸夫『観光まちづくり　まち自慢からはじまる地域マネジメント』2009年、学芸出版社、12ページ。
16　同上、41ページ。
17　佐々木一成『観光振興と魅力あるまちづくり―地域ツーリズムの展望』学芸出版社、2008年、67～68ページ。
18　池上、2003年、112ページ。
19　スロスビー、2002年、178ページ
20　池上、2003年、119～122ページ。
21　同上、40ページ。
22　観光資源とは、広義では目的地において観光者を引き付ける気候、景観、海岸、山、史跡、歴史的出来事、文化的都市施設、交通施設などの観光対象の総称をいう。観光者が魅力を感じるものすべてが観光資源となり得る。その基本は日常体験できないがゆえにより高い魅力を感

ずるのである。それは、あくまでも観光者の立場・視点を忘れてはならない。また、狭義の観光資源と文化遺産などの人文観光資源とに分けられる。観光開発によって自然観光資源そのものを破壊する例があるが、それは観光そのものの基盤を失うことになる。とくに自然観光資源を観光に活用する場合には、その影響が現れるのに時間的なずれがある場合が多いので細心の注意を必要とする（山上徹・堀野正人編著『ホスピタリティ・観光事典』白桃書房、2001年、77ページ）。

23　佐々木（2008年、69〜71ページ）は、増加の背景に国土交通省による以下の育成・支援策をあげている。それは、①2007年5月に、第三種旅行業者に一定条件下で募集型企画旅行の実施を認めた制度改正、②2007年度に国土交通省が実施した「ニューツーリズム創出・流通促進事業」の実証事業、③「旅行商品ネット取引所」の創設、④2002年に始まった「観光カリスマ制度」である。

24　西村幸夫。「まちの個性を活かした観光まちづくり」国土交通省総合政策局観光部監修、観光まちづくり研究会編『新たな観光まちづくりの挑戦』ぎょうせい、2002年、21ページ。

25　谷本寛治編著『ソーシャル・エンタープライズ　社会的企業の台頭』中央経済社、2006年、263ページ。

26　同上、2ページ。

27　細内信孝「観光とコミュニティ・ビジネス」『観光　2007/春』通号487、日本観光協会、2007年、21〜22ページ。

28　本間正明・金子郁容・山内直人・大沢真知子・玄田有史『コミュニティビジネスの時代　NPOが変える産業、社会、そして個人』岩波書店、2003年、23ページ。

29　谷本、2006年、217ページ。

30　中谷武雄「文化産業誕生への道程—起業政策としての文化政策という視点から—」『京都橘大学大学院文化政策学研究科研究論集』第3号、京都橘大学大学院、2009年、12〜13ページ。

31　吉本哲郎『地元学をはじめよう』（岩波書店、2008年、28ページ）によると、水俣から提唱された「地元学」は、地域の人々が地域の文化資源の発見や再認識をする取り組みの過程において、地域の自立性や創造性が高まることで地域の活性化につながっていくという実践を伴った理論であると言う。吉本は、「新しいものをつくるということは、問題解決型のものづくり、地域づくりから、価値創造型のものづくりへの転換を促しており、社会の困った問題を創造的に解決する社会起業家になることを意味している」と述べている。以下も、同様な概念の著作である。
下平尾勲『地元学のすすめ—地域再生の王道は足元にあり』新評論、2006年。
結城登美雄『地元学からの出発—この土地を生きた人びとの声に耳を傾ける』（シリーズ地域の再生）農山漁村文化協会、2009年。

32　直接の享受者以外の社会に拡散し波及していくサービスをいう（池上惇・植木浩・福原義春編『文化経済学』有斐閣、1998年、74ページ）。

33　池上、2003年、55ページ。

34　ボウモル、ウィリアム・J. & ボウエン、ウィリアム・G.。池上惇・渡辺守章監訳、『舞台芸術 芸術と経済のジレンマ』丸善、1994年、496〜499ページ。

35　島川崇『観光につける薬』（同友館、2002年、8〜9ページ）では、観光はその地域のアイデンティティを最も効果的に発信できる手段になり得、外部に対してその存在をアピールすることで、地域の人々も誇りをもつことができるとしている。（略）ソフトパワー時代になって必要なことは、（略）世界に対して日本の正しい情報をいかに発信することができるかであると述べている。

36　宗田好史『創造都市のための観光振興—小さなビジネスを育てるまちづくり』学芸出版社、2009年、178〜179ページ。

37　Nye, Joseph S. JR., *SOFT POWER The Means to Success in World Politics*, Public Affairs,

New York, 2004. p.x.　山岡洋一訳『ソフト・パワー：21世紀国際政治を制する見えざる力』日本経済新聞社、2004年。
38　*Ibid.*, pp.5-6.
39　*Ibid.*, p.13.
40　McGray, Douglas, "Japan's Gross National Cool" *Foreign Policy*, May/June, 2002.
　　神山京子訳「ナショナル・クールという新たな国力 – 世界を闊歩する日本のカッコよさ」『中央公論』2003年5月号、130〜140ページ。
41　池上、2003年、45ページ。
42　梅棹忠夫「京都と観光産業」『梅棹忠夫著作集　第17巻　京都文化論』中央公論社、1992年、243ページ。初出は、「70年代の観光京都のビジョン」『観光事業経営者夏期講座』京都市文化観光局観光課、1970年、123〜154ページ。
43　スロスビー、2002年、201ページ。
44　同上、202ページ。
45　安福恵美子「ソフト・ツーリズム」石原照敏・吉兼秀夫・安福恵美子編『新しい社会と地域社会』古今書院、2000年、110ページ。

第3章

日本と京都における観光政策の変遷と観光の現状

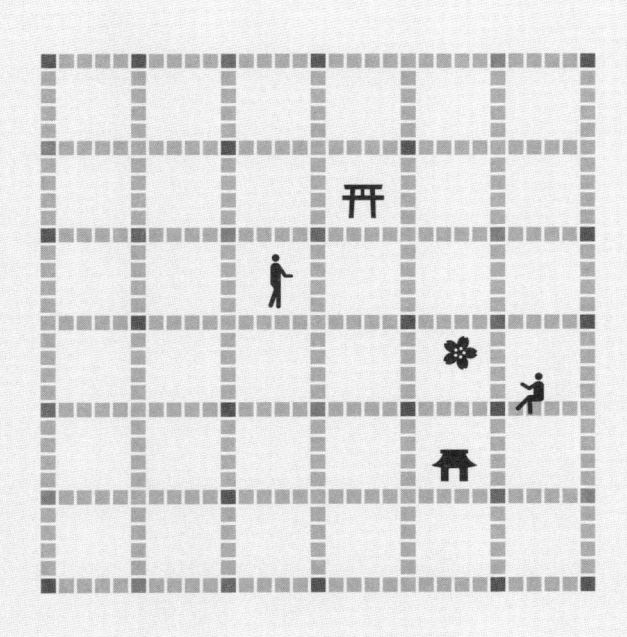

1．はじめに

　観光は、我が国の経済、人々の雇用、地域の活性化に大きな影響を及ぼすことから、21世紀のリーディング産業になり得ると期待されている。しかしながら、長い間、我が国は、観光振興を国家の重要課題とせず、世界的な大交流の時代に入りながらも、諸外国に後れをとっていた。このような中、2003（平成15）年1月、小泉総理大臣（当時）によって「観光立国宣言」がなされ、政府による観光に関するかつてない取り組みが始まった。2007（平成19）年1月から施行された観光立国推進基本法では、観光は21世紀における日本の重要な政策の柱として明確に位置づけられている。さらに、観光立国の実現へ向けた基本理念として、地域が主体となった取り組みを尊重し、地域住民が誇りと愛着の持てるような活力ある地域社会の持続可能な発展を通じて、観光旅行を促進することが豊かな国民生活実現のために重要であるとしている。中でも、国際観光の振興を図ることにより、観光立国を実現することは、21世紀の我が国経済社会の発展のために不可欠な重要課題であるとしている。観光立国実現に向けて、国際観光の振興は、国際相互理解の増進のほか、大きな経済効果をもたらすものとして期待されているのである。

　本章の目的は、日本と京都における観光政策の変遷と観光の現状について国際観光を中心に明らかにし、第5章、第6章の事例のバックグラウンドを示すものである。なお、本書で取り上げている市民主体の新しい観光は、第1章で述べたように2000（平成12）年以降に注目を浴びてきていることから、特に同年以降の国や京都市における観光振興政策について詳細に分析し、それらを踏まえながらこれからの京都における観光のあり方についても言及する。

　なお、国際観光には、アウトバウンド観光とインバウンド観光がある。アウトバウンド観光（outbound tourism）は、観光者が自国を離れて外国の観光地を訪問する国境を越えた観光形態を指す。インバウンド観光（inbound tourism）は、外国に居住する観光者が国境を越えて来訪し観光地を訪問する形態である[1]。なお、観光庁が扱う統計では、「訪日外国人旅

行者」（国籍に基づく法務省集計による外国人正規入国者数から日本に居住する外国人を除き、これに外国人一時上陸客等を加えた入国外国人旅行者のこと）と、「日本人海外旅行者」という用語を使用している[2]。

2．日本の国際観光政策の変遷と観光の現状
2-1　日本の国際観光政策の変遷

近代の観光政策の展開を（1）明治から第二次世界大戦まで（2）第二次世界大戦後から1970（昭和45）年まで（3）1970（昭和45）年から20世紀末まで（4）21世紀以降の4つに時代区分して外観する（向山・加藤、2007）（岡本、2001）（多方・田淵、2001）（国土交通省、2005）[3]。

（1）明治から第二次世界大戦まで

外国人観光客誘致と接遇向上、外貨の獲得に重点がおかれた時代である。明治の早い時期から、洋式ホテルの整備などインバウンドのインフラづくりが進められ、1893（明治26）年に、外客の接遇を目的とする非営利の貴賓会（Welcome Society）が設立された。その活動を背景に1912（明治45）年には外客誘致と国際旅行斡旋業務を行うジャパン・ツーリスト・ビューローも設立され、その後の社会主義諸国や一部の発展途上国が採用することになる公社型の政府観光局の先駆けとなった。

昭和に入り、政府は外貨獲得のためにより強力な外客誘致組織の必要性を認め、1930（昭和5）年に鉄道省の外局として「国際観光局」を設置した。これは「観光」という言葉を冠した初めての行政機関であると言われている。翌31（昭和6）年、国際観光局と表裏一体の組織として（財）「国際観光協会」を設立し、国際観光宣伝活動を行った。運輸省観光行政担当部局、国土交通省総合政策局観光部門を経て観光庁と、対外宣伝機関（現在は［独］国際観光振興機構：JNTO[4]）という組み合わせは、その後の組織改編を経ても、我が国の国際観光振興事業を担当し続けている。

（2）第二次世界大戦後から1970（昭和45）年まで

明治の開国から、引き続き外国人誘致による外貨獲得に重点がおかれた時代である。限られた少数の人々だけが海外旅行をするのに留まったため、日本の国際観光政策はインバウンド政策に重点がおかれた。その目的は訪

日外国人のための接遇の向上と経済発展のための外貨獲得の二つであった。

　事実上、国際観光があり得なかった戦争時代を経て、1945（昭和20）年から1951（昭和26）年（サンフランシスコ平和条約締結の前年）まで、日本政府は自主的な旅券発行ができなかった。その後も、一部の限られた人々のみの海外渡航が許されており、観光を目的とした海外渡航自由化が始まったのは、1964（昭和39）年である。

　1963（昭和38）年には、東京オリンピックを翌年に控え、「観光基本法」が制定され、平和国家日本の国是に沿い、国際友好親善の促進と外貨の獲得という切実な経済の要請を両輪として、インバウンドの発展期を迎えようとした。しかし、1964（昭和39）年の海外渡航自由化により、日本の観光政策はアウトバウンド政策に重点が移行し始めた。

（3）1970（昭和45）年から20世紀末まで

　1970（昭和45）年にジャンボジェット旅客機が定期航空路線に就航し、マス・ツーリズムが拡大し始め、日本も欧米諸国とならんで国際観光者の送り出し国に加わった。さらに、日本の急速な経済発展や円高が海外旅行者数の急増を後押しし、国際観光振興において、外貨の獲得は究極の目的ではなくなり、国際間の相互理解の増進や国際貿易面での対外摩擦の緩和といった目的に重点が移っていった。1987（昭和62）年には貿易摩擦緩和のためのアウトバウンド振興政策であり、日本人海外旅行者数（1986年552万人）をおおむね5年間で1,000万人に倍増するとの目標を定めた「海外旅行倍増計画（テンミリオン計画）」が策定された。海外旅行促進キャンペーンの実施やバブル経済の後押しもあり、1990（平成2）年には、海外旅行者数1,100万人に達し、一定の成果をあげた。一方、製造業を主体とした産業立国に成功した日本は、インバウンドとしての観光振興を必要とする認識に欠け、インバウンドがアウトバウンドの需要規模の約3分の1に留まることとなった。アウトバウンド倍増を達成したことで、国際収支の赤字を緩和する目標は薄れ、国際間の相互理解の増進や、市民レベルの国際交流の拡大を図り、我が国の国際社会での地位の向上に努めることに重点をおくようになった。1991（平成3）年には観光交流拡大計画（Two Way Tourism 21）を策定、双方向の観光交流の拡大と海外旅行の

質的向上を目指した。

　一方、バブル経済崩壊後の経済状況から、インバウンドの経済的効果を重視し、停滞する地域経済を活性化しようという動きも出て来たが、円高の影響から伸び悩んでいた。1996（平成8）年には、観光収支の著しい不均衡を是正するために、インバウンド振興のための行動計画「ウェルカムプラン21」が提言された。しかし、これは、日本の地域振興のために訪日観光振興を利用するという側面が強く、インバウンド自体を伸ばすという意識は乏しいのが実状で、アウトバウンドとインバウンドの割合の比率は縮まるどころか開く一方となった。2000（平成12）年に策定された「新ウェルカムプラン21」は、概ね2007（平成19）年を目途に外客数800万人を目標とし、従来の「ウェルカムプラン21」に基づく取り組みに加えて、国・地方における外国人来訪促進施策の充実強化、民間の観光業界における外国人来訪促進のための取組みの充実強化等の事項が盛り込まれている。しかし依然、インバウンドとアウトバウンドの不均衡は解消されなかった。

（4）21世紀以降

　観光は21世紀のリーディング産業と認識され、我が国でもインバウンド振興が政策として本格的に取り上げられるようになった。まず、国土交通省は、2002（平成14）年、インバウンド旅行者誘致政策の根幹となる「グローバル観光戦略」を策定し、この戦略のスタート年に当たる2003（平成15）年を「訪日ツーリズム元年」と設定した。2003（平成15）年には、「観光立国懇談会」が開催され、幅広い観点から我が国の観光立国としての基本的なあり方を検討した。その直後の第156回国会の施政方針演説（1月31日）において小泉総理大臣（当時）自ら、「観光の振興に政府を挙げて取り組みます。現在日本からの海外旅行者が年間約1,600万人を超えているのに対し、日本を訪れる外国人旅行者は約500万人にとどまっています。2010年にこれを倍増させることを目標にします。」[5]と述べた。これが、いわゆる「観光立国宣言」であり、総理自ら施政方針演説で初めて観光に言及したことは、画期的なことで、これ以降、観光政策が初めて政府の重要政策の一つとなった。具体的には「ビジット・ジャパン・キャンペーン」を開始し、特に訪日旅行者数の多い地域を重点市場として位置づけ、

旅行目的地としての日本の認知度を向上させるためのPR活動、ツアー造成支援事業などを行った。以下、その詳細は、表3-1に示した。

表3-1　観光立国宣言以降の観光政策の動き

2003 (平成15)年	1月24日	第1回観光立国懇談会（総理大臣主催）を開催
	1月31日	小泉総理が施政方針演説で「2010年に訪日外国人旅行者を倍増の1万人に」と発言
	4月1日	ビジット・ジャパン・キャンペーン開始
	5月21日	第1回観光立国関係閣僚会議（全閣僚）を開催
	7月31日	観光立国関係閣僚会議が観光立国行動計画を策定
	9月22日	国土交通大臣が観光立国担当大臣に任命される
2004 (平成16)年	1月19日	小泉総理が施政方針演説で「2010年に訪日外国人旅行者を倍増するため観光立国を積極的に推進」と発言
	5月24日	第1回観光立国推進戦略会議を開催
	11月30日	観光立国推進戦略会議が報告書（55の提言）を取りまとめる
2005 (平成17)年	1月21日	小泉総理が施政方針演説で「ビジット・ジャパン・キャンペーンの強化や姉妹都市交流の拡大により、2010年までに外国人訪問者を1,000万人にする目標の達成を目指します。」と発言
2006 (平成18)年	1月20日	小泉総理が施政方針演説で「ビジット・ジャパン・キャンペーンなどにより、2010年までに外国人旅行者を1千万人にする目標の達成を図ります。」と発言
	9月29日	安部総理が所信表明演説で「今後5年以内に、主要な国際会議の開催件数を五割以上伸ばし、アジアにおける最大の開催国を目指します。」と発言
	12月13日	議員立法により観光立国推進基本法が成立（全会一致）
2007 (平成19)年	1月1日	観光立国推進基本法が施行
	1月26日	安部総理が施政方針演説で「2010年に外国人の訪問を1,000万人とする目標の達成に向け、今年は、日中間の交流人口を500万人以上にすることを目指します。」と発言
	5月30日	国際会議開催・誘致拡大局長級会合で「国際会議の開催・誘致推進による国際交流拡大プログラム」を取りまとめ
	6月1日	観光立国推進戦略会議が「地球輝く『美しい国、日本』の観光立国戦略」を取りまとめ
	6月29日	観光立国推進基本計画を閣議決定
	10月1日	福田総理が所信表明演説で「観光立国の推進に取り組みます。」と発言
	11月26日	観光立国推進戦略会議が「北海道洞爺湖サミットを契機とした北海道・日本の魅力の世界への発信及び観光振興に関する提言」を取りまとめ
2008 (平成20)年	1月18日	福田総理が施政方針演説で「観光の振興は、地方活性化の目玉です。新たに観光庁を設置し、地方の自然や文化などを積極的に発言し、国内はもとより海外からの観光客を呼び込む取り組みを強化します。」と発言
	5月16日	「観光の整備による観光立客の来訪及び滞在の促進に関する法律」が成立
	10月1日	観光庁設置

2009 (平成21)年	3月13日	観光立国推進戦略会議が「訪日外国人2,000万人時代の実現へ」をとりまとめ
	6月23日	経済財政の基本方針2009を閣議決定。「世界に誇る観光大国実現（2020年までに訪日外国人旅行者数を2000万人へ）」並びに「休暇の取得・分散化の促進」について記載
	7月1日	中国人個人観光ビザ発給開始
	10月15日	訪日外国人旅行者数について「2013年までに1,500万人、2016年までに2,000万人、2019年までに2,500万人、将来的には3,000万人」とする新たな目標を設定（平成22年度予算概算要求にて）
	10月26日	第1回「国土交通省成長戦略会議」を開催
	12月9日	第1回「観光立国推進本部」を開催
2010 (平成22)年	1月29日	鳩山総理が施政方針演説で「アジアの方々を中心に、もっと多くの外国人の皆さんに日本を訪問していただくことは、経済成長のみならず、幅広い文化交流や友好関係の土台を築くためにも重要です。日本の魅力を磨き上げ、訪日外国人を2020年までに2,500万人、さらに3,000万人まで増やすことを目標に、総合的な観光政策を推進します。」と発言
	5月17日	国土交通省成長戦略会議　とりまとめ
	6月11日	菅総理が施政方針演説で「観光は、文化遺産や自然環境を活かして振興することにより、地域活性化の切り札になります。既に、中国からの観光客の拡大に向け、ビザの発行条件の大幅緩和などが鳩山前内閣の下で始められました。」と発言
	6月18日	新成長戦略～「元気な日本」復活のシナリオ～を閣議決定：「観光立国・地域活性化戦略」が7つの戦略分野の一つに選定・『「訪日外国人3,000万人プログラム」と「休暇所得の分散化」』が国家戦略プロジェクトの一つに選定

出所：観光庁国際交流推進課「訪日外国人旅行者増に向けた取り組みについて」2010年7月
http://www.jasso.go.jp/gakusei_plan/documents/shiryou15_22ryukyo.pdf
盛山正仁『観光政策と観光立国推進基本法』ぎょうせい、2010年
首相官邸ウェブサイト：http://www.kantei.go.jp/index.html 2010/12/25 確認

　一方、1964（昭和38）年の観光基本法の制定時から40年以上経過し、当時では想定できなかった観光をめぐる状況の変化が起きていた[6]。また、観光関連の法令の体系的な法規範の構築や基本法を根拠とする基本計画の法定が求められていることや、観光政策の一元化等政策推進体制の整備の必要性があった。

　そのため、観光基本法の改正に向けた検討作業が、2005（平成17）年後半から始まり、2006（平成18）年12月に議員立法により観光立国推進基本法が成立し、翌年1月から施行された。

　これは、観光立国の実現を国家戦略として、少子高齢化社会の到来や本格的な国際交流の進展を視野に、観光立国の実現を「21世紀の我が国経済社会の発展のために不可欠な重要課題」と位置づけるものである。その基

本理念として、観光立国の実現を進める上での豊かな国民生活を実現するための「住んでよし、訪れてよしの国づくり」の認識の重要性、国民の観光旅行の促進の重要性、国際的視点に立つことの重要性、関係者相互の連携の確保の必要性を規定した。

さらに、観光立国実現のため、以下の５つの基本的目標を定めている。
・訪日外国人旅行者数を1,000万人にし、将来的には、日本人の海外旅行者数と同程度にする。　733万人（2006年）⇒ 1,000万人（2010年）
・日本人の海外旅行者数を2,000万人にする。
　　　　　1,753万人（2006年）⇒ 2,000万人（2010年）
・国内における観光旅行消費額を30兆円にする。
　　　　　24.4兆円（2006年）⇒ 30兆円（2010年）
・日本人の国内観光旅行による一人当たりの宿泊数を年間４泊にする。
　　　　　2.77泊（2006年）⇒ ４泊（2010年）
・我が国における国際会議の開催件数を５割以上増やす。
　　　　　168件（2006年）⇒ 252件（2010年）

この５件のうち、４件までが国際観光関連であり、そのうち３件が、インバウンド振興の施策である。

また、新たなマス・ツーリズムの形態であるMICE振興も課題となっている。これは、後に記す京都市の観光政策にも大きな影響を与えている。

2008（平成20）年には、国全体として、官民をあげて観光立国の実現に取り組む体制として 国土交通省に観光庁を設置し、観光立国を総合的かつ計画的に推進することになった。

なお、本書に関連しているインバウンドについて、政府は、訪日外国人旅行者の増加は、国際相互理解の増進のほか、我が国における旅行消費の拡大、関連産業の振興や雇用の拡大による地域の活性化といった大きな経済効果をもたらすものと位置付け、自然環境、歴史、文化等観光資源を創造し、再発見し、整備し、これを内外に発信することによって、観光立国を目指していくことが重要な課題としている。しかしながら、2008（平成20）年の訪日外国人旅行者（インバウンド）[7]は約835.1万人であり、海外を訪れた日本人旅行者（アウトバウンド）の約1,599万人と比較して極単

に少なく、インバウンド振興に向けての施策が重点的に講じられている。

　佐々木一成（2008）は、21世紀に入り、国家をあげての観光振興が注目された背景について、以下の4点をあげている。①大交流時代の到来②地方分権下での地域経済の再生・活性化③国内旅行の低迷④観光のもつ経済波及効果、である。さらに、以下詳細を述べている①については、人口に膾炙しているように、世界的な大交流時代にあって、特にアジア諸国の急速な経済発展と一大マーケット化が非常に大きなインパクトとなり、海外旅行者の新たな送り出し国となる。そのため、中国を始めとする海外旅行者をターゲットに国際間の競争が激しくなっているという状況がある。②については、日本では少子高齢化社会の進展が予想され、定住人口だけでなく交流人口の拡大による地域活性化のため、観光振興がその切り札として期待されている。③については、バブル経済崩壊後の個人消費の抑制、割安な海外旅行へのシフト、旅行形態の変化などの国内旅行市場の構造変化への対応がせまられている。④については、観光は極めて裾野の広い産業であり、その経済波及効果が認識され、また国際旅行収支の赤字縮小などの観点からも国際観光競争力の強化が必要になってきている[8]。

　以上のような背景を踏まえた上で注目したいのが、石森秀三（2008）による以下の提言である。少子高齢化社会においては、「交流人口の拡大による地域活性化」が不可欠であり、観光を基軸にした「地域再生」事業が重要にならざるを得ない背景がある。そのためには、従来型の観光振興をはかるのではなく、地域住民が主役になり、地域住民が誇りを持つことのできる地域資源を持続可能な形で訪問者（来訪者）に提供することによって、地域住民と来訪者がともに感動や幸せを共有できるような「新しい観光の創造」が必要であるというものである[9]。すなわち、日本の社会を取り巻く状況が、「新しい観光の創造」を求めているのである。

　地方都市へも外国人旅行者を迎え入れ、地域経済の活性化を実現するには、旅行者を受け入れる地域社会が主体となった観光振興が、必須条件である。さらに、日本のソフト・パワーを活用して国際相互理解を増進するためには、地域の人が誇れる地域の宝、固有価値を示し、それを仲立ちとして地域の人々と来訪者が交流することが期待される。そのためには、地

域や国に誇りを持つことができ、幸せを感じることができるような国づくり・地域づくりを行うこと、すなわち「住んでよし、訪れてよしの国づくり」の結果としての観光振興であるという視点も大事である。

観光とは人と人、地域と地域、国と国、文化と文化の交流であり、交流によって地域の文化振興、地域活性化に寄与することは、前章で示した。このような要素を持つ「新しい観光の創造」を社会全体が期待しているのである。従来型のマス・ツーリズムもその役割は、果たし続けるとしても、それだけでは対応しきれないことが浮かび上がり、そこに新しい観光の創造が課題であることがわかる。本書で取り上げている市民主体の新しい観光は、国家の観光政策から見ても、キーワードとなり得るのである。

2-2　日本の国際観光の現状

全世界の海外旅行者数は、1950（昭和25）年には2,500万人であったが、1997（平成9）年には6億人を超えた。21世紀に入ると、同時多発テロ（2001年）、重症急性呼吸器症候群（SARS）・イラク戦争（2003年）、世界的な金融恐慌（2008年）、新型インフルエンザ（2009年）など、大きなマイナス要因となる事態が発生した。しかし、世界的に見れば、観光客数は増加している。世界観光機関（UNWTO）の速報値（2009年発表）によると、2008（平成20）年は国際観光客の受入れ数が9億2,200万人と前年を上回り、過去最高を記録した。今後も国際観光市場は拡大を続けると予測されており、世界観光機関（UNWTO）が2000（平成12）年に発表した「Tourism 2020 Vision」においては、1995（平成7）年に5億6,500万人だった国際観光客数は、2020（平成32）年には、15億6,100万人になるとしている。

こういった、世界の観光の動向に対し、日本の観光の現状について平成22年版観光白書から、主な点を以下に記す。

◆不確定な要素のある海外旅行者数の推移

我が国への訪日旅行者（インバウンド）は、2005（平成17）年：672.8万人、2006（平成18）年：733.4万人、2007（平成19）年：834.7万人と、

過去最高を記録し順調に増加した。しかし、2008（平成20）年8月以降、世界的な景気後退の影響を受け、2008（平成20）年は835.1万人と微増、さらに、円高、新型インフルエンザの影響を受け、2009（平成21）年は679万人と大幅に減少した。また、日本人の海外旅行者（アウトバウンド）は、ここ数年1,700万人台と横ばい状態であったが、景気後退の影響を受け、2008（平成20）年、2009（平成21）年と減少している（図3-1）。観光は、景気のみならず、国際情勢、あるいは感染症、災害などの影響を受けやすく、一定の経済効果を期待しつつもそういった不確定な要素をも受け入れていかねばならない。

図3-1　日本人海外旅行者数と訪日外国人旅行者数の推移

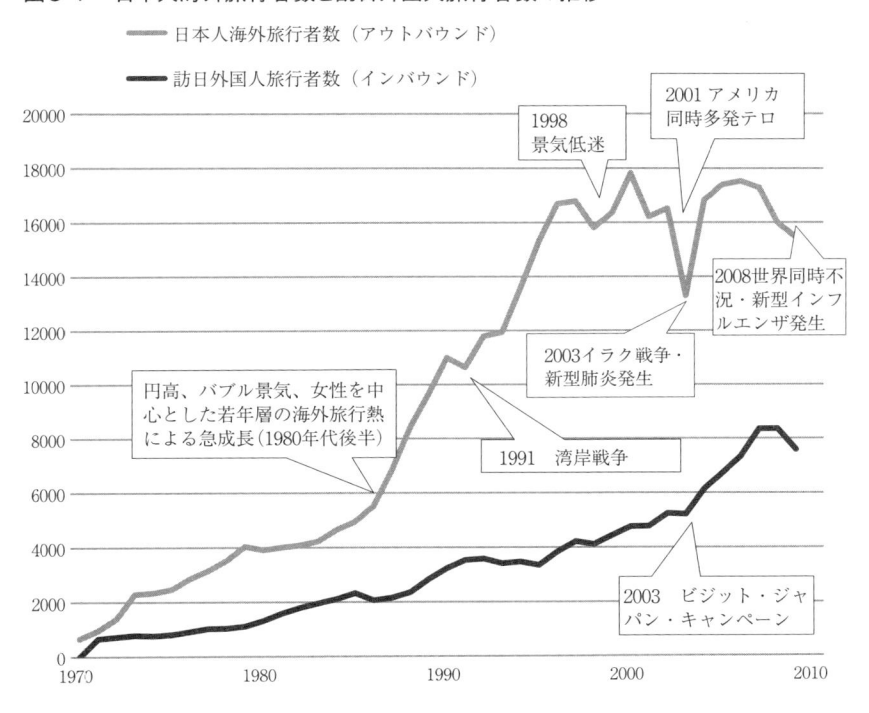

　　　日本人海外旅行者数（アウトバウンド）
　　　訪日外国人旅行者数（インバウンド）

注釈：
- 円高、バブル景気、女性を中心とした若年層の海外旅行熱による急成長（1980年代後半）
- 1991　湾岸戦争
- 1998　景気低迷
- 2001　アメリカ同時多発テロ
- 2003　イラク戦争・新型肺炎発生
- 2003　ビジット・ジャパン・キャンペーン
- 2008世界同時不況・新型インフルエンザ発生

平成22年版観光白書（図Ⅱ-1-1-3　日本人海外旅行者数の推移）をもとに筆者作成

◆インバウンドとアウトバウンドのアンバランス

　図3-2、3-3からわかるとおり、我が国の国際観光はインバウンドとアウトバウンドの極端なアンバランスが課題となっている。インバウンドでは、アジア諸国の中でも後れを取っており、日本政府がインバウンド振興策を推進している理由でもある。また、このアンバランスな日本の現状は、国際旅行収支上赤字であるとともに、国際観光の意義でもある相互理解、相互交流、日本の文化発信のチャンスを逃しており、文化的観点から見ても残念な状況である。

◆期待が高まる近隣諸国からの来訪者

　2009（平成21）年の訪日外国人旅行者数は、679万人（前年比18.75％減）となり、前年を大きく下回る結果である。ビジット・ジャパン・キャンペーン重点市場のうち、中国を除く全市場で訪日客が減少した。特に韓国、台湾の2大市場からの訪日客が前年比で大幅に減少したことが、訪日客全体の下げ幅を拡大させる結果となった。しかし、エリア別にみると、アジアが481万人で全体の70.9％を占め、ついで北米が88万人（12.9％）、ヨーロッパが80万人（11.8％）、オセアニアが25万人（3.6％）の順となっている。我が国にとっては、近隣諸国からの外国人旅行者の来訪を促進することによって、観光立国の実現を図る好機となっている。同時に近隣諸国との友好関係を維持することが、大きな鍵となってくる。

　以上のように、世界的な大交流時代を迎えて、日本の国際観光は、後れを取ったインバウンド振興において、2000年以降、国家の重点課題として様々な施策をとっているが、依然アウトバウンドとの不均衡は解消していない。また、経済発展の著しい中国の観光客を取り込むことも、今後の課題である。国際観光は、景気、災害、感染症、戦争、国家間の政治問題等で敏感に左右されるため、我が国のリーディング産業として期待できるのか、非常に大きい課題が横たわっていることがわかる。

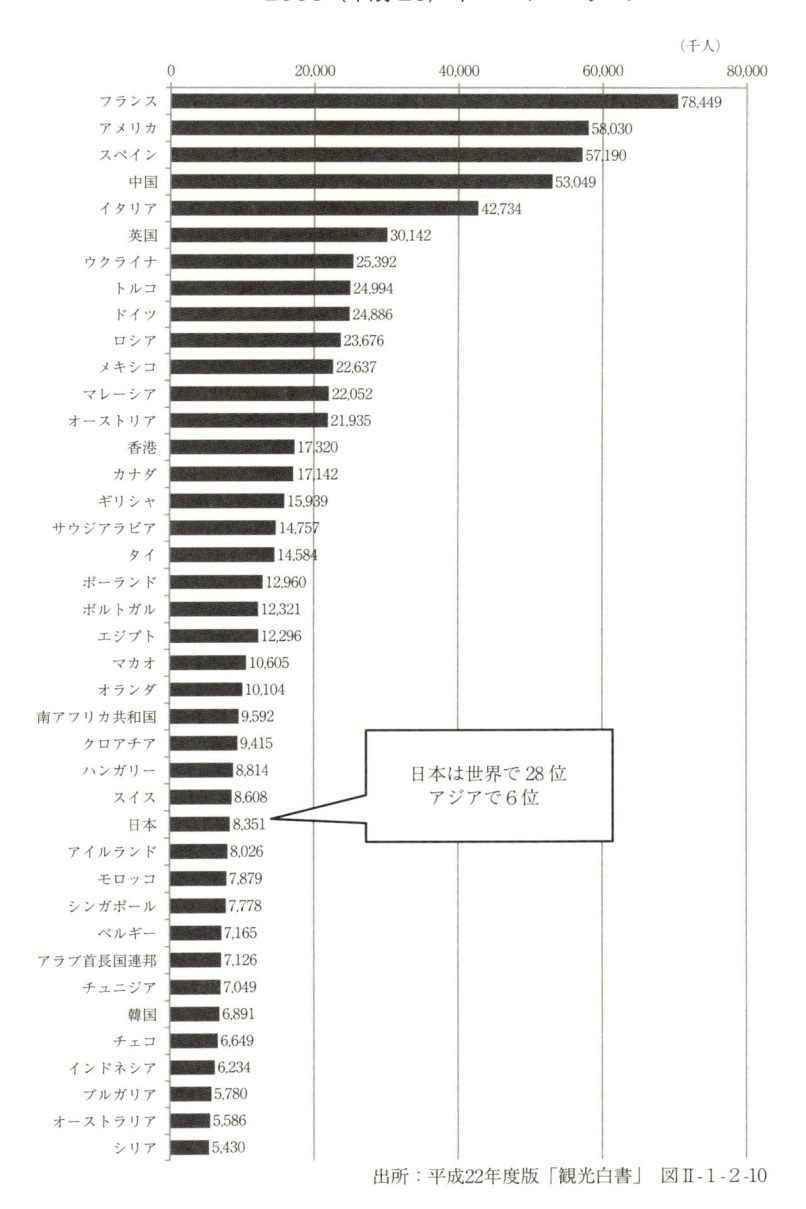

図3-2　諸外国の外国人旅行者受入数国際ランキング
　　　　2008（平成20）年　―インバウンド―

(千人)

フランス	78,449
アメリカ	58,030
スペイン	57,190
中国	53,049
イタリア	42,734
英国	30,142
ウクライナ	25,392
トルコ	24,994
ドイツ	24,886
ロシア	23,676
メキシコ	22,637
マレーシア	22,052
オーストリア	21,935
香港	17,320
カナダ	17,142
ギリシャ	15,939
サウジアラビア	14,757
タイ	14,584
ポーランド	12,960
ポルトガル	12,321
エジプト	12,296
マカオ	10,605
オランダ	10,104
南アフリカ共和国	9,592
クロアチア	9,415
ハンガリー	8,814
スイス	8,608
日本	8,351
アイルランド	8,026
モロッコ	7,879
シンガポール	7,778
ベルギー	7,165
アラブ首長国連邦	7,126
チュニジア	7,049
韓国	6,891
チェコ	6,649
インドネシア	6,234
ブルガリア	5,780
オーストラリア	5,586
シリア	5,430

日本は世界で28位
アジアで6位

出所：平成22年度版「観光白書」　図Ⅱ-1-2-10

第3章　日本と京都における観光政策の変遷と観光の現状　｜　85

図3-3　諸外国の海外旅行者数国際ランキング
　　　　2007（平成19）年　—アウトバウンド—

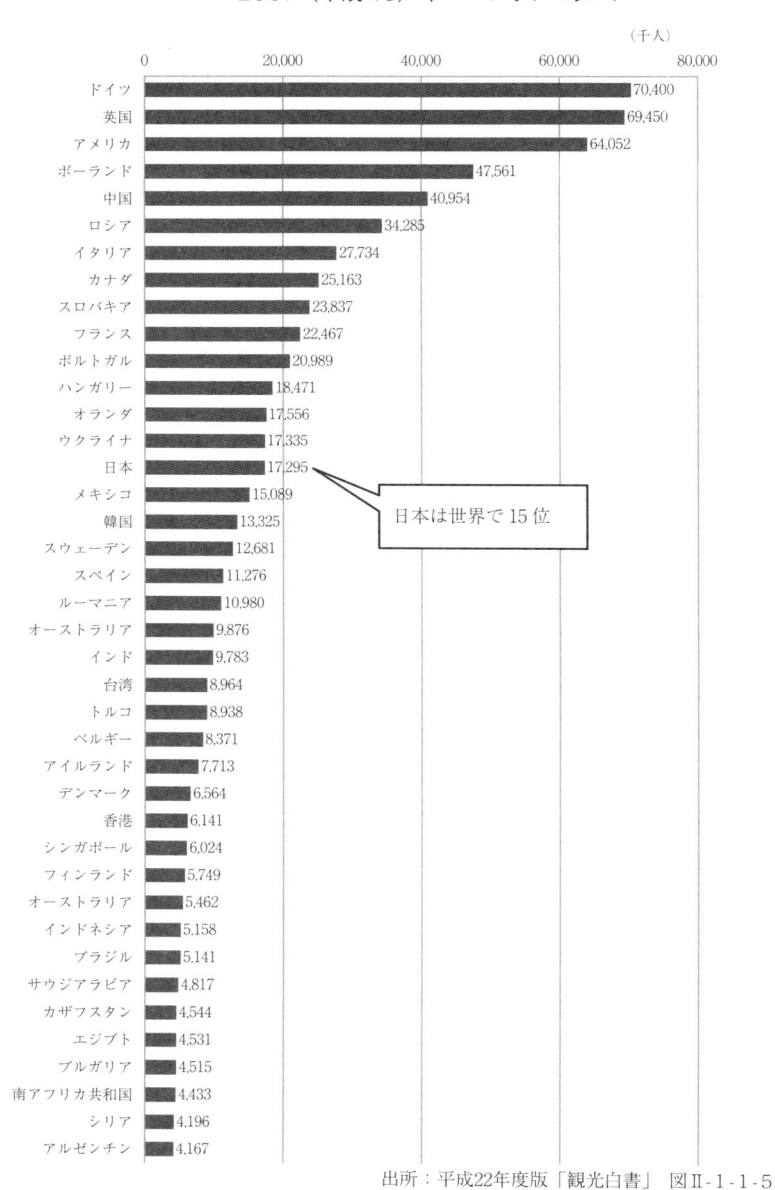

(千人)

ドイツ	70,400
英国	69,450
アメリカ	64,052
ポーランド	47,561
中国	40,954
ロシア	34,285
イタリア	27,734
カナダ	25,163
スロバキア	23,837
フランス	22,467
ポルトガル	20,989
ハンガリー	18,471
オランダ	17,556
ウクライナ	17,335
日本	17,295
メキシコ	15,089
韓国	13,325
スウェーデン	12,681
スペイン	11,276
ルーマニア	10,980
オーストラリア	9,876
インド	9,783
台湾	8,964
トルコ	8,938
ベルギー	8,371
アイルランド	7,713
デンマーク	6,564
香港	6,141
シンガポール	6,024
フィンランド	5,749
オーストラリア	5,462
インドネシア	5,158
ブラジル	5,141
サウジアラビア	4,817
カザフスタン	4,544
エジプト	4,531
ブルガリア	4,515
南アフリカ共和国	4,433
シリア	4,196
アルゼンチン	4,167

日本は世界で15位

出所：平成22年度版「観光白書」　図Ⅱ-1-1-5

3．京都市の国際観光政策の変遷と観光の現状

3-1　京都市の観光政策の変遷─2000年まで─

『京都市政史』[10] によると、第一次世界大戦後、世界各国で観光事業の認識と関心が高まり、我が国の観光事業もこの影響を受けた。国際親善の増進、貿易外国際収支改善の観点から観光事業の持つ使命を国家的に追求するため、1930（昭和5）年に当時の鉄道省に国際観光局が設置された。同年、京都市観光局も新設され、観光事業が京都市の重要な事業になった。これは、当時の国際情勢や国内情勢に刺激されたというよりは、むしろ京都市の特性としてあげた歴史的要素、精神的要素、文化的要素、美術的要素、天恵的要素を保持高揚するための一施策として当然の流れであり、これにより京都市特有の都市性を益々、光輝かせ、発展させるために観光事業確立に至ったと記されている。

また、1927（昭和2）年の京都駅前の市設案内所設置を、京都市観光事業の近代的発祥とし、1930（昭和5）年の観光課新設は観光事業の積極的活動の開始と捉えている。1931（昭和6）年には創立された日本観光地連合会の会長に京都市長が就任して、京都市が全国観光地の推進力となり、相互利益増進のため邁進することとなった。当時の観光事業は時代思潮を反映し、観光と国民の精神運動とを結びつけようとしているところに特徴がある。

その後、第二次世界大戦期には中断があったものの、1947（昭和22）年に観光課、1948（昭和23）年に観光局、1952（昭和27）年に産業観光局、1954（昭和29）年に観光局、1965（昭和40）年に文化観光局、1995（平成7）年に現在の産業観光局と、組織の改編、名称の変更などがあったが、観光行政は常に京都市の重要政策の一つとして位置づけられている。また、名称の軌跡を追うと、京都市における観光政策が、産業政策の一環なのか、文化政策のそれなのか揺れているところが見受けられる。

戦後の観光政策については、1950（昭和25）年に国際文化向上・世界平和の達成、文化観光資源・施設整備による経済復興を目的とする「京都市国際文化観光都市建設法」が制定された。1957（昭和32）年の第3回世界

連邦アジア会議において「平和都市宣言」がなされ、1978（昭和53）年の「世界文化自由都市宣言」では、「広く世界と文化的に交わることによって、優れた文化を創造し続ける永久に新しい文化都市でなければならない」と目指すべき都市の理想像を掲げた。そして、同宣言を基調に、1999（平成11）年には21世紀の京都のまちづくりの方針を示した「京都市基本構想」を、2001（平成13）年には基本構想具体化のための主要な政策を示した「京都市基本計画」を策定した。その間、観光については、1971（昭和46年）には「10年後の京都観光ビジョン」、1992（平成4）年には「21世紀（2001年）の京都観光ビジョン―京都市基本構想―」、1998（平成10）年には「京都市観光振興基本計画」を策定して、時代に応じた観光政策を講じてきた[11]。

　ここまでの京都市の観光政策は、いずれの時代にあっても京都市の重要な政策であった。その理由として京都という特性、すなわち、歴史的要素、精神的要素、文化的要素、美術的要素、自然的要素が日本の他の地域と比しても特別であるという意識が政策策定の根底にあると推察される。

3-2　京都市の観光政策の変遷―2000年から―

　1990年代以来、東京ディズニーランドをはじめとする大規模テーマパークなどの開業や、日本全国総観光地化による観光地間の競争激化などで、日本を代表する観光都市京都も、観光客数が横ばいになるなど守勢に立たされるようになった。

(1)「京都市観光振興推進計画～おこしやすプラン21～」2001（平成13）年

　そのような中、京都市では2001（平成13）年に2010（平成22）年を目標とした「入洛観光客数5000万人」を実現するため、市長自らの提案による京都市の総合政策として「京都市観光振興推進計画～おこしやすプラン21～」を策定した。同計画では、「観光」を京都市の都市活力創造の基軸と位置づけ、観光と産業・文化・まちづくり・国際交流などの活動が相互に良好な循環をすることによって都市全体が活性化することを打ち出している。計画の目標達成のために、五つの重点戦略として、1．「ほんもの」による通年型観光の推進、2．「界わい観光」の振興、3．都市マーケテ

ィングの強化、4．情報通信技術（IT）の活用、5．快適な受け入れ環境づくりをあげ、25の重点事業、119の推進事業を掲げて、目標実現に取り組むとしている[12]。

　この取り組みの結果、2004（平成16）年には入洛観光客数が4,500万人を突破し、その経済波及効果は1兆円を超え、一定の成果を挙げたとされた。一方、2003（平成15）年には、「京都創生懇談会」（座長：梅原猛　国際日本文化研究センター顧問）から、「国家戦略としての京都創生の提言」が発表された。「京都は、1200年を超える悠久の歴史に育まれ、今も日本の伝統・文化が生き続ける世界でも稀有の歴史都市であり、我が国の、また国民の貴重な財産である」と謳い、「景観の保全・再生」「伝統文化の継承・発信」「観光の振興」という３つの柱を中心に、国家戦略として京都創生を位置づけることを提唱している。これを受けて、京都市では、2004（平成16）年、「歴史都市・京都創生（案）」を発表し、観光の振興に関しては、「ビジットジャパン基本方針策定と外国人観光促進重点地域の指定」及び「外国語表記の拡充等による受け入れ環境の整備」などについて具体的提案をしている。

(2)「新京都市観光振興推進計画〜ゆとり うるおい 新おこしやすプラン21〜」2006（平成18）年

　こうした流れの中、「京都市観光振興推進計画〜おこしやすプラン21〜」の期間満了に伴い、2006（平成18）年に以後５年間の戦略的な行動計画として「新京都市観光振興推進計画〜ゆとりうるおい 新おこしやすプラン21〜」を策定した。その特徴として、オール京都の計画、「京都からの旅の提案」と「５つの宣言」で国内外にアピール、数値目標、優先順位を付け、成果を明確化、環境を基軸とした観光振興を掲げた。計画の主な構成は、「ゆとりの旅」という「京都からの旅の提案」と、次の「観光振興５つの宣言」を行った。

　　１．5,000万人観光都市の実現
　　２．脱クルマ観光の推進
　　３．観光客と市民の双方にとって、快適で満足度の高いまちづくり
　　４．観光立国・日本の拠点都市として、外国人観光客誘致を牽引

5．オール京都の観光体制づくり

　外国人観光客誘致についての目標数値を200万人とし、外客誘致に向けて、滞在環境向上の取り組みの推進、広域連携の推進、京都情報発信の強化を柱に推進施策を掲げている。特に重点的に取り組む施策である「戦略的施策」としては、海外情報拠点の設置・「国際観光客おこしやすプロジェクト（仮称）」の実施・観光情報多言語化の推進・携帯電話端末等IT技術を使った多言語観光情報の提供・国際コンベンションの誘致強化をあげている[13]。

　京都市は、近代地方自治制度としての市政誕生以来、「世界に誇る観光都市」という自負から、観光政策は常に重要な位置を占め、まちづくりそのものに関わる広範囲な政策として捉えられてきた。その日本を代表する観光地も21世紀を迎え、世界的な観光客争奪のための大競争時代の渦中にあり、より実践的な観光政策が求められていたと考えられる。

　これらの政策は京都市全体の活性化プランにおいて観光の位置づけが大きいことや折からの「京都ブーム」[14]を追い風にして、計画どおりに観光客数が伸びていることから一定の成果が得られたとされる。また、従来の歴史遺産だけに頼らずにそれを効果的に生かす努力・工夫が感じられるとともに、観光形態の多様化に伴う、参加体験型観光、癒しや知的好奇心を満たす観光なども視野に入れた施策がなされている。また、新京都市観光振興推進計画では、策定委員会がつくられ各界から意見が広く交わされた点は評価される。

　しかし観光客数の目標値達成が最優先であり、且つその経済効果を過剰に期待している印象を受ける。また、「国家戦略としての京都再生の提言」の中で、日本文化の発信源として京都の役割が課されていることは、国家から京都のあり方を規定されているようで、京都市民にとっての誇れる京都を京都市民自らの力で示そうという発想が見えてこないのが残念である。

(3)「未来・京都観光振興計画2010^{+5}」2010（平成22）年

　京都市は、2000（平成12）年に、当時4,000万人であった年間入洛観光客数を、2010（平成22）年までに5,000万人に増やす「観光客5,000万人構想」を宣言した。集客イベントなどの強化、京都ブームも加わり観光客は

順調に増え、2008（平成20）年には入洛観光客数は5,021万人を数え、目標より２年早く「入洛観光客5,000万人」を達成した。京都市は、「ポスト5,000万人」となる新たな京都観光の姿と、それを実現するため、2009（平成21）年６月に、学識経験者をはじめ、文化、経済、産業、市民公募委員などの参画で「次期京都市観光振興計画策定委員会（石森秀三座長）」を開催した。その後、11月に中間案をまとめ、パブリックコメントの後、2010（平成22）年２月には最終案を審議し、３月に「未来・京都観光振興計画2010^{+5}」[15]を策定・公表した。その計画は、京都市という自治体の計画ではなく、市民、観光関連業界、行政をはじめ、京都観光を支えるみんな（＝市民、観光関連業界、京都市、府）が心を一つにして、京都観光をさらに高めるための羅針盤としての役割を果たすという位置づけである[16]。

具体策として、以下「暮らすように旅する」「歩いてこそ京都」「市民の京都再発見」「心で"みる"京都」「観光客の不満ゼロに」「新たな京都ファン獲得」「京都の魅力うまく伝える」―７プロジェクトの実施を掲げている。

また、修学旅行誘致を京都観光の原点と位置づけ、世界における「KYOTO」ブランドの確立を目指し、「プロモーションの推進」、「受入環境の整備」をあげている。また、全国初となる「京都市MICE[17]戦略」を別途策定し、京都の特性を生かした世界に冠たる『国際MICE都市』への飛躍を目指すとしている。

表３-２から、３計画を比較すると、旧２計画は、全国どの都市でもそのまま通用するような内容である。一方、最新版の計画は「京都」という言葉を多用し、京都という特性を前面に打ち出しての意義づけであり、具体的な内容が可視化されていることが特徴である。すなわち、固有価値としての京都の歴史・文化・環境を重視している。日本をリードする国際観光都市としての意気込みや、京都全体を巻き込んでの取り組みは評価でき、質の向上という点も理念としては共感できる。特に、「市民の京都再発見」プロジェクトでは、京都が有する世界に誇るべき財産を、まずは市民自身がしっかり享受し、知り、学び、楽しむことが必要であるとした上で、

表3-2　2000年以降の京都市観光推進計画の京都観光の意義比較

京都市観光振興推進計画 おこしやすプラン21 「年間入洛観光客数5000万人構想」を実現するための前期推進計画 <2001年～2005年>	新京都市観光振興推進計画 ～ゆとり　うるおい 新おこしやすプラン21～ 「年間入洛観光客数5000万人構想」を実現するための後期推進計画 <2006年～2010年>	未来・京都観光振興計画2010[+5] 「5000万人構想」の次の新たな京都観光の目標と目標達成のための5年間の道筋を示す <2010年～2014年>
1．観光振興は21世紀の京都経済の活性化に大いに寄与する 2．観光振興は新しい文化の創造と国内外への発信の契機となる 3．観光振興は快適で魅力的なまちづくりを進める原動力となる 4．観光振興は国内外との交流を促進し相互理解を深める	1．文化の創造・発信 　～観光振興は文化の創造と国内外への発信の契機となる～ 2．快適で魅力的なまちづくり 　～観光振興は快適で魅力的なまちづくりを進める原動力となる～ 3．経済の活性化 4．国内外の交流の促進 　～観光振興は国内外との交流を促進し、相互理解を深める～	1．世界中の人々に「心の作用」をもたらす 「和の文化」など京都の光（日本の心や知、歴史、伝統、文化、自然、美、それらの根底に流れる宗教など）を次代に伝え、世界に発信することで、これらに触れることにのみ…。 2．まちづくりの原動力としての寄与 　(1) 幅広い経済波及効果・次世代のエンジン産業 　(2) 「融合」によるまちづくり 　(3) 京都の魅力を伝え、発信する人づくり 3．京都ブランドの向上 4．「国家戦略としての京都創生」の推進

（京都市産業観光局発行の冊子をもとに筆者作成）

京都市民が「京都人のたしなみ」を身につける仕組み、「市民が京都を知る仕組みづくり」、「市民と観光客がふれあえる場の創出」などをあげている。これは、まさに本書で掲げている「市民主体の新しい観光」のあり方と符合しており、評価できる点である。しかし、全体に、細部にわたる完璧な計画を盛り込んでおり、意気込みは評価できる。

　また、全国初となる「京都市MICE戦略」を別途策定し、京都の特性を生かした、世界に冠たる『国際MICE都市』への飛躍を目指している。MICE誘致については、必要不可欠な国立京都国際会館の改築や大型ホテルの誘致などハード面の強化も取り上げられ、経済不況の中でどれだけ可能か未知数である。また、シンガポール・韓国等のアジア内の競合国やアメリカ・オーストラリア等においても積極的にその振興が取り組まれており激しい競争を強いられる。このような中でのMICE誘致は、地元経済の

沈滞ムードの救世主としての観光振興による経済的効果が期待されていることがわかる。世界的な経済不況の中で、このように量も質も求めることが可能なのか見守っていくべきである。

なお、図3-4に京都市の総合計画の体系を表し、流れを示した。特に2000（平成12）年以降観光政策の活発な動きがよくわかり、京都市における観光振興の期待度が高いことがわかる。

3-3　京都市の観光の現状

京都市は2010（平成22）年3月に「未来・京都観光振興計画2010[+5]」を策定した。そこには、京都市の観光をめぐる状況について以下のように記されている。日本文化の源を確認することのできる京都観光への期待と役割がますます拡大する一方で、少子高齢化が進み人口減少社会に突入した我が国では、定住人口による人口増が期待できない。そのため、観光による交流人口の拡大で地域を活性化し、経済活性化の切り札となる観光が注目されている。一方で成長社会が終わり、成熟社会に入ると、人々は物質的欲求から、精神的欲求を求めており、これは、観光スタイルにも反映され、少人数で、様々な目的を持ち、個性ある内容を求める旅行スタイルへの変化へと通じている。

このような状況の中で、日本文化の原点であり、人々の精神的欲求に応じることが可能な京都が果たすべき役割は、大きいと捉えているのである。これは、さらに、持続可能な社会を目指すことがグローバル社会でも求められ、1997（平成9）年に「京都議定書」が採択され、地球環境に配慮した観光のあり方を京都市が世界に対して示さなければならないこともある。すなわち、日本文化の源を確認できる京都市にとって、京都の観光振興は、京都市だけの課題ではなく、我が国の観光立国の実現のために大きな関連があるとの認識がある。

そういった、観光を取り巻く状況の中、京都観光の現状について概観する[18]。入洛観光客数は、1996（平成8）年以降増加傾向にあり、2008（平成20）年には、初めて5,000万人を突破した。しかし、同年9月からの金融恐慌や2009（平成21）年以降の新型インフルエンザなどの外部影響で、

図3-4　京都市の総合計画等の体系

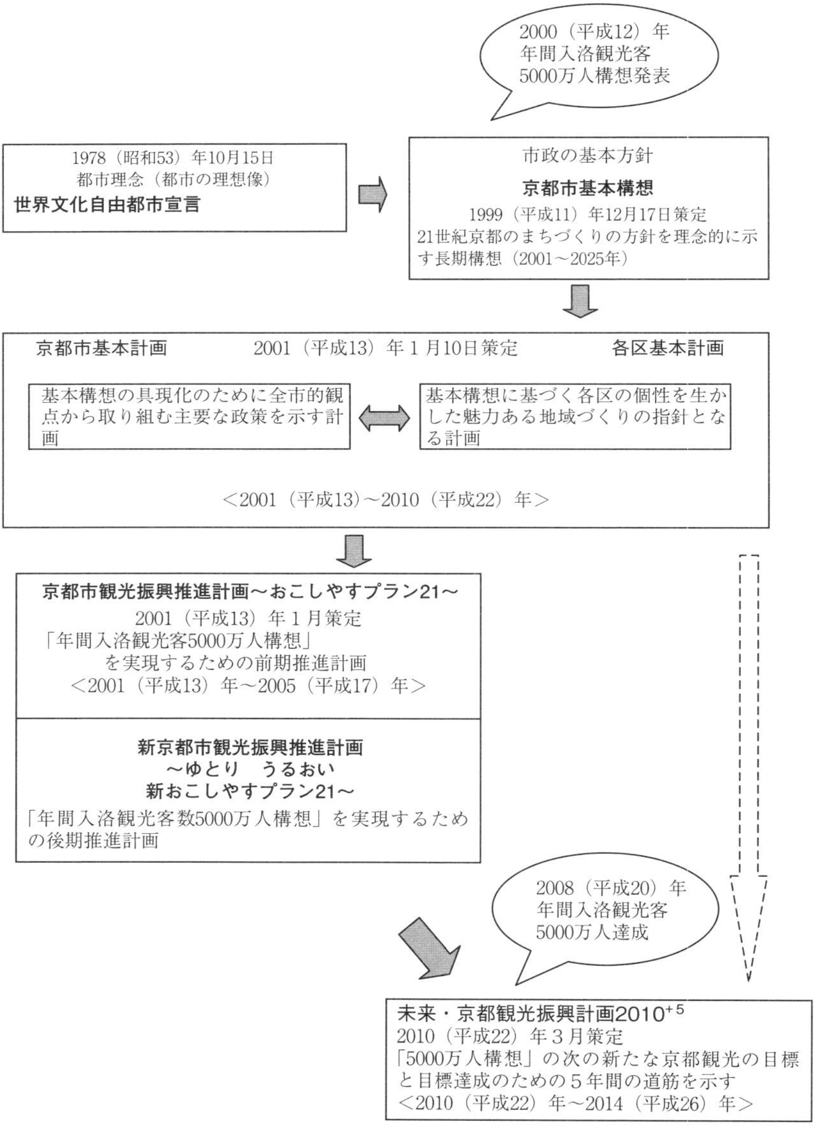

```
                                          ┌─────────────────┐
                                          │ 2000（平成12）年 │
                                          │ 年間入洛観光客  │
                                          │ 5000万人構想発表 │
                                          └────────┬────────┘
                                                   ↓
┌──────────────────────┐      ┌──────────────────────────────┐
│ 1978（昭和53）年10月15日 │      │ 市政の基本方針               │
│ 都市理念（都市の理想像） │  ⇒   │ 京都市基本構想               │
│ 世界文化自由都市宣言     │      │ 1999（平成11）年12月17日策定 │
└──────────────────────┘      │ 21世紀京都のまちづくりの方針 │
                                │ を理念的に示す長期構想       │
                                │ （2001〜2025年）             │
                                └──────────────┬───────────────┘
                                               ⇩
┌─────────────────────────────────────────────────────────────┐
│ 京都市基本計画　　2001（平成13）年1月10日策定　　各区基本計画 │
│ ┌──────────────────┐   ┌──────────────────┐              │
│ │基本構想の具現化の │   │基本構想に基づく各│              │
│ │ために全市的観点か │ ⇔ │区の個性を生かした│              │
│ │ら取り組む主要な政 │   │魅力ある地域づくり│              │
│ │策を示す計画       │   │の指針となる計画  │              │
│ └──────────────────┘   └──────────────────┘              │
│           ＜2001（平成13）〜2010（平成22）年＞             │
└─────────────────────────────────────────────────────────────┘
                          ⇩
┌─────────────────────────────────────────────────┐
│ 京都市観光振興推進計画〜おこしやすプラン21〜   │
│   2001（平成13）年1月策定                       │
│ 「年間入洛観光客5000万人構想」                  │
│   を実現するための前期推進計画                  │
│   ＜2001（平成13）年〜2005（平成17）年＞        │
├─────────────────────────────────────────────────┤
│ 新京都市観光振興推進計画                        │
│   〜ゆとり　うるおい                            │
│   新おこしやすプラン21〜                        │
│ 「年間入洛観光客数5000万人構想」を実現するため  │
│ の後期推進計画                                  │
└─────────────────────────────────────────────────┘
                                  ┌─────────────────┐
                                  │ 2008（平成20）年 │
                                  │ 年間入洛観光客  │
                                  │ 5000万人達成    │
                                  └────────┬────────┘
                         ⇩                 ↓
              ┌──────────────────────────────────────────────┐
              │ 未来・京都観光振興計画2010$^{+5}$             │
              │ 2010（平成22）年3月策定                       │
              │ 「5000万人構想」の次の新たな京都観光の目標    │
              │ と目標達成のための5年間の道筋を示す           │
              │ ＜2010（平成22）年〜2014（平成26）年＞        │
              └──────────────────────────────────────────────┘
```

出所：『未来・京都観光振興計画〜2010^{+5}いよいよ旅の本質へ——7つのプロジェクト、動く。』
　　　3ページをもとに筆者再構成

2009（平成21）年度は、前年の5,021万人を331万人（6.6％）下回る4,690万人となった。

　一方、2003（平成15）年には、政府がビジット・ジャパン・キャンペーンを開始し、国をあげてのインバウンド振興に取り組み始めたことも影響し、京都市の宿泊外国人数は、順調に増加傾向にある（図3-5）。さらに、2006（平成18）年に海外5カ所に設置した海外情報拠点を活用して、京都観光情報の発信と現地動向の把握による戦略的・効果的な誘致活動を推進した。また、国のビジット・ジャパン・キャンペーンとの積極的な連携のほか、インターネットを活用した京都への誘致キャンペーン「Kyoto Winter Special」を実施した。その結果、2008（平成20）年度は、93万7千人で、前年に比べ、1万人（1.1％）増となり、5年間で108％増となった。しかし、2009（平成21）年度は、前述した要因で、宿泊外国人客数も、前年を16.4％下回る78万人となった。

　観光振興を仮に、訪問客数という数値のみで計るとするならば、いかに観光振興策を講じても、伝染病、国際情勢、経済不況など多くの要素に敏

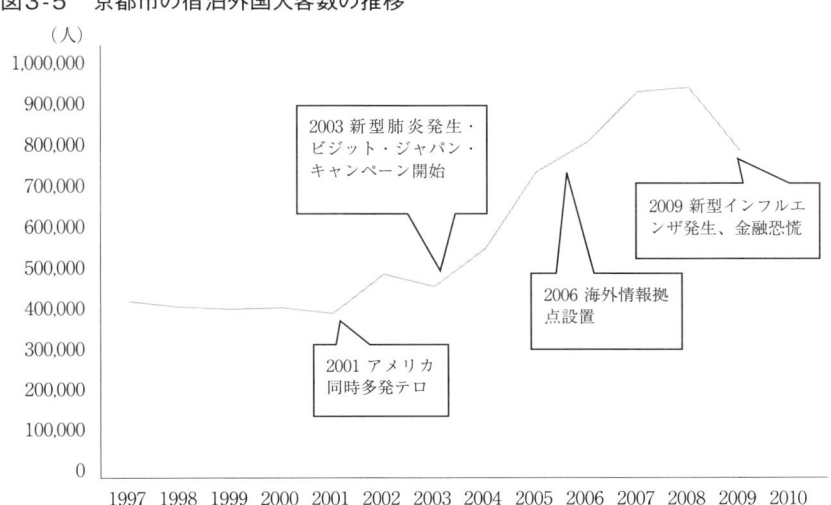

図3-5　京都市の宿泊外国人客数の推移

出所：京都市観光調査年報平成21年をもとに著者作成

感に影響を受けることが多く、不確定要素を想定しなければならないことを再認識させるここ数年の動きである。

次に、京都市と国の比較として、図3-6京都市宿泊外国人客数と訪日外国人客数国別割合比較で見ると、京都市は、アメリカ、オーストラリア、フランス等の欧米諸国から人気が高い。我が国の観光立国の実現において欧米諸国への訴求力のある京都へのインバウンド振興にむけての期待が、政府から高い根拠である。一方で、日本全体では、韓国、台湾、中国等のアジア諸国からの訪日外国人客数の割合が高いのに対し、京都市のそれは、少ない点が特徴である。これは、図3-7、3-8を見るとより顕著であり、欧米諸国に強い京都という姿を表している。こういった傾向に対し、京都市は、是正のために対策を立てるのか否か、今後の動向を見守りたいところである。第4章でふれているが、アジア諸国からの来日客の志向が、従来のようにショッピングだけでなく、伝統文化や日本食にも関心を持ち、

図3-6　訪日外国人客数と京都市宿泊外国人数の国別比較
　　　 2009年（国と京都市の比較）

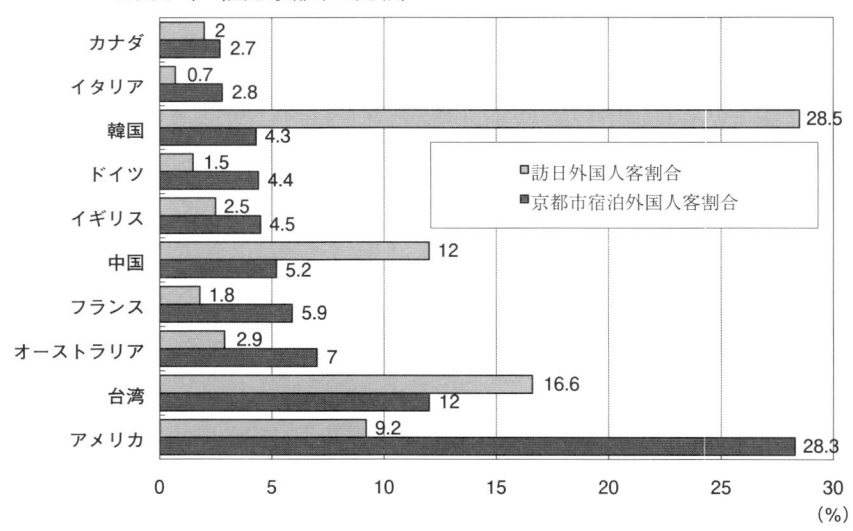

国	訪日外国人客割合	京都市宿泊外国人客割合
カナダ	2	2.7
イタリア	0.7	2.8
韓国	28.5	4.3
ドイツ	1.5	4.4
イギリス	2.5	4.5
中国	12	5.2
フランス	1.8	5.9
オーストラリア	2.9	7
台湾	16.6	12
アメリカ	9.2	28.3

出所：京都市観光調査年報平成21（2009）年をもとに筆者再構成

図3-7　2009年エリア別訪日外国人客数

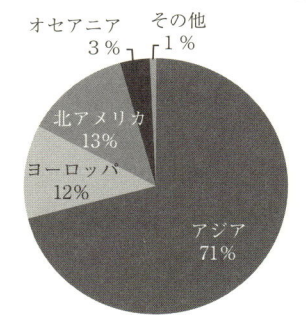

- オセアニア 3％
- その他 1％
- 北アメリカ 13％
- ヨーロッパ 12％
- アジア 71％

出所：京都市観光調査年報平成21（2009）年

図3-8　2009年エリア別京都市宿泊外国人客数

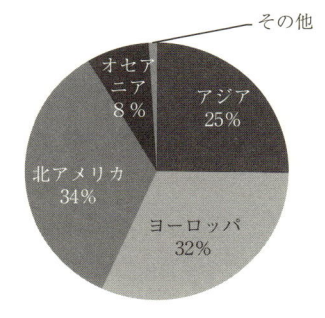

- その他
- オセアニア 8％
- アジア 25％
- 北アメリカ 34％
- ヨーロッパ 32％

出所：京都市観光調査年報　平成21（2009）年

体験型観光にも興味を持ち始めたことは、京都にとっては、有利に働くであろう。しかし、安易に観光客の量的な獲得を目的に、京都らしさを失うような本末転倒的な施策は、慎むべきである。

3-4　観光振興が京都市にもたらす影響

　京都市は、2009（平成21）年に、「京都観光影響調査」を実施し、観光振興が京都市にもたらす影響を把握し、今後の京都観光の振興の基礎資料としたものを表3-3に表した[19]。特に、観光関連産業の京都経済への貢献度や、観光消費による市民の雇用も国と比べても高く、京都における観光振興が直接的に地域経済活性化へ結びついていることが表されている。また、観光振興によって、ハード、ソフト面のまちづくりや京都のブランド力が推進、強化されているということは、観光の正の外部性といったものであろう。ただし、まちづくりが推進されているとされている指標が、表記されているだけでは、心もとない印象を筆者は受けている。観光振興がまちづくりの推進にいかに貢献しているかという指標についても、今後検討していかなくてはならない課題であろう。しかし、これらの調査は、京都市の観光振興を推進していく根拠にしており、観光振興の動機づけや市民へ理解を求めるツールとしては、十分なものとなっている。一方、交通

表3-3　観光客来訪による観光振興が京都市にもたらす影響

１．観光客5021万人の来訪による経済活性化 　　経済波及効果：１兆2,421億円 　　観光関連産業の京都経済への貢献度：8.4%　⇔　観光の日本経済への貢献度：5.5% 　　（市内総生産約６兆３千億円のうち5,302億円） 　　観光消費による市民の雇用：7.3人に１人（約73万人のうち10万人） 　　（13.7%　⇔　観光消費による国民の雇用 6.7%[*1]） 　　年間約70億円の税収効果（宿泊客１人330円、日帰り客１人80円） 　　＊１：国民経済計算における就業者数6,445万人に対応（2007年度）
２．観光客来訪による交流人口の増大によるまちづくりの推進 　　公共交通機関が発達　人口10万人当たりの鉄道駅：9.5箇所 　　（東京都区部7.6カ所、名古屋市7.3カ所、大阪市9.6カ所） 　　全国的にも先進的な景観政策が展開 　　市民参加のまちづくりが活発（まちづくり関連NPO約226団体）
３．観光客来訪による都市としての評価や機能の向上 　　全国的な評価が高い（民間調査によると満足度２位、魅力度３位、認知度１位等） 　　世界的な評価が高い（満足度の高い観光地２位等） 　　新幹線の発車本数が多い（単独路線で３位）。発着する特急の種類が多い（１位） 　　タクシーの数が多い（人口あたりのタクシー車両数３位） 　　地域ブランドが多い（地域団体商標出願件数１位） 　　飲食店の数が多い（人口当たりの飲食店数４位）
４．観光客来訪によるマイナス面 　　交通渋滞：松尾橋〜嵐山まで通常４分が最大124分 　　　2008（平成20）年11月23日調査 　　ごみ量： 　　　2007（平成19）年度に宿泊施設から排出されたごみ量は8,755ｔ/年で、市全体の排出量の 　　　1.2%に相当、処理費用１億７千万円 　　温室効果ガス： 　　　2008（平成20）年の宿泊客によって排出されたCO_2は、8.7万ｔ/年で、市全体の排出量の 　　　1.2%に相当。また、2008（平成20）年の観光客による自動車利用から排出されたCO_2は、 　　　11.5ｔ/年で市全体の排出量量の1.5%に相当

『未来・京都観光振興計画　2010[*5]』６ページを参考に筆者作成

渋滞や環境汚染などマイナス面についての指摘も当然あり、これまで同様今後も、引き続き、総合的な施策が講じられることを期待する。

４．まとめ

　明治の開国から1964（昭和39）年の海外渡航自由化に至るまでの間、日本の国際観光政策はインバウンド政策に重点がおかれた。その後日本の急速な経済発展や円高が海外旅行者数の急増を後押しし、製造業を主体とした産業立国に成功した日本は、インバウンドとしての観光振興を必要とする認識に欠けていた。この結果、インバウンドとアウトバウンドのアンバ

ランスをもたらし、以後日本の観光政策の大きな課題となっている。

　21世紀に入ると、我が国でも観光はリーディング産業と認識され、観光立国の推進が計られる。中でも、インバウンド観光振興は、重要な課題である。このような観光振興政策の背景には、少子高齢化社会を迎え、地域再生と地域活性化の必要に迫られている現状がある。また、成熟社会、観光スタイルの変化など観光を取り巻く情勢も変化を見せ、従来型のマス・ツーリズムだけでは対応できず、本書で取り上げている地域が主体となった新しい観光の創造が必要となってきた。一方、本書で取り上げる事例のフィールドでもある京都市は、明治の開国以降、観光は常に重要政策であった。21世紀に入ると、地域活性化の切り札としてますます期待され、一連の観光振興政策の結果、入洛観光客数が目標の5,000万人を超えた。2010（平成22）年3月に策定された「未来・京都観光振興計画2010^{+5}」では、「いよいよ旅の本質へ」と称し、「観光スタイルの質」を高め、「観光都市としての質」を高めることを謳い、京都観光を支えるみんなが協働で主体となり、あらゆる分野の融合によるまちづくりを計りながら、京都ならではの観光のあり方の羅針盤を示そうとしている。観光に質の重視も盛り込んだ、新たな挑戦で、京都市としての観光に対する意気込みが感じられる。

　このように京都の観光のあり方が量と共に質への転換を見せる時に、その著作から50年経過してもなお、色褪せること無く、京都観光の今後を考える上で指針となるべきものと評価したいのが、梅棹忠夫の著作である[20]。梅棹は、観光については第三者と自認しながらも、マス・ツーリズム全盛時代に、非常に先見性のある論を展開している。例えば、京都という都市が持っている現代における意味、日本文化の中における役割、あるいは世界における京都の立場というようなものを十分に捉えて、その一環としての観光産業というものを考えて行くべきであるとしている。すなわち、観光産業を他分野、他産業との関連やバランスを考え、観光だけが突出するのではなく、京都全体の中で、市民の生活全体と調和を保ちながら、観光がどう発展していったらよいか考えるべきであるとしている。梅棹の言う観光論は、現在の観光まちづくりや、本書で論じている市民主体の新しい

観光の概念に近いものであると察することができる。また、「未来・京都観光振興計画2010[*5]」でも、京都市だけでなく、京都観光を支える皆が共有することを訴えており理念としては、相通じるものがある。しかし、観光政策として、万全の施策を施すことは可能だとしても、他産業との関連を考慮しながら、庁内関連部署との連絡を図るような総合的な政策提案に向けての課題は残されている。

　さらに、梅棹は、「京都は観光都市ではない」として、「京都の未来像」について京都が本来持っている文化的特性（宗教、伝統芸道、教育など）を生かし、「文化産業都市」として「文化」を売ることを提言している。梅棹にとっての観光産業は、マス・ツーリズムを推進する産業であり、そういった観光産業を痛烈に批判しているのである。それは、京都にはふさわしくないのであり、京都の持つ文化的特性をビジネスとし、新たな産業とすることを提案しているのである。では、彼にとって、その新しい産業はどうあるべきであるか。

　まず、「観光産業のシステム化」を図り、観光客に積極的に楽しませるという点で、「観光産業は一大総合産業」であるべきだとも言及し、京都市内の様々な産業が結びついて、全体が一つのシステムを組んでみてはどうかと提案している。例えば、西陣は織物製造業であるが、情報産業でもあるという側面を活用したり、また京都にたくさんある大学と結びついたりして、「創造的観光産業」とすることも提案している。このように、観光産業を文化産業、あるいは創造産業、情報産業と捉え、そういった観光産業のあり方が京都に適していることを提示していることは、興味深い。

　しかしながら、観光産業を文化産業、あるいは、創造的観光産業と捉え、新たな産業であると理解を得ることは既存のマス・ツーリズムを推進する観光産業の存在が大きすぎて、簡単ではない。また、そういった新しい産業を育てる基盤も今後の進展に委ねなければならない。こういった課題を解決するには、すなわち、梅棹の提言している京都観光の未来像実現については、本書の理論的根拠でもある文化経済学、あるいは文化政策学の研究成果が今後、多いに貢献できるのではないかと筆者は考える。

　さらに、梅棹は、京都が日本民族のアイデンティティを未来の世代に向

けて伝達する装置として、様々な情報化の最先端の技術を取り入れ、未来を創造することがその役割だとしている。また、京都に存在する日本文明という非西欧的な原理による影響から、世界は、なお違った展開をする可能性があり、そういった普遍性を京都が備えているという意味で、京都は、単なる観光対象ではないとしているのである。これを言い換えれば、京都の観光は、日本人のアイデンティティを次世代に向けて伝達する装置であり、海外に向けては日本のソフト・パワーを示し、それによって世界に大きな影響力を与えることがその役割であるというものである。

　観光客数の目標数値達成や、経済効果を目的とした量の観光ばかりでなく、梅棹の唱えるような京都の文化的影響力を世界に示すというような広い意味での京都観光の振興は、いわば、観光の質への転換である。それは、京都市の新しい観光政策にも盛り込まれていることから、今スタート地点に立ったばかりであると言えよう。また、今後、京都市民としていかに観光に関わっていくことができるか、市民にも問われている。

注
1　吉田春生「観光の形態」香川眞編『観光学大事典』木楽舎、2007年、23ページ。
2　観光庁ウェブサイト：http://www.mlit.go.jp/kankocho/siryou/toukei/in_out.html　2010/12/29 確認。
3　(1)(2) は以下の文献を参照した。
　向山秀昭、加藤栄一「観光政策の変遷」香川眞編、2007年、125 〜 126ページ。
　岡本伸之編『観光学入門』有斐閣、2001年、277〜279ページ。
　多方一成、田淵幸親『現代社会とツーリズム』東海大学出版会、2001年、1 〜16ページ。
　(3)(4) は、国土交通省「訪日外国人観光客の受け入れの推進―国際交流の拡大に向けて―」2005年を参照した。
4　名称は、独立行政法人 国際観光振興機構 Japan National Tourism Organization（JNTO）であり、通称を日本政府観光局（JNTO）という。1964（昭和39）年に、国際観光振興会が発足、2003（平成15）年に独立行政法人 国際観光振興機構に移行し、2008（平成20）年に日本政府観光局の通称を使用するようになった。目的は、「海外における観光宣伝、外国人観光旅客に対する観光案内その他外国人観光旅客の来訪の促進に必要な業務を効率的に行うことにより、国際観光の振興を図ること」である。
　JNTOウェブサイト　http://www.jnto.go.jp/jpn/index.html　2010/12/20 確認
5　首相官邸ウェブサイト：http://www.kantei.go.jp/jp/koizumispeech/2003/01/31sisei.html　2010/12/25 確認
6　観光基本法の改正法案提出までの経緯は、以下の論文を参照した。
　福山潤三「観光立国実現への取り組み―観光基本法の改正と政策動向を中心に―」『調査と情報（554）』国立国会図書館調査及び立法考査局、2006年、1 〜 10ページ。
7　訪日外国人旅行者とは、国籍に基づく法務省集計による外国人正規入国者数から日本に居住す

る外国人を除き、これに外国人一時上陸客等を加えた入国外国人旅行者のことである。
観光庁ウェブサイト：http://www.mlit.go.jp/kankocho/siryou/toukei/in_out.html
2010/12/24 確認。訪日外国人旅行者数の出典は、日本政府観光局（JNTO）「訪日外客数」であり、海外を訪れた日本人旅行者数の出典は、法務省入国管理局「日本人出国数」である。

8 佐々木一成『観光振興と魅力あるまちづくり　地域ツーリズムの展望』学芸出版社、2008年、16〜17ページ。
9 石森秀三「観光立国における観光創造」同編著『大交流時代における観光創造』北海道大学大学院メディア・コミュニケーション研究院、2008年、13、16ページ。
10 京都市総務部庶務課『京都市政史』京都市役所、1941年、658〜663ページ。
11 京都市産業観光局観光部観光企画課『新京都市観光振興推進計画〜ゆとり　うるおい　新おこしやすプラン21〜』2006年。
12 京都市観光産業局観光部観光企画課編『京都市観光振興推進計画〜おこしやすプラン21〜』2001年。
13 京都市産業観光局観光部観光企画課『新京都市観光振興推進計画〜ゆとり　うるおい　新おこしやすプラン21〜』2006年。
14 読売新聞「数字でみる京都ブーム　観光客5年連続最高更新」によると、JR東海が1993（平成5）年から首都圏を中心に展開している「そうだ京都、行こう。」キャンペーンが京都ブームの火付け役だとしている。この効果により、JR京都駅の1日平均乗客数が93年26,000人から2005年31,000人に大きく伸びたという。出版界でも京都は引っ張りだこで、京都を特集した雑誌の売り上げは伸びるという。YOMIURI ONLINE ウェブサイト：oo.co.jp/search?fr=slv1-ytp prn&p=%E6%95%B0%E5%AD%97%E3%81%A7%E3%81%BF%E3%82%8B%E4%BA%AC%E9%83%BD%E3%83%96%E3%83%BC%E3%83%A0&ei=UTF-8　2010/12/26 確認
15 京都市産業観光局『未来・京都観光振興計画〜2010^{+5}』2010年。
16 京都新聞　2009年11月11日夕刊「京観光　不満ゼロ…質向上へ7構想 市次期計画中間案判明」では、以下のように報道している。「現計画に盛り込んだ『観光客5千万人』の目標達成を受け、観光客数増よりも、理念の柱に『質の向上』を据えたのが特徴だ。『市民の京都再発見』『観光客の不満ゼロ』など7項目のプロジェクトを掲げ、質の高い観光都市を目指す。（略）しかし、観光客数は増加したものの、日帰り客と宿泊客の比率は6対4と、この5年間変化がなく、観光客1人当たりの消費額もこの3年間は1万3千円台の横ばい状態で市内交通への不満も解消できていない。このため、2010年1月から5年間の次期計画では観光客の数値目標は定めず、京都観光の目指す姿として『量の確保と合わせ質の向上』を理念の柱に位置づけた」。
17 MICE（マイス）とは、企業等の会議（Meeting）、企業等の行う報奨・研修旅行（インセンティブ旅行）（Incentive Travel）、国際機関・団体、学会等が行う国際会議（Convention）、イベント、展示会・見本市（Event/Exhibition）の頭文字のこと。多くの集客交流が見込まれるビジネスイベントなどの総称。
観光庁ウェブサイト：http://www.mlit.go.jp/kankocho/shisaku/kokusai/mice.html
2010/12/28 確認
18 京都市産業観光局『京都市観光調査年報　平成21年（2009年）』2010年。
19 京都市産業観光局『未来・京都観光振興計画　2010^{+5}』2010年、6ページ。
20 梅棹忠夫「京都と観光産業」『梅棹忠夫著作集　第17巻　京都文化論』中央公論社、1992年、237〜257ページ。初出は、梅棹忠夫「70年代の観光京都のビジョン」『観光事業経営者夏期講座』京都市文化観光局観光課、1970年、123〜154ページ。

第 4 章

京都市における
インバウンド・ツーリズムが
めざすもの

―― 現場からの調査を中心として ――

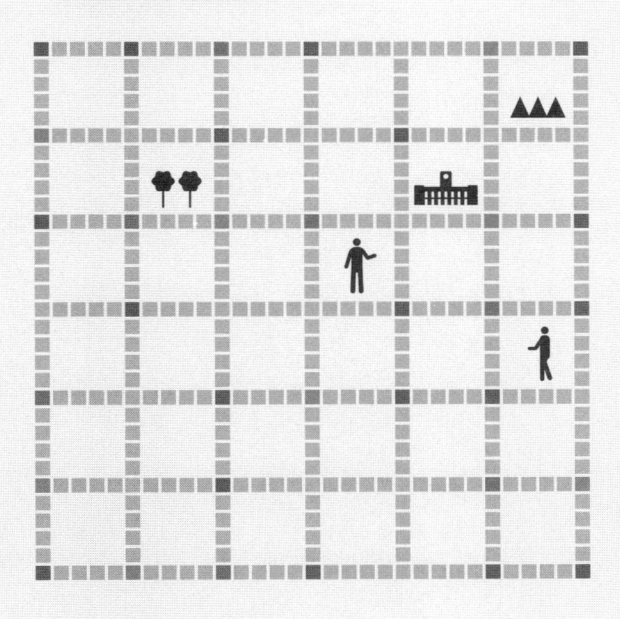

1. はじめに

　観光立国を推進する我が国において、観光への取り組みは活溌化している。2003（平成15）年1月の小泉総理大臣（当時）による観光立国宣言をうけて観光立国懇談会が発足した。その報告書にあるようにグローバリズムが促す大交流の時代において世界の人々は、国際観光を単に観光資源を見るだけでなく、世界の人々とより親しく近づき合う機会と捉えている。観光を通して人々の文化交流は、そのソフト・パワーの強化を図りつつ世界の中での存在感を示し、グローバリズムの定着に貢献するというものである。

　しかしながら、前章で示したように平成20年に我が国を訪れた外国人旅行者（インバウンド）は約835.1万人であり、海外を訪れた日本人旅行者（アウトバウンド）約1,599万人と比較して少ない。外国人旅行者受入数（アウトバウンド）では、諸外国と比較しても、世界で第28位、アジアで第6位（平成20年）と低い水準にある。このように、日本は世界に十分に開かれた国になっておらず、訪日外国人旅行（インバウンド）振興は、国の観光政策の中でも最重要課題である。

　一方で、従来の日本人の典型的な観光旅行は、いわゆる名所見物型であったが、最近では参加・体験型の観光旅行が注目されるようになった。日本よりも旅行市場の成熟が早く、自由で個性的な旅行を求める海外からの旅行者は、より一層その傾向が強く、受け入れる観光地においても洗練されたプログラムの創造が期待されている。

　本章では、筆者がインバウンド観光事業に参画して、実践の中から得られたアンケート調査と聞き取り調査から、外国人旅行者の京都／日本訪問の動機と感想、観光内容のニーズを分析し、今後のインバウンド振興にむけての指針を導く。

2. 調査の概要と調査項目

　本調査は、京都市を訪れている外国人旅行者[1]、日本への観光ツアーを企画しているアメリカの旅行会社社長や日本人通訳ガイド、アメリカの高

校生の日本研修旅行を引率するケースワーカー、著名な旅行ガイドブックの著者を対象として、アンケート調査及び聞き取り調査を2005（平成17）年３月から2006（平成18）年９月にかけて実施した。

　目的は、京都市に訪れる外国人旅行者のニーズを調査することである。
　調査項目１：京都／日本訪問の動機
　調査項目２：京都／日本での感想
　調査項目３：京都や日本の観光内容のニーズ
以上３項目にしぼって、調査結果を紹介する。

3．調査結果
3-1　京都訪問と日本訪問の動機の比較
①調査目的：京都または日本を訪れる外国人旅行者の訪問の動機の比較
②調査対象：滞在期間が２日以上６カ月以下の外国人旅行者
③調査方法：英語と日本語によるアンケート用紙（多肢選択法）に記入してもらい、JNTOの調査結果と比較する。なお、アンケート用紙は、文末に示す（資料４-１）。
④調査場所：京都市内
⑤調査時期：2005（平成17）年４月～2006（平成18）年５月
⑥調査内容：京都訪問の動機
⑦サンプル数：195名

　アンケートの結果は、表４-１である。日本訪問の動機については、JNTO『訪日外国人旅行者調査2003-2004』を参照した。なお、質問項目はJNTOの質問項目と同じにした。

　この調査では、JNTOと、筆者の独自調査の調査項目を同一にしたことから、日本訪問をした一般的な旅行者と京都を訪問した旅行者の比較ができ、京都観光の特徴がわかる。

　京都訪問の動機、日本訪問の動機ともに、「日本人の生活の見聞・体験」が一番多い。ただし、京都を訪れている旅行者の同項目のポイントがかなり高いのは、第５章の事例にある日本文化体験プログラム参加者が多

表4-1　京都/日本訪問の動機（複数回答可能）

京都訪問の動機（有効回答195名）（筆者の独自調査）2005年4月～2006年5月	（％）	日本訪問の動機（JNTO『訪日外国人旅行者調査2003-2004』から）	（％）
1．日本人の生活の見聞・体験	51.8	1．日本人の生活の見聞・体験	32.1
2．歴史・町並み・建造物	44.4	2．買いもの	31.9
3．伝統文化の見聞・体験	40.7	3．日本訪問への憧れ	29.2
4．日本食	33.3	4．日本食	26.8
5．京都訪問への憧れ	25.9	5．自然・景勝地	24.4
6．買い物	18.5	6．リラックス・温泉	23.1
7．日本語学習	14.8	7．歴史・町並み・建造物	16.2
8．日本の近代・ハイテク	14.8	8．伝統文化の見聞・体験	15.0
9．自然・景勝地	7.4	9．日本の近代・ハイテク	11.3
9．映画・ドラマ	7.4	10．テーマパーク	5.6
11．博物館・美術館	3.7	11．趣味・関心事	5.5
11．趣味・関心事	3.7	12．博物館・美術館	3.7
11．祭・イベント	3.7	13．産業観光	2.7
11．避暑・避寒	3.7	13．祭・イベント	2.7
15．産業観光	0	15．避暑・避寒	1.4
15．リラックス・温泉	0	15．他のスポーツ	1.4
15．ゴルフ	0	17．ゴルフ	1.0
15．テーマパーク	0	18．映画・ドラマ	0.5
15．他のスポーツ	0	18．スキー	0.5
19．その他	25.9	19．その他	8.2

注）「日本訪問の動機」はJNTO『訪日外国人旅行者調査2003-2004〈外国人旅行者の国内訪問地データ〉』（財）国際観光センター、2005年

いので、当然「日本人の生活の見聞・体験」の動機が高い層であることを考慮に入れる必要がある。

次に、京都訪問の動機について特徴的なことは、以下の点である。

「歴史・町並み・建造物」「伝統文化の見聞・体験」を合わせると85％以上の高率となり、京都における伝統的日本文化への期待が高いことがわかる。一方、「買いもの」や「テーマパーク」は、JNTOの調査ではポイントが高いにも関わらず、京都での調査では低い。すなわち、外国人旅行者は、京都には伝統的な日本文化を求めて訪問してくるのであり、「買いもの」や「テーマパーク」等どちらかと言えば現代的な日本を象徴するような項

目は、期待していない。なおこの「買いもの」は、東京・秋葉原などでの家電製品・ハイテク製品などの買物と推察される。

第3章でも分析しているように、京都は欧米諸国からの旅行者の人気が高く、アジア諸国からの旅行者にはそれほど人気が高くない。欧米諸国の旅行者は、伝統的な日本文化に魅かれて京都を訪問するのに対し、アジア諸国の旅行者は、家電製品等のショッピングやテーマパーク訪問等、日本の現代的な魅力に魅かれて訪問する。そのため、そういった要素に弱い京都は、人気が低いと考えられる。今後増加が見込まれる中国からの旅行者の取り込みに京都市や産業界が熱い期待を寄せているが、京都らしさを見失わないような振興策が望まれるところである。観光による経済効果を狙うなら、欧米の富裕層をターゲットにすることも十分理解できる[2]。

京都訪問の動機に「日本語学習」が多い。その理由としては、アンケート対象者に6カ月以下の短期滞在者を含んでおり、大学や日本語学校等が多い京都の土地柄ということが影響している。また、表には直接表れていないが、京都に住んでいる留学生の家族や、学会や会議（MICE関係）などの参加者が京都訪問しているケースもあることが（2）の聞き取り調査でわかった。この留学生[3]とMICE[4]は、今後の京都の観光と産・官・学・民等の多彩な分野を結びつける大きなキーワードとなり得る。今後、さらに京都を訪れる外国人旅行者の増加を望むなら、留学生の家族とMICE関係の参加者も視野に入れ、そのニーズに合わせた観光プログラムが望まれる。彼らたちは、京都の魅力をアピールしてくれる存在として認識すべきである。MICE誘致と関連させて、京都市内の大学等でMICEのマネジメント等を研究するような動きが出てくれば、観光産業と学術機関の連携も可能となり、京都の観光により厚みが出てくると考えられる。

「映画・ドラマ」のポイントが京都において高いのは、調査当時にハリウッド映画『The Memoirs of Geisha（日本題SAYURI）』が話題になっていたことの影響である。映画の舞台になった地を訪問するのも旅の楽しみの一つであり、京都を舞台にした映画・ドラマの誘致が観光振興の起爆剤になるのは、インバウンド観光も同様である。

残念なことに京都には、伝統産業から先端産業にまで及ぶ多彩なモノづ

くりの町であるにも関わらず、「産業観光」のポイントが低い。これは、京都にまだ「産業観光」の視点がそれほどないのと、あったとしても宣伝不足や、外国人が利用しやすいシステムやアクセス方法が整備されていないからであろう。この点も、地域の産業振興と絡めた今後の京都観光の課題である。

また、「自然・景勝地」「リラックス・温泉 」のポイントが京都において低いのは、京都はリゾート地として位置づけられていないということであろう。しかし、広く京都府下、近隣府県との広域連携による観光振興を視野に入れれば、特徴を補完し合いながら相互に旅行者を呼び込むことが可能である。

東京の築地市場や高野山の宿坊に対する外国人旅行者からの人気が高いことが筆者の聞き取り調査の中でも把握できているが、表中の項目以外にも日本人的発想だけでは捉えられない動機があるものと考えられる。訪問につながる様々な動機を総合すれば、寺社観光などの従来型の観光形態のみに頼るのではなく、市民が生き生きと生活し、都市としての総合的な魅力や活力を高めることが求められる。また、地域内の様々な主体が協働で、近隣地域との連携を図りつつ、旅行者を含めた地域外の多様なバックグラウンドの人々を迎え入れる体制を整えることも必要である。

なお、『JNTO 訪日外客訪問地調査2009』報告書概要（2010年7月15日発表）[5]の「訪日動機」調査では、筆者が最初に分析した2005（平成17）年と比べると、かなり動向が変化している。質問項目も変化しており、正確な比較は不可能になっているが、2009（平成19）年の調査では、全国的にみると１位が「日本の食事」で以下、「ショッピング」、「温泉」、「自然景観・田園風景」、「伝統的な景観・旧跡」と続く（図４-１）。前掲の2003-2004の調査でも、日本訪問の動機には２位に「買いもの」があげられているが、2006（平成18）年度、2007（平成19）年度、2008（平成20）年度と３年連続「ショッピング」が１位となり、アジア諸国からの旅行者の伸び率とともに、「ショッピング」の全体の数値が引っ張られたと推察できる。しかし、2009（平成21）年に「日本の食事」が１位となりアジア、欧米のどちらのエリアからも関心が高くなっている。従来は、アジアからの旅行

者は、「ショッピング」への関心が高く、欧米からの旅行者は、「日本の伝統文化」への関心が高いと言われてきた。しかし、アジアからの旅行者は、リピーターが増え、市場が成熟化傾向にあり、欧米諸国との来日動機とそれほど差がなくなってきている傾向にある（図4-1 a, b, c, d, e, f）。また、「温泉」や、「自然景観・田園風景」、「伝統的な風景・旧跡」についても、一定の支持を得ていることから、今後地方都市にもインバウンド振興の大きなチャンスがあることも示唆している。また、欧米諸国からの旅行者は「日本人の生活に関する興味・交流」に、依然関心があり、今後アジア諸国の市場の成熟化が進めば本書で取り上げているような市民主体の新しい観光の重要性も増すであろう。

なお、中国人のショッピングについて興味深い視点を2010（平成10）年に観光庁が提供している[6]。それは、図4-2で表したように訪日中国人旅行客のうち、今回「ショッピング」した人は66.3％であるが、次回も「ショッピング」をしたいとしたのは31.8％と半分以下になる。一方、その逆で、体験については、次回したいことが大幅に増え、顕著な体験意向を示している。つまり、訪日中国人が今回ショッピングをしても、次回はそれを楽しむとは限らなくなってきている。これも、前述のアジアからの旅行者の志向が変化していることと同様に、地域の固有価値を楽しむ体験型の観光にシフトしているのである。こうしたことから、今後中国人旅行客のリピーター率が増え、市場が成熟してきたときには、中国人の「ショッピング」熱も冷め、地域の固有資源を活用した体験型のプログラムが望まれる時期が来ることを想定すべきである。

3-2　京都及び日本での感想

①調査目的：京都を訪れる外国人旅行者の日本での全般的な感想を把握することである（詳細は、章末の資料4-2 ホームビジットをした外国人への聞き取り調査）。
②調査対象：第5章で事例として取り上げるワックジャパンのホームビジット（料理体験プログラム）をした外国人旅行者
④調査場所：京都市内筆者宅

図4-1　訪日動機　全体　2009

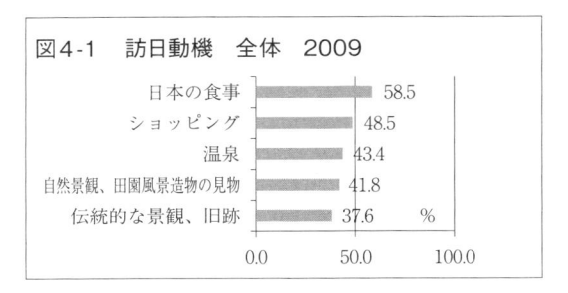

- 日本の食事　58.5
- ショッピング　48.5
- 温泉　43.4
- 自然景観、田園風景造物の見物　41.8
- 伝統的な景観、旧跡　37.6 %

図4-1a　訪日動機　韓国　2009

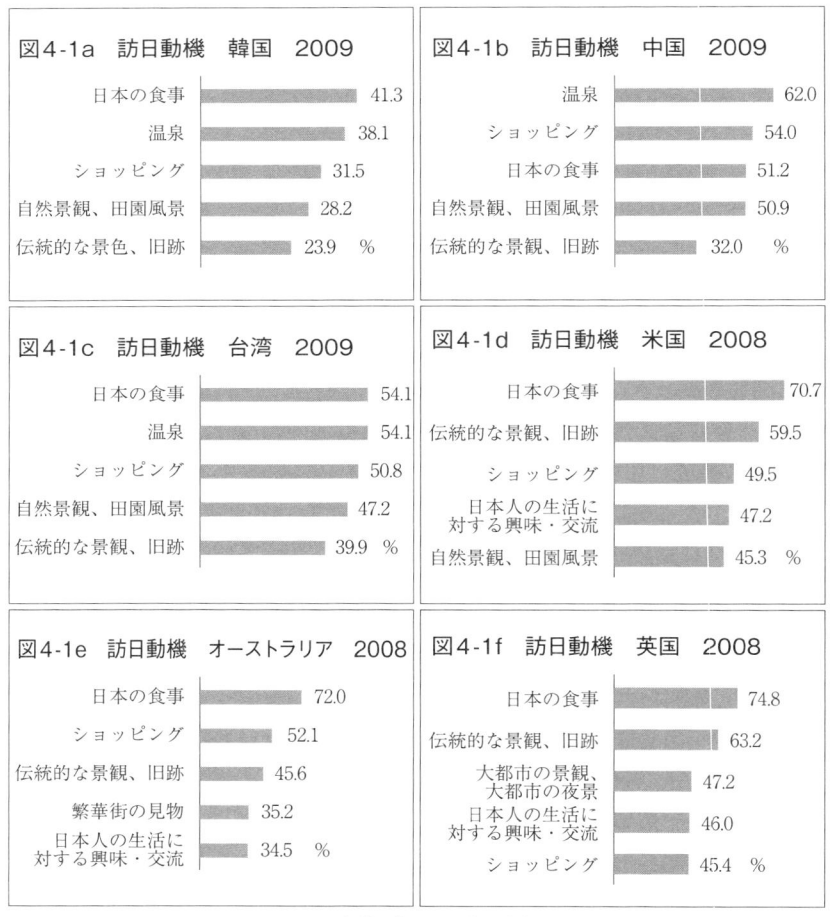

- 日本の食事　41.3
- 温泉　38.1
- ショッピング　31.5
- 自然景観、田園風景　28.2
- 伝統的な景色、旧跡　23.9 %

図4-1b　訪日動機　中国　2009

- 温泉　62.0
- ショッピング　54.0
- 日本の食事　51.2
- 自然景観、田園風景　50.9
- 伝統的な景観、旧跡　32.0 %

図4-1c　訪日動機　台湾　2009

- 日本の食事　54.1
- 温泉　54.1
- ショッピング　50.8
- 自然景観、田園風景　47.2
- 伝統的な景観、旧跡　39.9 %

図4-1d　訪日動機　米国　2008

- 日本の食事　70.7
- 伝統的な景観、旧跡　59.5
- ショッピング　49.5
- 日本人の生活に対する興味・交流　47.2
- 自然景観、田園風景　45.3 %

図4-1e　訪日動機　オーストラリア　2008

- 日本の食事　72.0
- ショッピング　52.1
- 伝統的な景観、旧跡　45.6
- 繁華街の見物　35.2
- 日本人の生活に対する興味・交流　34.5 %

図4-1f　訪日動機　英国　2008

- 日本の食事　74.8
- 伝統的な景観、旧跡　63.2
- 大都市の景観、大都市の夜景　47.2
- 日本人の生活に対する興味・交流　46.0
- ショッピング　45.4 %

出所：『JNTO 訪日外客訪問地調査 2009』報告書概要図表「観光客が訪日前に期待したこと（複数回答）」

図4-2 訪日中国人旅行客の体験意向の変化

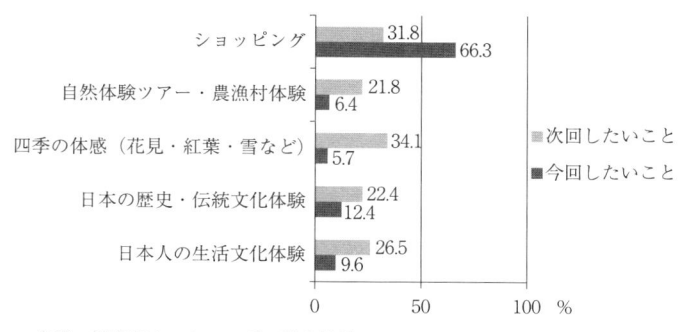

項目	次回したいこと	今回したいこと
ショッピング	66.3	31.8
自然体験ツアー・農漁村体験	21.8	6.4
四季の体感（花見・紅葉・雪など）	34.1	5.7
日本の歴史・伝統文化体験	22.4	12.4
日本人の生活文化体験	26.5	9.6

出所：観光庁ホームページ　観光統計コラム
〈第3回　中国人の「爆買い」はいつまで続くのか？〉

⑤調査時期：2005（平成17）年4月から2006（平成18）年6月
⑥調査内容：日本での感想
⑦サンプル数：37組

　この調査から、以下のことがわかった。多くの旅行者が日本滞在期間中に、日本の美しさ、町の清潔さ、あるいは、秩序よく整備され社会システム、日本人の親切さから、日本という国の印象が良くなったと述べている。観光は、日本や日本人についての好感度をあげる良いチャンスであり改めて観光の効果を認識させる。

　また、日本でホームビジットをした感想については非常に好評である。日本の家の中や、生活を見ることが貴重な体験であり、一般の日本人と話ができることが大変楽しいと感じている。生活文化と交流を観光資源としたプログラムの魅力を再確認できる。

　日本での主な訪問地は、東京、日光、箱根、高山、金沢、高野山、京都、奈良、広島などである。平均10日から2週間の滞在が多い。高野山では宿坊に泊まり、精進料理、座禅、自然を楽しみ、静かで落ち着いた雰囲気にも魅せられていると答えた。

　筆者の聞き取り調査によれば、特に欧米諸国からの観光客は、先進欧米諸国がすでに失った生活様式や文化を日本に求め、ノスタルジーにひたりたい傾向にある。それは、現代の都市に住む日本人が、地方の生活に郷愁

を感じるのと同じ感覚と考えられる。京都府下には「美山かやぶきの里」、「伊根の舟屋」などの観光資源があり、地元の意向、アクセス方法や宿泊施設を考慮しつつ、京都市と京都府が連携しながら広域の観光開発を考えれば、魅力的な観光資源となり得るであろう。

　また調査の中から気づいた点として、京都の知名度の低さがある。京都を訪れる外国人旅行者は、「京都」という地名を来日前に知らなかったと答えている人がかなりいる。また、海外では一般的に「東京」は知っていても、「京都」は知らないか、中国の一都市と誤解しているかもしれないと言う。また、京都を知っていると回答した者の半数以上が、京都を小さな町であるとイメージしていたため、近代的な大都市であるという事実に驚いている。

　京都の観光振興のためには、伝統的な日本文化に興味がある欧米諸国に向けて、京都の存在や特徴ついて積極的にアピールする必要性がある。

3-3　京都や日本の観光内容のニーズについての聞き取り調査
①調査目的：京都や日本の観光内容のニーズを把握することである。
②調査対象と調査方法
　（1）英語版京都の旅行ガイドブックのライターへの聞き取りによる調査である。2006（平成18）年10月と2011（平成23）年1月に実施した。
　（2）京都に留学経験がある、アメリカ人のソーシャルワーカーへのメールと聞き取りによる調査である。2006（平成18）年5月に実施した。
　（3）アメリカの旅行会社[7]経営者へのメールと聞き取りによる調査である。2005（平成17）年6月と9月に実施した。
　（4）アメリカ人の観光客を案内する日本人通訳ガイドへの聞き取りによる調査である。2006（平成18）年5月に実施した。

（1）英語版京都の旅行ガイドブック"Lonely planet KYOTO"[8]のライター
　　クリス・ローソン氏への聞き取り調査

　筆者が、ガイドブックのライター本人に聞き取り調査し、ガイドブックの内容を補足した。調査は2006（平成18）年10月の電話と、2011（平成23）年1月のメールによる。

京都を訪れる外国人は、春の桜や秋の紅葉などと日本的な歴史建造物が融合した美しさをとても喜び、京都の歴史的な遺産や雰囲気は素晴らしいと感じている。東京では近代的な日本を、京都では古くて伝統的な日本を楽しんでいる。

　京都では、町家や銀閣寺・金閣寺・清水寺・二条城といったところが人気であるが、それほど有名でなくても、静かで落ち着いた雰囲気の場所を好む外国人が多いので、少しマイナーなところにもよく連れて行く。外国人旅行者は、日本のお寺に、喧騒や雑踏から離れた非日常を期待しているので、春と秋のオンシーズンに、観光客や修学旅行生が押し掛けて込み合っているのを残念に思うようだ。

　最近京都の旅館も整備されて、外国人を受け入れるところが多くなり、旅館に泊まるための情報を集めた英語のサイトもあり人気になっている。

　京都では、祇園や錦、洛東エリア、嵐山エリア、鞍馬などを歩いて回ることを薦めている。個人的に好きな吉田山あたりを、ガイドブックに推薦したら急に外国人観光客が増えてびっくりしている。最近の英語雑誌では、日本食に関する記事が非常に多いので料理もこれから注目のアイテムだと思う。

　京都は、自転車で回るのにとても適しているが、特に中心部での駐輪場が少なく、英語表示がないので使い方もわかりにくい。不法放置自転車が撤去されるという制度があることを知らなくてよくトラブルとなっている。

　京都は、とてもロマンチックな町である。そういうところを活かして、外国人に対してもウェディング旅行を提案したらよいと思う。家族、友人が同行するので多くの旅行者の来日が期待できる。

　日本を旅行することは、コストが高いというバブルのころのイメージが強すぎるが、実際は先進諸国の主要都市を比べてもそれほど高くはないので、そこを強くアピールしなければならない。

　京都のよいところは、古い町並みが残っているところなので、ぜひそれを残して欲しい。

　京都は、最近、深刻な騒音公害を抱えている。実際、私は日本中を仕事で旅行するが、京都は日本で一番やかましい都市であることがわかった。

この2～3年京都の上空を飛行するヘリコプターの数が、劇的に増加した。それらは観光目的のもあるが、いずれにせよ不要である。また、多くの廃品回収車が走っている。街中のやかましい拡声器の騒音が聞こえる中で、寺院の庭園や、茶道、座禅体験、伝統的な旅館、東山のウォーキングを楽しむことは、不可能である。京都が、西洋からの旅行者数を増やすための唯一の方法は、環境に配慮することである。

(2) アメリカ人ソーシャルワーカーへのメールと聞き取りによる調査

　メールによる調査は2006（平成18）年5月、その後2007（平成19）年2月の再来日の折には筆者が直接面談して聞き取り調査をし、その2度にわたる調査をまとめたものである（英文メールは、資料4-3-1）。

　私は、ボストンの低所得者層が住む地域にある青少年育成機関（株式会社）で、ソーシャルワーカーをしており、毎年そこの高校生10数名を日本へ連れてくる。私が青少年育成機関で日本語クラスを担当し、そこでの成績優秀者を日本への旅行に選抜している。地域の篤志家が、彼らの旅行費を全額負担している。青少年が海外旅行をして様々な体験をすることは、将来のキャリア形成に役立つと考え、私が学生時代に京都に留学経験があるのでこの旅行を思いついた。日々、貧困と危険な環境で暮らしているこの地区の子供たちにとっては、海外旅行をすることは、本当に貴重な体験であり、日本の社会の良さを感じて欲しかったし、こういう世界があることを知って欲しかった。

　日本の料理を知りたかったから料理教室に参加したが、親しみやすい雰囲気の中で日本人と出会って話が出来るのは、とても良い機会でもある。前回もとても楽しい時を過ごしたし、参加者の中には、帰国して家族のために天ぷらをつくった子もいた。

　日本では、京都、輪島、広島、東京を訪問し、寺社、美術館、博物館にももちろん行くが、この料理教室のほかにも、宿坊に滞在し、和紙、浮世絵、墨絵などの日本の芸術を学ぶ。この子たちに、多様な文化があることを知って欲しいからだ。

　日本は、外国人旅行者のために多くの努力をしているので、私たちが旅

行するのに問題はないし、非常に安全であると感じる。むしろ、日本人がアメリカに来た時、日本語での表示はないし、私たちアメリカ人は日本人に対してそれほど親切でもないので申し訳けなく思う。日本人は、助けてくれるし非常に思いやりがある。たとえ言葉の壁があっても日本人は何とか伝えようとするし助けてもくれるのでほとんど壁を感じない。

滞在期間や日本語能力、不慣れな経験への適応力等によって、京都の楽しみ方は、それぞれ異なるであろう。もちろん、寺社は美しい。洛東地区では哲学の道がよい。買い物好きには、祇園や寺町は、良いと思う。私は、祇園コーナーの夜のショーを薦めている。料理教室は、一般人と出会って話をする目的には、とてもいい方法だ。錦市場も興味深い。上賀茂神社もとても好きだ。私は、旅行者へ町中を歩いてみることをアドバイスする。京都には、見つけられるのを待っているような隠された宝がたくさんある。JNTO（国際観光振興機構）が、町の周辺部を歩くことを薦めているが、京都市内の中心部に近いあたりも、町歩きをとても楽しめると思う。

英語の"Kyoto Visitor's Guide"は、素晴らしいので、これを観光客がもっと利用できるようにすれば良いと思う。これ一つで、京都で何が開催されているか把握できる。このガイドに掲載されていないところでは、銭湯、裏千家の本部、京都武道館がお勧めである。

京都市全体は観光振興のために努力している。京都は特別な都市だと思う。こういう落ち着いた環境で人々が心安らかに安全に暮らしていることをこの子たちが知るということはとても意義深い。

(3) アメリカ人旅行会社経営者への調査

①メールによる事前調査（2005年6月）

日本への当社のツアーでは、日本文化の単なる知的な理解よりも理屈抜きの体験を参加者に提供しようとしている。日本文化の諸相を参加者に講義するよりも、布団に寝たり、旅館に泊まったり、お風呂に入ったり、浴衣を着たりといった実践的な体験を提供している。その体験の一つとして、日本を旅行中に我々が食べる日本食の支度にどれだけの時間と労力がかかっているかをより理解するために、ツアー参加者自身が料理してみることが興味深いであろうと私は思い、料理教室への参加を試みた。

当社の参加者は、一般的な日本への旅行者の平均的モデルではないかもしれない。例えば、日本の文化から隔離されたアメリカ人同志（40人の団体）でのバスツアーは、好まない。当社のグループは、2人の引率者と16人未満で構成されるので、一般人、芸術家、職人と交流することが可能な人数である。

　当社の参加者は、日本文化を直接体験するために、自分たちの習慣を一時的に変えることは厭わない。また彼らは、普通のアメリカ人旅行者が旅行中にいつもアメリカの食事を欲しがるのに対し、日本食の多様性を知ることを楽しんでいる。アメリカにいる時はいつもアメリカの食事をするが、日本にいる時は、日本食の驚くべき味を経験しないのは馬鹿げたことであると思う。

　竜安寺、西芳寺、三十三間堂、二条城などを観光するのは誰でも楽しいが、修学旅行生であふれかえっていない、小さくても、知る人ぞ知るところを、当社の参加者に見せることも心掛けている。

　多くの外国人旅行者にとって、言葉がわからないことは問題である。Goodwill Tour Guideプログラムは個人観光客がバイリンガル日本人と一緒に町を見るには素晴らしい方法であり、良い文化交流である。

　京都駅の観光案内所は、京都への外国人旅行者に良い情報や資料を提供しており役立つ。私は、アメリカの出版物で日本や京都のような場所について書かれる記事は、アメリカ人に日本旅行に対して関心を持たせる有効な方法であると思う。日本旅行が非常に高価であるという認識は、適切な価格の食事と宿を見つけることがどれくらい簡単か、観光客に教えれば払拭される。

　後日の料理教室での体験を楽しみにしている（英文メールは、資料4-3-2）。

　②聞き取り調査（2005年9月）
（実際に日本訪問時に今回の目的と成果について尋ねた。）

　来年度からの日本への旅行内容をリニューアルするために、日本を視察中である。今回の視察では、長良川の鵜匠と知り合い、ツアー参加者の鵜飼見物と鵜匠宅の宿泊、京都府美山町のかやぶき屋根の家の宿泊の約束が

とれ、成果があった。また、インターネットで興味を持ち、今回この料理教室に参加したが、豆腐・おから料理について実習したことも良かったし、特におからの説明が気に入った。何よりも、一般の日本人と交流できるのがおもしろいし、とても楽しくて、興味深い教室であった。ぜひ、私どものツアーに組み込んでみたい。

(4) アメリカ人観光客を案内する日本人通訳ガイドからの聞き取り調査
　　（2006年5月）

　このツアーは、定年退職者を対象に絞っているため、比較的熟年以降の世代が多い。そのため、わずらわしい交通機関の乗り換えや市内の移動を避けるために、15人以下の比較的少人数のグループでジャンボタクシーなどに分乗して観光できるところが好評である。市内観光も、各参加者が柔軟に取捨選択できるようになっている。

　社寺を案内するだけでは厭きられるし、日本史をあまり知らない方々に詳しい歴史的事実をならべても理解はむずかしいので、興味を持たれるような説明の仕方を工夫している。また、食事制限のある高齢者やベジタリアンの対応など食事に行く前には特に気を使い、レストランとの打ち合わせは欠かせない。

　京都は特に古い文化が残っており、案内もやりがいがあるが、日本人さえ知らないことが多く、あらためて京都の文化、日本の文化の奥深さを感じて、日々勉強する必要があり励みになる。

　日本は物価高で他のアジア諸国と比べて、敬遠されがちであるから、アメリカ人の日本への旅行の関心度はまだまだこれからであろう。ツアー参加者は、すでにアジア各国を旅行しているが、日本は初めてという方が9割を占める。しかし、ほとんどの方は日本での観光に大変満足しているようだ。見物と体験（幼稚園訪問、築地の魚市場、温泉、ホームビジット、料理教室、京都大学構内フランス料理レストランなど）をうまく織り交ぜた、変化のある旅行が望まれているようだ。

　ツアー参加者は、偶然旅の途中で、結婚式やお葬式に通りがかり、不謹慎だがとても興奮して、興味を持って見ておられた。フリーマーケットや地域のお祭りなど、予想外のイベントに遭遇して地元民と触れ合ったりす

ると、そこでの人々の暮しが垣間見られたりして非常に喜ばれる。

　外国人に京都での人気スポットは、平凡かもしれないがやはり金閣寺が1番であり、また疲れている時などは静寂な雰囲気の庭園はどこでも、見て癒されているようだ。

　日本で気になるのは、タバコのことである。ホテルや公共の場所での分煙を徹底させるなど、何とかして欲しい。また、トイレがあまりにも汚く、しかも西洋式のトイレもなく使いづらい観光施設もまだまだある。そして、外国人向けの施設では、英語の表記がしっかりある。しかし、一般の公共施設だと外国人訪問を想定していないので外国語の表記も少なく、職員もそっけない態度をとることもよくある。一方で、安全な日本をやはりアピールしたいので、治安の更なる改善は是非お願いしたい。

　良いところも悪いところも含めて、日本のことをきちんと知ってもらい、それで日本を好きになってもらえたら最高で、この上ない喜びである。その為にも、私自身ももっともっと日本のことを学ばないといけないとよく思う。

　以上から、京都や日本の観光内容のニーズを以下のようにまとめる。

・歴史的価値が低く、有名でなくても、観光客が少なく静かな庭園や社寺に対しても満足する傾向にある。だからこそ、騒音公害の存在を認識し、京都らしい静かな環境を守る必要がある。
・京都の寺社、それを彩る四季の豊かな自然など伝統的な日本を味わうところが京都、一方現代的な日本を楽しむところが東京という位置づけである。
・あまり有名でなくとも、街中を歩いて自分だけの宝を探す喜びも観光の楽しさで、日本人が観光の対象になるとは気づかないものにこそ、外国人にはより一層、魅力的に映ることがわかる。
・欧米諸国の最近の雑誌は日本料理についての記事が多く見受けられ、人々も大変興味を持っている。今後日本料理が日本観光の目玉になり得る。
・日本人の素の姿、日常の暮らしなどを垣間見たいという欲求がある。
　　銭湯：欧米ではめずらしい銭湯が、公衆浴場という施設の機能以外に

コミュニティの交流の場、レジャーの場であることに気づき、そこに日本人の素の姿を見出すおもしろさを見つけたのではと推察できる。これは、失われつつある惜しむべき文化であることを日本人に再認識させる。温泉ではなく、一般の日本人が利用する生活感あふれる銭湯に言及しているのは、興味深い。
　　葬式や結婚式：日本人には、当たり前のセレモニーが彼らにとっては、非日常的であるということを改めて認識させられる。
　　バザーや地域のお祭り：地域の人々との交流が楽しめる。
・旅行の企画者は、観光客に日本の文化、生活様式、日本人との交流などをいかに見せるか、体験させるかを非常に深く考えている。頭で理解するより体験によって日本を理解してもらいたいという考えが根底にあり、一般市民と触れ合い、その生活をそのまま見せようとしている。
・インバウンドの修学旅行については、治安の悪い地域に住むボストンの青少年が、日本の治安の良さを知ることに意義を見出している。すなわち、日本の治安の良さが観光資源になっており、興味深い。また、青少年に外国の文化や社会にふれさせるという、若い世代への教育効果という観光の意義を認識でき、将来の留学にもつながる可能性がある。

　以上の調査から、京都の日本の伝統文化に関わる観光資源は、強みであることは当然であるが、同時に日本人とその日常生活を見せる観光資源が、インバウンドの観光客にとっても魅力的である。芸術文化などのハイカルチャーから日常的な生活文化までもが、広く日本や京都の魅力として通用する。旅行において、現地の一般の人々との心温まる交流が、旅行の大きな要素であることがわかる。
　金井（2008）は、第1章で取り上げたように、本書で取り上げている市民主体の新しい観光と同様な概念として「着地型観光」をあげており、その分析は、国内観光を基にしているが、今後インバウンド・ツーリズムのオルタナティブ・ツーリズム化の流れにも対応できる非常に示唆的なものとなっている。観光客は観光地のライフスタイルの体験を求めており、観光客のもてなしの体制も、従来の観光事業者だけではなく、その地域で生

活を営んでいる市民が主人公となって行政や観光事業者との協働であたることが重要であるとしている。すなわち、着地型観光の特徴は、着地側の主体者が中心となって、観光客をもてなす観光行為であるとしている[9]。今、日本各地で様々な着地型観光が育ち、そのノウハウは、インバウンド・ツーリズムにも活かされつつある。インバウンド・ツーリズムも、急速にオルタナティブな観光が注目される時代に突入している。

4．まとめ

　京都訪問の動機、日本訪問の動機についてのアンケート調査の結果は、「日本人の生活の見聞・体験」が一番多かった。また、京都訪問の動機は、「歴史・町並み・建造物」「伝統文化の見聞・体験」を合わせると非常に高く、京都に伝統的な日本の文化が目的である。今後の京都の観光のキーワードは、京都の固有価値を考慮すると「留学生」と「MICE」参加者であり、単なる来訪者としてのみでなく、京都の魅力をアピールしてくれる民間広報大使的な存在として認識すべきである。訪問につながる様々な動機を総合すれば、ただ観光振興のみを考えるのではなく、京都市全体が他の地域とも連携を図りながら、都市としての総合的な魅力や活力を高めることが肝要である。また、地域内の様々な主体が協働で、地域外の多様なバックグラウンドの人々を迎える体制も重要である。

　旅行者からの聞き取り調査での日本を旅行した感想については、多くの旅行者が日本滞在期間中に、日本の美しさ、町の清潔さ、あるいは、秩序よく整備された社会システム、日本人の親切さから、日本という国の印象が良くなったことをあげている。観光は、日本や日本人についての好感度をあげる良いチャンスであるという効果があることを認識させる。

　旅行者からの聞き取り調査の中で特筆すべきは、京都の知名度の低さである。また、京都という地名を知ってはいるもののその半数以上が、京都を小さな町であるとイメージしていたため、近代的な大都市であるという事実に驚いている。しかし、そういう点も含めて、真の京都の姿を知らせることは意義がある。京都の観光振興のためには、日本文化に興味がある欧米諸国にむけて京都の存在や特徴ついて、積極的にアピールし、快適な

観光を楽しめる要素があることを訴える必要性がある。

　京都や日本の観光内容のニーズについての調査からは以下のことがわかった。京都の日本の伝統文化に関わる観光資源は、強みであることは当然であるが、同時に日本人やその日常生活を見せる観光資源が、インバウンド旅行者に魅力的である。芸術文化などのハイカルチャーから日常的な生活文化までもが、広く日本や京都の魅力として通用する。また、日本人との心温まる交流が、旅行の大きな魅力であることがわかる。旅行者の年代、興味、滞在期間など多様な背景から、そのニーズも多様であるが核心の部分としての、固有の文化、現地の人々との交流などを求める点は、共通項であるのではないかと予想される。

　また、最新の「JNTO訪日外客訪問地調査」からは、アジア諸国からの旅行者は「ショッピング」、欧米諸国からの旅行者は「伝統文化」という従来からのパターンが崩れてきていることを示していた。また、観光庁の分析からも、今後リピーターの増える中国からの旅行者は、「ショッピング」から「体験」に興味が移行していく傾向にあるということから、急速にマス・ツーリズムからオルタナティブ・ツーリズムにシフトしている。

　このような市場の動向に後押しされ、地域が主体となって地域の固有価値を効果的に観光資源化する観光は、今後ますます重要となっていくであろう。

　山上（2002）は、表4-2のように、自然資源・人文資源・人的資源を含む下記表のような「モノ・コト・ヒト」を分類し、京都の観光資源の新しい定義をしている[10]。

表4-2　「モノ・コト・ヒト」の観光資源

モノ（ハード）	自然資源、人文資源、産業的資源、観光商業施設、名産・名物・土産
コト（ソフト）	人文資源：祭り・年中行事、見本市・イベント・アトラクション・コンベンション・企画演出
ヒト（ヒューマン）	人的資源：京都を事例にすれば、演芸人（舞妓・芸妓・島原太夫・大原女・大道芸人等を含む）、京都の顔となる名士・名物女将・観光大使、ホスピタリティあふれる市民等

出所：山上徹『おこしやすの観光戦略』法律文化社、2002年、25ページ、表2-5を基に作成

本章の調査結果から、この表に、新たにコト（ソフト）の欄に一般の人々が長年培ってきた文化、広く衣食住などにわたる「生活文化」と、観光の語源にある概念「交流」を加える。「生活文化」は、例えば地域住民にとっては見慣れた日常や定例化された祭事であっても、光の当て方や視点を変えるだけで、貴重な観光資源となり得るのは、井口貢の言う常在観光の概念である[11]。一般的に、芸術・文化などのハイカルチャーが観光資源として扱われることが多いが、一般の日本人が日常的に営んでいる「生活文化」においても、今を生きる日本人の素の姿を映し出す非常に魅力的な観光資源となる。

　「交流」は、本書で言及してきたように、固有価値としての地域文化を仲立ちとして、地域住民が示し来訪者が学ぶという双方向の知的交流のことを指す。これは、第２章で示した固有価値論に基づく観光、すなわち地域の固有価値を媒体として消費者（ゲスト）と生産者（ホスト）が交流し、共感や感動を基礎に個性的で、『かけがえのない』財やサービスをつくり出すことであり、市場外部における地域や環境の総合的な管理や設計の問題も提起すべきものであるという概念に通じている。

　山上（2002）は、従来の京都の観光資源の特性は、自然資源、人文資源といったモノ・コトが充実していることにあったが、新たに「ヒト」すなわち人的資源の視点からの京都の観光資源を再構築するべきであるとしている。さらに今日の京都では、単なるハード・ソフトの観光資源が豊富であるという期待だけでは国際的にも激しい競争社会に生き残れず、さらに市民を巻き込んだ広いホスピタリティが観光を支えることになると結んでいる[12]。ここでいう「ホスピタリティあふれる市民」とは、第５章で取り上げる日本文化体験プログラムにおいて、市民が中心に活動していることがその好例となる。その市民が主体となっていることは、山上が指摘する、京都観光の課題の一つである「地域住民の"顔"や生活文化が見えてこないこと」[13]を乗り越え、JNTO（国際観光振興機構）の「訪日外国人旅行調査2003-2004」による訪日外国人の動機でポイントが高かった「日本人の生活の見聞・体験」の要望にも応えている。

　このように、ホスピタリティあふれる市民が主体となって、その生活文

化や生活環境を伝えながら、遠来の来訪者と交流を図る観光、これがこれからのインバウンド・ツーリズムのキーワードになり得る。

注
1 第5章で取り上げる事例のワックジャパンの日本文化プログラム体験参加者と京都市の任意団体Kyoto Cooking Circleの料理教室参加者をアンケートの対象とした。
2 2010（平成22）年3月に策定された「未来・京都観光振興計画2010^{+5}」においては、「世界における富裕層の増加」に注目し、ラグジュアリー層の誘致に取り組むことになっている。
3 文部科学省ほか関係省庁（外務省、法務省、厚生労働省、経済産業省、国土交通省）は、2008（平成20）年7月に「留学生30万人計画」の骨子を策定した。「留学生30万人計画」は、日本を世界により開かれた国とし、アジア、世界の間のヒト・モノ・カネ、情報の流れを拡大する「グローバル戦略」を展開する一環として、2020年を目途に30万人の留学生受入れを目指すものである。文部科学省ホームページ：http://www.mext.go.jp/b_menu/houdou/20/07/08080109.htm　2009/12/3確認
4 前述の「未来・京都観光振興計画2010^{+5}」おいては、全国初となる「京都市MICE（ビジネス団体客が参加する国際会議、企業研修旅行、イベントなど）戦略」を別途策定し、京都の特性を生かした、世界に冠たる『国際MICE都市』への飛躍を目指している。
5 JNTO訪日外客訪問調査2008年速報http://www.jnto.go.jp/jpn/downloads/pr_100715_houmonchi2009_attachment.pdf　2010/10/05確認
6 観光庁ホームページ　観光統計コラム〈第3回中国人の「爆買い」はいつまで続くのか？〉「http://www.mlit.go.jp/kankocho/siryou/toukei/toukeicolumn.html　2010/10/04確認
7 Journeys East：日本人への少人数文化観光を専門に扱っている。http://www.journeyseast.com/　2009/12/3確認
8 Rowthorn, C, *Lonely Planet Kyoto*, Lonely planet publications Pty Ltd., Australia, 2005．；ロンリープラネット社（Lonely Planet Publications Pty Ltd.）は、1973（昭和48）年に創立された世界最大の旅行ガイドブック専門出版社で、ガイドブックは世界のすべての地域をカバーし、発行タイトル数は650タイトルを誇り、旅行ガイドブックのシェア1位を誇る。（日本語版発行社であるメディアファクトリー社のホームページより抜粋。）http://www.mediafactory.co.jp/books/lplanet/　2009/12/3確認
9 金井萬造「着地型観光と地域資源の活用」尾家建生・同編著『これでわかる！　着地型観光　地域が主役のツーリズム』学芸出版社、2008年、17ページ。
10 山上徹『おこしやすの観光戦略』法律文化社、2002年、25〜26ページ。
11 井口貢「観光政策と文化政策」北川宗忠編『観光文化論』ミネルヴァ書房、2004年、29ページ。
12 山上、2002年、26〜29ページ。
13 同上、211ページ。

資料4-1　アンケート用紙

```
For foreign people 外国の方へ
Survey of Foreign Travelers/Visitors to Kyoto
京都への外国人観光客・訪問者へのアンケート
Mariko TOMIMOTO, a graduate school student studying on tourism, is currently conducting a survey of foreign
visitors who have stayed in Kyoto.  The information obtained as part of the survey is used for the purpose of a
master's thesis description only. Your kind cooperation is sincerely appreciated.
私（冨本真理子）は京都橘大学の大学院生です。修士論文の資料作成のため以下のアンケートにご協力ください。お忙
しいところ、お手数ですがよろしくお願いします。
Q1. Country of residence(not nationality)  あなたの住んでいる国は？ _____
Q2.Gender and age(optional)    Male 男／Female 女
   Under 20 歳以下    20〜29    30〜39    40〜49    50〜59    60〜69    70 or over 以上
Q3.How long are you staying in Japan in total?    For _____ days
       日本には、全部で何日間滞在しますか？ _____ 日間
    How long are you staying in Kyoto in total?    For _____ days
       京都には、全部で何日間滞在しますか？ _____ 日間
Q4.What motivated you to stay in Kyoto (Check 3 major ones)
1.　Longed to visit(dream, curiosity) 2.shopping 3.Japanese people &lifestyle
4. Japanese food & dining 5. Experience traditional art & culture 6. Historical cultural heritage
7. Modern, high technology society 8. Industrial tourism 9. Study Japanese language
10. Festivals, events 11. Get away from hot/cold weather 12. Health, relaxation, hot spring
13. Museum 14. Your hobby, special interest (          ) 15. Nature, scenic places
16. Movies, TV drama, etc.  17. Sports    18. Theme parks 19. Others (          )
京都で滞在している理由は何ですか？　3つ選んでください。
1.京都訪問への憧れ（夢・好奇心）　2.買物　3.日本人の生活の見聞・体験　4.日本食
5.伝統文化の見聞・体験　6.歴史・町並み・建造物　7.日本の近代・ハイテク　8.産業観光
9.日本語学習　10.祭り・イベント　11.避暑・避寒　12.リラックス・温泉　13.博物館・美術館
14.趣味・関心事　15.自然・景勝地　16.映画・ドラマ　17.スポーツ　18.テーマパーク
19.その他_____
Q5. What was the most impressive experience or places in Kyoto?
    京都で印象的な出来事や場所は何ですか？
Q6. What were disappointing points in Kyoto?  京都でがっかりしたことは何ですか？

Q7.Why did you join this class?  なぜこの教室に参加しましたか？
Q8. Where did you know this class?  この教室をどこで知りましたか？
```

資料4-2　ホームビジットをした外国人への聞き取り調査

　2005（平成17）年4月から2006（平成18）年6月までに、計37組に対して聞き取り調査をした。質問内容は、日本に来た動機と感想である。

2005.4	スペイン	20代男性	自分はアニメ作家。日本のアニメに興味があって日本にきた。日本でも低料金で旅行が、楽しめることがわかった。欧米の旅行ガイドブックには、高級感あふれた日本の店の紹介があるが、比較的安い店や宿泊施設の紹介を載せるともっと、海外から日本に訪れる人が増えるのではないか。日本の文化については奥深く大変興味深い。料理と書道、茶道の体験をしたがどれも大変満足のいくものであった。
2006.6	アメリカ	30代女性	私の亡祖父は、戦前アルメニア人ジェノサイド（大量虐殺）から逃れる途中日本に滞在したことがあり、よく日本の話をしていたので、日本に親近感があった。それでいつか日本に来てみたいと思っていた。日本人はやさしいのでこうやって日本人と話ができてうれしい。
2005.6	アメリカ	30代男性	プロのスケートボーダーなので仕事では日本によく来ているが、観光だけの目的では初めてだ。仕事で日本人とつきあいがあるが、とても好感をもっている。
2005.6	アメリカ	50代男性	自分は日系なので日本に来るのは好きだ。数回来日しているが、今回は家族で訪問している。子どもたちには初めての日本だ。日本料理は大好きで、レストランでよく食べるが、実際作ってみるのもおもしろい。日本では、広島球場の野球観戦でにぎやかな応援を見たことがおもしろかった。また、活気があり、生活感あふれる大阪の雰囲気が好きだ。高野山の宿坊や築地の魚市場、高山の朝市も印象的でよかった。
2005.9	イギリス	50代男性	広島の原爆記念館が印象的だ。京都は町の英語標識が時に不完全で迷ったが、治安がよくて歩くのには最適である。料理は大変興味があり、メモをしっかりとったので自宅で作る予定だ。
2005.9	イギリス	50代男性	イギリスとは違った文化を持つ国として日本に来たかった。日本の街がきれいなのは、教育がいいからではないか。郵政は民営化しない方がいい。イギリスの郵便システムは悪くなった。
2005.10	イギリス	50代男性	家族で日本に来ている。日本は、イギリスにないものがあるので期待して来た。娘は秋葉原で電気製品を買ったことや、デパートでの買物に喜んでいるが、私は妻籠が好きだ。日本の田舎の風景が気にいった。自然が豊かで落ち着く。日本の鉄道ダイヤが正確で人々が親切なことがよい。
2005.10	イギリス	60代男性	日本の文化はイギリスにたくさん入って来ているが、まだまだ私には好奇心が湧く存在なので来た。妻籠、松本、上高地などが気に入った。田舎の風景が素晴らしい。秋葉原での買物にも成功した。
2005.12	イギリス	40代女性	映画『The Memoirs of Geisha（日本題SAYURI）』で芸者に興味をもち、京都で撮影したという場所に行ってみた。祇園界隈の雰囲気にひかれた。
2006.1	イギリス	20代女性	今インドネシアに仕事で暮らしているが、今回帰国することになったので日本を旅行している。東京では、相撲と映画"SAYURI"をみて楽しみ、芸者に興味をもった。それで京都では、祇園のあたりの町並みが気にいった。本当の芸者が見られてうれしかった。東京、箱根（強羅温泉）、高山、京都と、回って来た。電車の中がきれいで快適に旅ができた。
2006.2	アメリカ	30代夫婦	昨年京都を訪れて大変気に入ったのでまた来た。実はこのプログラムも2回目である。本当に京都に住みたくて仕方がない。夫がプロのスケートボーダーなので、日本に仕事でもよく来るが、なかなかゆっくり観光ができない。京都が一番好きだ。

2006.2	オーストラリア	30代夫婦	志賀高原でスキーを楽しみ、京都に来た。オーストラリアより日本のスキー場のほうが広くて人が少ない。今日は、松花堂弁当を作ったが、きれいに盛り付けてみて、和食の美しさに感動した。玉子焼きを作るのがおもしろかった。
2006.2	アンドラ	70代女性2名（友人）	アンドラはスペインとフランスの国境にあり、オリンピック開会式で1番最初に行進する国だ。二人でよく旅行するが、日本は初めてで、京都と東京に滞在する。インターネットで事前に情報収集していて、京都では骨董市を楽しみにしている。日本に旅行するのはコスト面で大変なので、長い間決断できなかったが、年齢のこともあり一念発起してやってきた。日本の文化はヨーロッパとはかなり違っており、とても興味深い。年齢が年齢なのできっともう来られないと思うが、とてもいい思い出になり満足している。
2006.3	ベルギー	30代夫婦	本日は妻の誕生日で、このプログラムをプレゼントとした。妻は小さいころから日本文化、特に京都に興味があり、一度来てみたかったのだ。日本の文化は欧米とは全く違うし、とても素晴らしい。このことは来日してあらためて感じた。
2006.3	イギリスロンドン	30代夫婦	高校時代に日本語を学習したので、少し日本語がわかるし、ヨーロッパと全く違う文化を持つ日本に興味があり、やって来た。日本は6年ぶり2度目だが前回は忙しく京都を動き回ったので今回はゆっくり回りたい。東京、下田、京都と回ってきた。2度目の旅行で日本の家庭を訪問できたのがうれしい。
2006.4	イギリスロンドン	30代夫婦	東京→仙台（松島）→日光→京都・奈良→姫路を10日間で回り、そのうち京都は3日間である。イギリスの旅行社では、東京、日光、京都、奈良、広島を薦められたが、独自に仙台を追加した。 夫：以前から日本語を学んでいたので日本に、来たかった。日本人と少しだけ日本語で話せたからうれしかった。日本は科学技術が発達し、しかも伝統的な文化も維持しているところに興味があった。日本はとても整備された国で、街並みもきれいで外国人が旅行をするにも便利である。京都では、植物園で桜を、映画村で侍を見たい。 妻：この料理プログラムはインターネットで知り興味を持った。日本人と話がしたかったし、ロンドンでもポピュラーになってきた日本食を実際にどうやってつくるか知りたかった。日本の駅で駅弁を買い、卵焼きが好きになったので、実際このプログラムで作ることができて良かった。弁当にいろいろなおかずを詰め込むのがおもしろい。日本の家庭も見られておもしろかった。だしをとるのに"だしパック"をおみやげに買うことにした。納豆も興味があったのでここで試食したが、やはり臭かった。旅行中なのに日本の家庭にお邪魔していろんな体験（味見）ができて最高だった。
2006.4	イギリスロンドン	父と娘（高校生）	父：日本滞在は14日間で、京都は3日間である。東京→日光→箱根→高山（白川郷）→京都→大阪の予定である。日本の文化はイギリスと違うので興味があった。日本は社会の動きがスピーディで、テクノロジーが発達していて、しかも伝統文化も多く残っていることに感心する。私は、建築家でガーナの飛行場を手がけた。安藤忠男の建築が好きで、日本で見るのを楽しみにしている。 娘：イギリスでは日本のゲームやアニメが人気だ。来日してみて、日本人がとても親切で感動している。高山の観光案内所では、英語は話せないけれど一生懸命説明してくれたおじさんにとても助けられた。家族4人で旅行中、母親は生け花、姉はお琴、私と父はここで料理の体験をしている。このプログラムは、日本の人に直接会えるし、文化体験もできてとても良い。良い思い出になりそうだ。明日は、都おどりに行く。私は、伝統的な織物や建築物にも興味がある。

2006.4	ドイツ ミュンヘン	40代 夫婦	ドイツでは寿司が普通の食べ物になり、日本文化が徐々に浸透してきているものの、まだまだ私たちにとっては未知のことが多く、一度この目で日本を見たかった。アメリカのボストンに滞在して英語を習っていた時、同じクラスに日本人がいて、一人はとても現代的な日本女性、もう一人はとても古風で、同じ日本人なのにどうしてこうも違うのかと思いそこから日本人に興味をもった。そんないきさつや思いがあって日本に来たが、周囲からは日本へ旅行することが珍しいのでとても驚かれた。世界中ほとんど旅行をしていて、トルコのイスタンブールのすし屋がとてもおいしかった。来日前は、特に東京がビジネスに熱中する人ばかりで、忙しそうで雑然としているイメージがあったが、実際にはきれいで整然としていてうまく機能していることに驚き、感心した。京都は、落ち着いていて、歴史的文化があり、良いところだと感じている。3週間日本に滞在し、東京→高山→京都・奈良→高野山→広島を回る。
2006.4	イギリス	60代 夫婦	夫：私は日本庭園が好きで、家の庭（1haほどある）の一部に日本庭園を4年かけて庭師と相談しながら自分で造った。アイルランドにある日本庭園を参考にし、桜、竹、松などを植えた。その作業を通じて日本にとても興味をもち来日した。京都の庭園を満喫している。本物をみると大変参考になり、また新たなイメージが湧き、もう少し自分の庭に手を入れようと今考えている。 妻：東京→高山→宮島→京都のコースは私が提案したが、高山が大変良かった。宮島のもみじ饅頭がおいしかった。絞り染めに興味を覚えた。
2006.4	イギリス ロンドン	60代 夫婦	妻：日本に来るのが長年の夢で、それが実現し、とても興奮しながら旅行している。国全体、社会のシステムが秩序だっているところに感心した。孫に新幹線のモデル（おもちゃ）をお土産に買いたい。海外旅行する際はいつもその国の国旗を買うのだが、日本では国旗を売っていないようだ。捜しているが見つからない。 夫：妻についてきたという感じだが、今はとても満足しているし、また日本に来たいと心から思う。
2006.5	イギリス (スコットランド)	40代 夫婦	日本は英国と文化が違うので興味があり、長い間ずっと来たいと思っていた。料理が好きだからこのプログラムを取った。町が清潔で、鉄道の時間がきっちりしている。日本人は親切である。日光、箱根、富士山、高山、高野山、京都、奈良を回って来た。日本の食材はインターネットで手に入れて、巻き寿司を作ってみたい。
2006.5	イギリス ロンドン	30代 夫婦	夫：子どもの頃から、ずっと日本に来たかった。英国と日本の文化の違いに魅かれていた。東京→富士山→高山→京都・奈良と回り、関西空港から友人のいる香港へ行く予定だ。海外旅行はよく行き、昨年は南アフリカでサファリを旅したのが良かった。 妻：高山で旅館に泊まったが、朝食で焼き魚がでて口に合わず食べられなかった。寿司屋で御頭つきの鯛が寿司の横に盛られてきたのは気持ち悪くてびっくりした。温泉は、恥ずかしくては入れなかった。でも、それも今となっては、旅の楽しい思い出である。それ以外は、とても快適で満足している。
2006.6	フランス リヨン	40代 夫婦	日本は、私たちにとって、とても洗練され科学技術の発達した国で、以前から訪問してみたかった。京都のお寺や庭園を自転車で回るツアーに参加した。文化が素晴らしくて、見るものすべてが新鮮だ。子どもたちも連れてきたかったが、高額になるので両親に見てもらっている。結婚20周年の記念としてきた。フランスでは、日本食のレストランは高級でセンスが良いというイメージがある。

資料4-3　京都や日本の観光内容のニーズについて外国人にヒヤリング調査
資料4-3-1　アメリカ人ソーシャルワーカーへのメールによる調査（2006年5月）

1.What are you doing in Boston and why will you visit Japan with your students ?
In Boston, I am a social worker. I work at a "youth development agency," where we try to prepare young people for life as productive citizens and leaders. We see our young people every day after they leave school, and do various activities with them.
Because it is an increasingly international world, in business and economics, we feel that international travel experience will help prepare our young people for success in their careers. Personally, I spent two semesters in college in Japan, (one in Kyoto) and it was my idea to bring our group to Japan.
2. Why do you want to participated in our cooking class?
We would like to learn about Japanese food. It is also a good opportunity to meet and talk with Japanese people in a friendly environment.
3.What is comment about the cooking class where you participated in before?
We had a great time! Some of our kids have made Tempura for their families at home.
4.What activity do you want to carry out other than this cooking class inJapan?
We will be very busy in Japan. We will be visiting Kyoto, Wajima, Hiroshima, and Tokyo, and visiting many shrines, temples, and musuems. Besides the cooking class, we are staying in a Shukubo, learning about wasshi, ukiyo-e, and sumi-e, as well as other Japanese arts.
5.When you travel with your students in Japan, what is supposed to be your problem?
Japan has made great efforts to make foreigners feel welcome. The romaji on signs, the number of restaurants that have English menus, and the friendly people have made Japan a wonderful place to visit. I always feel badly for Japanese tourists who visit America. We do not have signs in Japanese, we are not very friendly sometimes, we don't have Japanese menus. Japanese people I have met have been very helpful and generous. Even if there is a language barrier, people try to communicate and help. Japan feels very safe to me. So I have found very few barriers, walls, or difficulties.
6. Do you have some ideas which travelers can enjoy going around in Kyoto?"
I would recommend different things for different tourists, depending on how long they were in Kyoto, if they knew some Japanese, and their comfort level with unfamiliar experiences.
Of course, there are all the temples and shrines, which are beautiful. The Philosopher's Walk is a favorite way to see the eastern part of Kyoto. Shopping in Gion or Teramachi is great for those that like shopping. I recommend the "Night in Gion Performance" to everyone. Taking a class(Like Kyoto Cooking Circle!) is a great way to meet and talk to people. Nishiki market is wonderful. I really like Kamigamo Shrine, too.
My best advice is for a tourist to just start walking in the city. There are many hidden treasures in Kyoto, waiting to be found. I know JNTO has suggested walks, which are mainly around the edges of the city, but there are many good walks near the middle of Kyoto as well.
The English "Kyoto Visitor's Guide" is wonderful. It might be good to try to make this guide more available to tourists. It has everything one needs to know what's going on in Kyoto.
There are only a few things that I don't see advertised, and they would be only for those with more time and interest in Japanese culture. These would include visiting a neighborhood sento (My favorite is Kinkakuji-yu - I used to go there when I lived near Kinkakuji.) and maybe visiting the Urasanke Tea headquarters, as well as visiting the Kyoto Budokan.
Kyoto already does a wonderful job of promoting itself. I think it is a special city. I hope these answers are helpful.
-Greg

資料4-3-2　アメリカ人旅行会社経営者へのメールによる事前調査（2005年6月）

Dear Mariko-san,
It was interesting to receive your e-mail. I am happy to answer your questions.
1. Though there are a lot of famous historical sites in Kyoto, why are you interested in a cooking class?
On our tours to Japan, we try to give our trip participants a visceral, physical experience of Japanese culture rather than just an intellectual understanding. Rather than lecturing people about aspects of Japanese culture, we give them a hands-on experience of sleeping on futon, staying in traditional lodgings, taking the evening ofuro, and wearing yukata. As part of this experience, I thought it would be interesting for the trip participants to try to do some cooking themselves to have a better understanding of how much time and effort goes into preparing the Japanese meals that we eat during our travels in Japan.
2. What kind of programs or places are popular among tourists, in Kyoto and other cities?
The people who join are trips may not be typical of the average tourist who comes to Japan. Our trip participants do not want a bus tour where they have traveling with 40 other Americans and are isolated from the culture. Our trip members like our small groups (no more than 16 members with two leaders) that give us the ability to meet with regular Japanese people as well as artists and craftspeople. Our trip participants are also willing to change their habits to experience first hand some of the different aspects of Japanese culture. They enjoy learning about the wide variety of Japanese cuisine whereas the more typical tourist wants to have American food most of the time. We believe that one can always eat American food when one is in the United States, but it is foolish not to experience the incredible tastes of Japanese food while one is in Japan. I do think all visitors enjoy going to see such places as Ryoanji, Saihoji, Sanjusangendo, and Nijo. We also try to show our trip members some of the smaller, more hidden places that are not so overwhelmed with school children.
3. What are the points that are inconvenient for tourists in Kyoto?
Not being able to read or speak the language is a problem for many tourists. The Goodwill Tour Guide program seems like a great way for individual tourists to see the city in the company of a bilingual Japanese person, allowing for good cross cultural exchange. I believe that the Kyoto Tourist Office does an excellent job of providing materials and advice for foreign travelers to Kyoto.

4. Do you have any suggestions to promote tourism in Kyoto?
I believe that the articles written about Japan and places like Kyoto in American publications are a great way to interest people in traveling to Japan. The perception that traveling in Japan is very expensive needs to be dispelled by showing tourists how easy it is to find less expensive meals and lodging.
I hope this helps you in some way. It would be delightful to talk with you in person if that would be helpful. I do look forward to my cooking class experience later this month.
Please stay safe during this next typhoon,

Best wishes, Davis.

第 5 章

女性たちによる新しい観光事業の創造

―― 京都市におけるインバウンド・ツーリズムの現場から ――
～ワックジャパンを事例として～

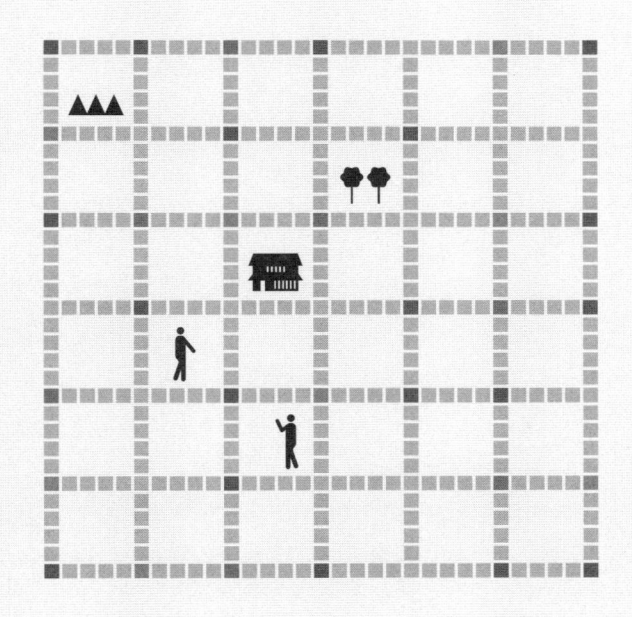

1. はじめに

　アメリカの歴史家 ブーアスティンは、その著作『幻影の時代　マスコミが製造する事実』(1962) の中で、「旅行者はいろいろな土地に住んでいる人々に出会うために世界を周遊した。しかし今日の旅行代理店の機能の一つは、このような出会いをさまたげることである。彼らは、旅行している地域から観光客を隔離するために、絶えず新しい能率的な方法を考案している。」[1]と、マス・ツーリズムの弱点を見事に指摘している。また同書において、当時の日本の旅行会社によって作成されたガイドブックについて、「読者に何が『重要文化財』であるかを教え、またあらゆる庭園・塔・御所・神社・寺院の大きさを教えるが、社会的慣習の意味や建物の用途などについてはほとんど何も教えない」[2]と評している。いわゆる旅行ガイドブックの記述に見られるような日本文化についての一般的知識だけではなく、より生き生きとした、日本人の暮らしぶりを知らせる情報を発信することの重要性を指摘しているのである。

　本章では、こういったブーアスティンの指摘を念頭において、地域の生き生きとした生活文化を通じて、旅行者と地域住民の交流が存在する観光について、事例を通じて考察する。さらに、第1章で述べた市民主体の新しい観光の諸相や、第2章で述べたラスキンの固有価値論をもとに導き出したその意義を実証する。

　なお、固有価値論に基づく、市民主体の新しい観光の意義は、以下、①地域文化振興②人間発達と生きがいの創出③総合的なまちづくり④地域アイデンティティの醸成とソフト・パワーの発揮⑤教育効果⑥小規模ビジネスの活性化、である。

　本章の事例として、国際的にも評価の高い観光都市京都市において、女性たちによって、海外からの旅行者に日本文化体験サービスを提供している有限会社ワックジャパンをとりあげる。

2．事例検証
2-1　事例概要

　本章の事例である有限会社ワックジャパンは、京都市において1997（平成9）年に、外国人旅行者対象に一般家庭での日本文化体験サービスを提供する会社として設立された。その後、国際会議等の団体向けの体験プログラムや、2009年に移転した京町家（事務所併設）での体験プログラム等その活動領域を広げている。その活動の担い手は、京都及びその近郊に在住する女性たちである。

　有限会社ワックジャパンの概要については、同社の創設者であり、代表者でもある小川美知氏（以下敬省略）への筆者によるインタビュー、ワックジャパンのウェブサイト[3]、小川の講演会[4]原稿、同社発行の会社案内に基づく。会社概要については表5-1、会社の事業概要については表5-2に表した。

　次に、表5-2　事業概要の内容詳細を詳述する。
(1) 個人客対象プログラムの内容（ホームビジット＋家庭料理体験を事例として）
　ワックジャパンの通訳アテンダントがホテルへゲストを迎えに行き、インストラクター宅にタクシーで一緒に行く。到着後、自己紹介、メニューに合わせた食材の説明がなされ、観光客がインストラクターと共に調理し、日本の食生活、家庭、社会等について語り合いながら、食事をする。体験開始後2時間〜2時間半後に、ワックジャパンが手配したタクシーの迎えで、滞在ホテルまでアテンダントが観光客を送るという流れである（写真5-1　参照）。

　このプログラムのポイントは、一般の日本人宅を訪問することである。旅行中のそういった機会は貴重な体験で、日本人の暮らしぶりがよく分かり、数少ない一般日本人との交流の機会として大変好評である。観光客が帰国後に交流が続くこともある。料理の他に茶道・着物・華道・書道・折り紙・日本語・琴等のコースもある（写真5-2、5-3を参照）。

表5-1　会社概要

社名	有限会社ワックジャパン/WAK（=Women's Association of Kyoto）JAPAN
本社住所	〒604-0812　京都市中京区高倉通二条上る東側天守町761ワックジャパン「わくわく館」 URL: http://www.wakjapan.com/jp/
設立：1997年5月2日　資本金：500万円 従業員：社員3名・アルバイト2名（全員女性）　2008年度売上高：4000万円	
加盟団体	京都文化交流コンベンションビューロー、京都商工会議所、京都市観光協会、京都市国際観光客誘致推進協議会、5K会（京都国際観光活性化協議会）など。
ポリシー	1）国際交流に関わる仕事をする。 2）女性の能力を生かせる創造的な仕事を作り出す。 3）愛するふるさと、京都および日本の発展のために尽力する。
その他	2008年7月に経済産業省と国土交通省から、地域資源活用プログラムにおける地域資源活用新事業展開支援事業の対象企業として認定を受ける。 2010年1月に、第5回JTB交流文化賞優秀賞を受賞する。
マスコミ等への掲載	①THE NEW YORK TIMES[4]（2008年3月2日） "Personal Journey, Kyoto, Japan. *Amazing Grace: The Art and Ordeal Of the Kimono*"　ワックジャパンでの着物の着付け体験のレポート。 ②The Japan Times[5]（2008年4月25日） "It's hands-on in Kyoto 　Sick of just looking at temples? Here's a different approach" 京都の寺社巡りに飽きたら、もう一つ別の日本文化へのアプローチがあるとして、妙心寺春光院の英語による禅体験、富田屋とワックジャパンの日本文化体験が紹介されている。 ③旅行ガイドブック*Lonely Planet Kyoto*（Rowthorn, 2008）[6] 京都の観光案内として、料理コースと文化体験の項に　ワックジャパンの紹介がある。 ④世界最大級の旅行口コミサイト、tripadviser[7]（2008年10月） ワックジャパンが、京都の人気アトラクションのベスト10に入った。このベスト10には、金閣寺、伏見稲荷、清水寺、東本願寺、祇園、東寺、三十三間堂、嵐山、竜源院、北野天満宮などが並び、順位が微動しているもののワックジャパンは、京都の名だたる観光名所と肩を並べている。

(2) 個人客対象プログラムの内容

　（京町家「わくわく館」での体験プログラムを事例として）

ワックジャパンの事務所京町家「わくわく館」での体験プログラムであり、前述①の内容を手軽に体験できるようにした。築120年の京町家を改装した館内は、とても雰囲気があると、好評である（写真5-4、5-5 参照）。

(3) 団体客対象の内容（国際会議プログラムを事例として）

国際会議の多い京都の土地柄、会議参加者、同伴者のエンターテイメントとして、会議場の一部で、日本文化紹介プログラムを実施している。欧

表5-2　事業概要

事業の分類	内容
個人客対象プログラム ・ホームビジット 　〈詳細は(1)〉 ・京町家「わくわく館」での体験プログラム 　〈詳細は(2)〉	個人客が、茶道・着物・華道・書道・折り紙・料理・日本語・琴などを体験する。場所は、一般家庭（ホームビジット）と、京町家「わくわく館」が主な会場である。
団体客対象プログラム 　・国際会議〈詳細は(3)〉 　・一般団体観光 　・インセンティブツアー 　　〈詳細は(4)〉	京都市内の寺院・公共施設などを借り切っての上記日本文化体験プログラムである。
翻訳通訳	京都市指定のゴミ袋（ごみの回収方法）、洛バスの外国語パンフレットなどの外国語表記を担当する。
修学旅行生向け国際交流プログラム	修学旅行生が留学生と京都市内観光、活動を共にする。あるいは、京料理・茶道などの体験プログラムもある。
講座・研修 〈詳細は2-3人材育成システムとしての講座及び研修制度〉	人材獲得のための一般（社外）対象講座と、社内対象の研修がある。
出版	"Enjoy The Yukata in Summer" 日英対訳のイラスト入り教本で、ゆかたの着付けを示している。また、着付けプログラムに参加したゲストに贈呈される他、一般向けにも販売している。

　米からの参加者は家族連れで参加することが多く、どのプログラムも盛況である。茶道、華道、書道、折り紙等をインストラクターが、歴史や概要について簡単に説明した後、実演して見せ、参加者も体験する。書道や、華道の作品が会場内に展示される時には、多くの学会参加者が鑑賞している風景も見受けられる。参加者の作品が展示されることにより、会場が非常に和み、日本文化に対する関心が高まり、話題の提供の場となっている。国際学会にこういったプログラムを付加することは、日本文化を効

写真5-1：家庭料理体験（巻き寿司）（ワックジャパン提供）

第5章　女性たちによる新しい観光事業の創造　｜　135

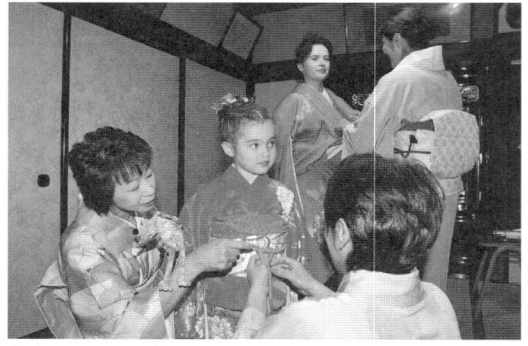

（上）写真5-2：家庭で着物体験（ワックジャパン提供）
（左）写真5-3：家庭で折り紙（ワックジャパン提供）

果的にアピールする良い機会である。学会参加者は、知的好奇心が高く、プログラムには、十分に吟味された高度な内容が求められる。

(4) 団体客対象（日本企業のインセンティブツアー）[8] の内容

　日本企業が海外代理店社長等を招いてインセンティブツアーを実施する場合、その中のプログラムをワックジャパンが担当する。京都市内の有名寺院や、料理旅館などで開催されることが多い。日頃のネットワークやノウハウを活かして、外国人が日本文化にふれられるような企画を提案し、なおかつ、主催企業のイメージや製品の性能をアピールできるような演出を取り入れる。企業側も京都という日本文化のシンボル的な地域特色を考慮しながら、強力なイメージを植えつけようと非常に力をいれるイベントである。

2-2　起業の経緯

　小川の起業の原点は、若い頃の自らのフランス滞在時における体験である。当時の住まいであったアパートの家主（高齢女性）が折に触れ、小川にフランス流の家庭料理や家事を教え、子育て、自分の生き方などを語っていた。このように小川にとって、海外在住経験で心に残ったのは、素晴らしい景色や豪華な建物よりも、一般の人との交流であった。

　一方で、ロンドン旅行の際にホテルの窓からガーデニングやティータイ

(上) 写真5-4：京町家「わくわく館」での書道教室（ワックジャパン提供）
(右) 写真5-5：京町家「わくわく館」での茶道体験（ワックジャパン提供）

ムを楽しむ家庭の風景を眺めて自分も体験したいと感じたがその方法がなかった。旅行者が一般家庭に入り、人々の生活や考え方を語り合うことは、非常に素晴らしい感動を呼び、生涯忘れがたい思い出となる。しかし、通りすがりの旅行者にとって、現地の家庭に入るのは困難である。そのため、なんらかのシステムの必要性を感じたが、そういった思いは、4人の子育てが一段落する20年後まで封印することになる。

　小川の社会復帰は、日本語教師の資格を取ることに始まる。学生から社会経験を経ないで主婦になった小川にとって、報酬を得て働くことは何よりも楽しく、自分の成果を評価され対価を得る喜びを知った。しかし、当時日本語教師は、過剰に存在することから需要と供給の極端なアンバランスが生じ、報酬を得て働き続けることの困難さをすぐに知ることになった。そんな中でも、同じ仕事をする仲間と出会い、1995（平成7）年に日本語勉強会を発足させネットワークを作ったことが大きな成果であった。

　一方1990年代後半の日本では、子育て終了後の主婦が社会進出を図ろうにも、年齢やキャリア不足が壁となり、女性の力を発揮する場が限定されていた。こういった背景から、1997（平成9）年に小川は、草の根の国際交流実践と、家庭に埋もれている主婦の力を発揮したいという自身の2つの強い希望から出発した有限会社を設立した。

　そこでは、需要が多くない日本語講座以外に新たな事業を展開する必要

第5章　女性たちによる新しい観光事業の創造

に迫られた。そこで自らの海外での体験から、外国人旅行者が一般家庭に入り、文化体験をする機会を提供し、日本人との相互理解を図るというプログラムを思いつくことになった。日本では、一般の家庭の中の普段の生活に文化が溢れ、普通の人が生活に文化を取り入れて楽しんでいる。小川のそういう思いが、ホームビジットと文化体験を結びつけたのである。

なお会社のポリシーは、以下のようである。

①国際交流に関わる仕事をする、②女性の能力を生かせる創造的な仕事を作り出す、③愛するふるさと、京都および日本の発展に尽力する、である。

このポリシーは、国際交流と、女性の能力開発、地域活性化のための仕事の創造というワックジャパンの活動の三本柱となって、活動の支えになっている。

2-3　人材育成システムとしての講座及び研修制度

ワックジャパンは、日本人自身が日本の文化を見直し、発信できるようになるための養成講座の企画を実施しており、人材育成・確保のシステムとして機能している。以下に詳細を述べる。

（1）　一般（社外）対象講座

毎年2回実施されている一般向けの「日本文化を海外に紹介する為の講座：英語による日本文化紹介—茶の湯を中心に—」は、その受講生の中から、ワックジャパンの仕事に就く者が多く、人材獲得の手段にもなっている。

内容は、茶の湯を中心とした日本文化を学ぶ連続講義で、外国人に日本文化を説明することを意図し、茶道全般についての説明や、現場での実践を紹介する。講師は、本章で後述する藤井多恵子氏である。茶道のお点前を習うのではなく、茶道の歴史、日本茶の製法、茶道具のいろは、お茶と生活との接点、総合芸術としての茶道などの講義が主体である。茶道教室でひたすら、型を真似て覚える茶道を習ってきた者にとっては、こういった体系的、俯瞰的な知識を得ることは少ないので、目からうろこの講義となっている。その講義を通じて、茶道の理論的、歴史的意味を知ることは、外国人に説明する際に、非常に役立ち、実践的であると好評である。これ

をきっかけに茶道を学び直す者、一から学び始める者もいる。

なお、最終講義では、受講者が講義の内容を踏まえて、英語で茶の湯を説明し成果を発表する機会を設けている。

（2）　社内対象講座

主に、夏・冬のオフシーズンには、社内向けの研修プログラムが適宜実施されている。

- 実技の講座として着物の着付け、折り紙、華道等がある。経験豊富な講師が、自分の体験を交えて、いかにデモンストレーションをしているか紹介する。さらに出席者の体験なども交えて、学び合いの場となっており、完成度の高いプログラムを目指すことにつながっている。
- 英語の講座として、通訳ガイドや外部講師を招いて英語で日本文化を紹介する講座を開催している。日頃の活動で役立つ実践的な英語表現などの講座や新プログラム対応のための英語勉強会もある。
- 見学会として専門家のガイドを付け、非公開寺院等の歴史的・文化的施設を訪問する。
- 情報交換会としてインストラクター・アテンダントの交流と情報交換の場がある。日頃のプログラムの改善、向上の機会となる。

ワックジャパンに参加するアテンダントは、こういった研修に参加して、技能のブラッシュアップや情報交換を図りながら、プログラムを担っている。

2-4　地域資源活用プログラムの認定

2007（平成19）年に施行された「中小企業地域資源活用促進法」[9]に基づき、経済産業省・中小企業庁は「中小企業地域資源活用プログラム」[10]を創設した。中小企業者が、法に基づき、地域産業資源[11]を活用した新商品・新サービスの開発、販路開拓に取り組む「地域産業資源活用事業計画」を作成し、認定が得られれば、補助金、融資制度、課税の特例等の各種支援施策を利用することができる。ワックジャパンは、2008（平成20）年7月にこの認定企業に認定された[12]。ここ数年、同社が新規開発した京町家での各種サービス（京都市内の元法衣商の京町家での文化体験プログ

ラム、京の造り酒屋と京町家文化を伝える博物館での利き酒体験と見学ツアー、同邸宅内での文化体験プログラム、江戸時代後期の豪商の邸宅兼陣屋への通訳付きツアー）が評価され、認定によりさらなる事業拡大を展開中である。

　筆者が、上述の京町家や伝統産業の工房オーナーから得たコメントとしては、「海外からのゲストの訪問は、非常に刺激を受けて楽しい。従業員の気合いの入れ方も違う。当店に来られたのもご縁であり、ありがたいことである。日本の文化や伝統の素晴らしさについて知っていただき、理解を得られたら幸いである。また、海外のユーザーとしての意見や志向などを伺うことにより、参考にできる点が多いと思う。何よりも遠方から京都に来ていただいたのであるから、十分楽しんで多くのよい思い出を胸に帰国されることを望んでいる」といったものである。実際、オーナーや従業員は、外国からのゲストを迎えることで、室内の整備に努め、英語での説明に挑戦するなど、活気づいている。

　この認定によってワックジャパンは、経済的な支援を得られたことが大きいが、観光カリスマでもある独立行政法人中小企業基盤整備機構の地域活性化支援事務局プロジェクトマネージャーのアドバイスを受けられることや、京都市内の様々な地域資源（伝統産業の工房、京町家等）とのネットワーク化がスムーズになったことが大きい。また、創立10年余りの小規模事業者にとって、モデル事業として認定されたことによって得られた社会的信用度の向上や、国際的な商談の機会に行政と共に参画できることは、経済的支援同様非常に力になっている。今後は、このようにして得られた様々なネットワークを活用し、事業体としての総合力をいかにあげていくかがポイントであると思われる。

　一方、地域にとっては、観光により、京都市内の異業種・異分野交流が可能になった点に非常に意義があり、地域内での協働のシステムの契機となり得、地域活性化へとつながることが期待される。

2-5　京町家への事務所移転と体験コーナーの設置

　ワックジャパンは、2009（平成21）年12月に京都御所の南に、築120年

の京町家を借りて改装し、事務所移転と共に、体験用の部屋を整備した（写真5-4、5-5、5-6、5-7参照）。「わくわく館」と名づけられたこの京町家には、一階に玄関、通庭の台所、事務所、階段の間、和室、庭があり、二階には10畳、3畳、6畳の和室がある。そこでは、茶道、着物、折紙、楽器（琴、尺八、鼓）、華道、料理等の体験ができるようになっている。また、ここでのプログラム体験者には、隣接する酒造メーカーの企業博物館[13]の入場券を提供している。京町家は、日本的な雰囲気があり、そこでの体験は旅行者にとって、非常に魅力的である。また、即時対応システムなので、体験を進行するインストラクターの常駐化および個人のマルチタスク担当化[14]を図るという体制をとるようになった。新たな育成、研修制度も実施されている。

写真5-6：京町家「わくわく館」前で
（ワックジャパン提供）

写真5-7：京町家「わくわく館」での箏体験
（ワックジャパン提供）

　さらには、京都市内の宿泊施設からの要望で、日本人観光客にも同様のプログラムを設定する予定である。また、京都在住の子供たちへのプログラムも検討中である。京町家という新たな体験プログラムの「場」を設定したことにより、対象が広がり、事業の展開も活発化してきている。

2-6　第5回JTB交流文化賞優秀賞の受賞
　株式会社ジェーティービーは、2006（平成18）年の分社化を契機に自ら「交流文化産業」を掲げ、「地域交流ビジネス」として、地域の魅力を発信

し、観光を機軸とした地域の交流人口増大を積極的に推進しているという[15]。その一つの取り組みとして、人や文化との交流による地域活性化の事例を表彰するJTB交流文化賞がある。ワックジャパンは、2010年1月に第5回JTB交流文化賞優秀賞を受賞した。その受賞理由は、「京都在住の主婦を中心とした50人の女性たちによって、一般家庭での文化体験などオリジナリティあふれる交流プログラムを外国人旅行者に提供している。高いプロ意識でサービスの質を向上させ、10年以上継続して事業展開し、ビジネスモデルとして他地域への良き事例となっている点を評価」と、されている。表5-3の歴代受賞団体を見るといずれも、日本においてまちづくり、地域活性化、観光の分野における先進的な活動で知られており、ワックジャパンも一定の評価を得たと言えよう。

また、この賞の主催者であるジェイティービーは、日本の代表的な大手旅行会社と言えるが、自らを「交流文化産業」と称し、「地域」や「交流」を重視するという、従来のマス・ツーリズムにない姿勢を見せている。マス・ツーリズムの現場でも観光に対する認識が大きく変化していることを伺わせる一端として非常に興味深い動向である。

表5-3　JTB交流文化賞受賞団体一覧表

第5回 2010年	最優秀賞 遅筆堂文庫生活者大学校	小さな町に大きな図書館ができてから・・・・演劇の町、交流の町になりました。さらに姉妹館ができました。
	優秀賞 有限会社ワックジャパン	外国人旅行者に京都から日本の魅力を発信！
	優秀賞 田辺市 熊野ツーリズムビューロー	世界に向けた田辺の挑戦〜外国人に優しいまちづくり〜持続可能な世界標準の観光地をめざして
第4回 2009年	最優秀賞 NPO法人おぢかアイランドツーリズム協会	小さな離島の未来への挑戦！
	優秀賞 まちづくり真壁	語りのある街・桜川市真壁町
	優秀賞 特定非営利活動法人尾上蔵保存利活用促進会	農家蔵保存利活用とグリーン・ツーリズム
	選考委員特別賞 モントレージャズフェスティバルin能登実行委員会	ふるさとへの誇りをのせて、港町にジャズは響く〜若者の熱意が生んだモントレージャズフェスティバルin能登の20年〜

第3回 2008年	最優秀賞 NPO法人ハットウ・オンパク	「ハットウ・オンパク」を通じた地域資源開発と町づくり
	優秀賞 特定非営利活動法人 体験観光ネットワーク松浦党／松浦体験型旅行協議会	松浦党の里ほんなもん体験
	優秀賞 岐阜県 高山市	ゆくたび感動 国際観光都市「飛騨高山」
第2回 2007年	最優秀賞 小樽雪あかりの路実行委員会	歴史的遺産を活用したまちづくり ～イベント「小樽雪あかりの路」を通じて～
	優秀賞 豊後高田市観光まちづくり株式会社	豊後高田「昭和の町」物語
	優秀賞 大地の芸術祭実行委員会	越後妻有アートをみちしるべに里山を体験する旅
	特別賞 大分県宇佐市	ジョイントで取り組む農と心の教育体験～安心院型グリーンツーリズムの新たな展開～
第1回 2006年	最優秀賞 兵庫県豊岡市企画部コウノトリ共生課	コウノトリも暮らすまちへ 豊岡の挑戦
	優秀賞 青森県名川町観光振興課（現南部町農林課グリーン・ツーリズム推進室）	「究極のグリーン・ツーリズム」を標榜する達者村
	優秀賞 新潟県村上町屋商人（あきんど）会、チーム黒塀プロジェクト、むらかみ町屋再生プロジェクト	新潟最北の城下町「村上」 明日をかけた市民まちづくりの挑戦
	創設記念審査員メモリアル賞 北海道札幌市YOSAKOIソーラン祭り組織委員会	「YOSAKOIソーラン祭り」 ― 新しい交流文化の創造とその広がり ―

(JTBウェブサイトより筆者作成)

3．聞き取り調査

3-1　インストラクターのリーダーへの聞き取り調査

　以下は、ワックジャパンでインストラクターとして活躍する藤井多恵子氏（以下敬称略）への聞き取りと筆者の取材を元に記述した。

　藤井は、同社の重要なプログラムを一手に担い、また後述する後輩の指導にも携わり、リーダー的インストラクターとして活躍している。藤井の茶道で身につけたホスピタリティ[16]あふれる姿勢と長年培った豊富な知識と経験を駆使しての独自のプログラムは外国人から評価が高く、ワックジャパンでは別格のインストラクターとして位置づけられ、他のインストラクター、アテンダントたちの憧憬の的でもある。藤井は幼少時から祖母に

ついて茶道を学ぶ中で、年老いてもなお生き生きと若い人に茶道を教える祖母の姿が印象的であり、尊敬と憧憬の念を持っていた。大学卒業後、すぐに結婚して家庭に入り、個人で茶道、華道を教えたり、近所の子供たちに英語を教えたりしていた。ある時、和服で茶会に向かう藤井が、京都駅で出会った見知らぬ外国人に、和服、茶道、日本文化などについて尋ねられた。その時の会話から、日本文化を説明するには、かなりの知識や英語力が要る事を認識させられた。それを契機に、茶道を中心にした日本文化と英語のブラッシュアップを始め、単発的に外国人に日本文化紹介をする活動に結びつくことになった。その後、設立間もないワックジャパンの小川との出会いにより、その活動は本格化していった。当初は、通訳の力を借りての説明であったが、ある国際会議での茶道プログラムにおいて、藤井の日本語での説明後ワンテンポ遅れの通訳の英語での説明に進行上不便を痛感したことがきっかけで、自ら英語で説明することになった。

　従来の「習うより慣れろ」方式による伝統芸道の教授法で技能を磨いてきた者にとって、外国人の抱く日本文化についての素朴でかつ鋭敏な疑問に的確に答えるのは難しい。しかし、藤井は、祖母が師範であったことから、常に遠慮なく質問できたという利点や自らの多大な研鑽・経験から、理論的に説明できることが強みであり説得力がある。

　藤井は、ワックジャパンでの活動から発展し、立命館大学でのゲストスピーカーとして留学生対象の「日本文化」の講義、あるいは海外留学を控えている立命館宇治高校のSEL（スーパー・イングリッシュ・ラングエージコース）での「日本文化」の授業や、和歌山大学観光学部での英語で日本文化を紹介する授業「着物文化論」「華道論」を担当している。その授業では、イラスト入りの英語を交えた、オリジナルテキストも用意されており、今後、出版も可能なレベルである[17]。藤井の授業・講座の魅力は、「日本の日常のくらしの文化」という視点を持ち、単なる知識の受け売りではなく、生徒や学生に自主学習を奨励し、発表の機会を設けて積極的な関わり方を求めていることが特徴である。また、現在の日本の日常生活の中では伝統文化の継承が困難となることが予想され、教育の場でそれを実施していくことの重要性を示している。一方で、魅力ある授業として生

徒・学生側から非常に高い支持を得ていることがインタビュー[18]を通じて分かった。目標（実技、理解、英語による表現）を掲げ、日本文化に関する事項の講義ばかりでなく、生徒・学生が自ら考え行動できるよう、教育的効果を念頭に進行している。

なお、和歌山大学の授業の集大成として2008（平成20）年7月20日には、大規模複合商業施設フォルテワジマにおいて昨年に引き続き2回目の「和大KIMONOぶらくり2008―着物がなければ日本じゃない―」を実施、着物ファッションショーや、日本語・英語での着物文化についての研究発表をした。和歌山大学長、観光学部長も着物で参加し、外国人を含む市民らが多数駆けつけ、大学と地域が協同で地域活性化に一役買った[19]。これは、授業をきっかけに学生たちによる発表の場を設け、大学あげての全面バックアップもあって、地域を巻き込んだまちづくりのきっかけともなる活動であると位置づけられる。

以上のように、藤井の活動は、自らの努力による確かな知識と、人との出会いによるチャンスに恵まれ、それらを活かす活動の場を得ることになった。本人の努力は、もちろんのことであるが、そういう活動の場があることが重要であることがわかる。また、この事例の日本文化体験事業で培った「知」やスキルを教育現場を通じて社会に還元している。また、その教育現場での活動が地域を巻き込んだまちづくりのきっかけともなっている。

3-2　インストラクター・アテンダントとして活動する人々への聞き取り調査

ワックジャパンで、日本文化体験のインストラクターやアテンダントをしている人々の聞き取り調査の結果は以下のとおりである。

- 主婦をしていると、誰某の母親、誰某の妻という立場でしか評価されないが、ワックジャパンでは、自分個人として認められることがうれしい。
- 有償ではあるものの経済的な損得を言えば、決して引き合うものではない。拘束時間外の準備、片付け、学習、情報収集などに時間が取ら

れることや、得た収入を茶道、華道、着付けなどのお稽古事への投資、着物などの購入に充てている。しかし、人間的なつながり（ご縁）や、普通ではできないおもしろい体験ができること、勉強できること、その成果を披露し外国の方の反応が直接見られ、喜ばれ、やりがいがある、それらがあってこそできるものである。

・海外の観光客との交流の中から、一緒に日本文化の素晴らしさに気づき、感動し、それをベースに勉強し、次の仕事に生かすことができる。外国の方々が、日本文化は素晴らしいと言ってくださるが、本当は自分のほうがもっと、素晴らしいと思うようになってきたのがわかる。

・自分が日本文化を知らないことに気づかされ、外国人から受けた難しい質問についても、調べて、勉強するようになった。個人で勉強すること、皆で勉強することが習慣になり、楽しくなり、知識を得る喜びを知った。これは、自分の生活が豊かになることである。

・外国人が日本文化に興味を持つことのすごさを肌で感じ、ありがたいと思うし、それほど日本の文化は素晴らしいということを実感した。また、一期一会であろうこの出会いに常に感動する。

・外国人に箏を教え始めてから刺激を受け、毎日の稽古に気合がはいるようになった。

・日本文化は、奥が深く100％理解することは在り得ない。当たり前としてみていたことが、当たり前ではないことに気づき、なぜそうなのかと常に問いかけ、その答えを探すために勉強することがおもしろい。

・毎回初対面の方をお迎えして、いっしょに料理をつくりながら話をしたり、笑ったりしていると、昔からの友人の様な気持ちになるから不思議である。

・いろいろな方との出会いは、本当に楽しく、勉強にもなるし、刺激を受ける。

・60歳過ぎて、自宅で外国人に料理を教えるこの仕事を始めたが、毎回写真と記録を取りまとめている。先日それを見た息子が、「本当に素晴らしいことをしているなあ」とほめてくれて、とてもうれしかった。この仕事をして自分も本当に成長したし、人生が広がっていく感じが

する。最後のお帰りの際に、「ありがとう」とにっこりされた顔をみると本当にうれしくなり、やっていてよかったと感じる瞬間である。

　以上で共通しているのは、ワックジャパンで活動する人々が、外国人観光客と日本文化体験を通じての交流や出会いに生きがいを感じ、日本の文化の素晴らしさを外国人と共に感動している。また彼女たちは、この活動の中で仲間と出会い、勉強し、仕事の経験を積むことによって生きがい獲得や潜在能力の発揮[20]の機会を得ている。その要因として、個人としてはできないからこそ組織化・事業化による「場」としての意味がある。そこには、4-2節で紹介するように発表、交流、習得（蓄積）の文化の循環サイクルが成立しており、能力の開発や文化の継承、振興、教育分野での展開も見られる。

3-3　会社代表による当事例についての分析
　ヒアリングによって得られた会社代表によるワックジャパンの分析は以下のとおりである。

　外国人旅行客がワックジャパンを評価している点は、普通の日本人の生活を直接見て、自分だけしかできない体験をしたいという希望を満足させているからである。旅行中に、現地の人と直接話す機会は以外に少なく、例えそういう機会があっても言葉の壁があって深い内容まで話し合うことはできない。ワックジャパンのアテンダントが、ほぼ自由なコミュニケーションが取れることで、外国人にストレスを感じさせることなく、交流できることは強みである。また、短い時間に的確かつ効果的な説明がある文化体験を提供していることが大きい。また、「体験型観光」という今日の社会的要請の高い観光形態をパイオニアとして提供できたことが大きい。

　仕事が継続している要因としては、人との出会いに恵まれたことである。特に設立当時の国際観光振興会京都案内所長[21]は内外の観光関連業者を、京都市の産業観光局長は京都市内の寺院関係者などを小川に紹介し、その後の仕事の発展に大きな支えとなった。また、多くの女性たちがこの活動

に賛同し、担い手として大きな力となったことは言うまでもない。

　ワックジャパンについて最近、旅行業界で話題になってきて華やかに見られる一方で京都市内でも大手が同様の事業に参入するなどライバルがたくさん出現している。しかし、ワックジャパンの会社規模では、大手のようにメディアを使っての大規模な宣伝や、価格のダンピングもできない。今、ブームになっている京町家も所有せず[22]、マンションの事務所での活動で正直不利かもしれない。しかし、他社ではできない小さい会社だからできることは何かという視点を持ち、内容が充実して満足度が高いプログラムを常に考えている。例えば、京都の職人工房を訪問し、外国語によるアテンダントの説明と共に見学・製作し、お土産として持ち帰るプランなどである。

　ライバルもたくさんいるとは言え、同業者間でよりよいサービスを競えば地域振興につながる。魅力的なまちづくり、観光産業での雇用の創出、仕事を通じての生きがい作りなどを通じて、京都や日本を本当の意味で豊かにしていきたい。

　会社設立以来12年目の現在、50名以上の優秀な女性が活躍している。これからもワックジャパンは、世界中からの旅行者に、優れたスキルを持つ主婦が日本文化を紹介する機会を提供していきたい。

　以上の内容から、日本文化体験というプログラムについては、旅行形態の変化やニーズに対応したものであり、一般の日本人との交流があることが強みである。地域社会との関係については、協力者、援助者との出会いが大きかったこと、一般市民（＝特に女性たち）の力を活用できたことがあげられる。一人の女性が起業し、12年経過しても決して大きな会社ではないが、地域社会から様々な協力を得、国際交流に貢献し、日本文化を世界に発信する事業を進めている点が興味深い。さらに、女性の知的能力を活かす場を開拓し、仕事を通じての生きがいづくり、地域振興、まちづくり等、社会への貢献も視野に入れている点を新しい企業の姿として評価したい。

4. 事例分析
4-1 事例の意義
(1) 文化振興の担い手としての意義――文化振興マスタープランと関連づけて――

1998（平成10）年の文化庁による21世紀に向けた文化行政推進の総合的指針としての「文化振興マスタープラン――文化立国の実現にむけて」（以後マスタープランと略す）によれば、「単なる量的な拡大を中心とする経済成長から、経済の質を高めていく方向への転換が必要としている。とりわけ、創造性が求められる科学技術と文化は、国民生活や社会を支えるものとして、その重要性は急速に高まっている」としたうえで、①芸術創造活動の活性化、②伝統文化の継承・発見、③地域文化・生活文化の振興、④文化を支える人材の養成・確保、⑤文化による国際貢献と文化発信、⑥文化発信のための基盤整備、を具体的な施策としており、実質的な政策目標に相当すると考えられる。これらについては、地方分権の流れの中で、地方自治体と関係省庁、民間との役割分担を明確にしつつ連携強化を進め、文化振興を国の課題として掲げ、その施策を展開している。

以下、マスタープランの具体的施策に依拠し、本事例を分析しその意義をあげる。

①については、例えば本事例で外国人旅行者への活動を通じて、刺激を受け創作活動に意欲が湧き、新たな展開が見られたことが聞き取り調査から把握できた。②伝統文化の継承・発見、③地域文化・生活文化の振興については、本事例の担い手（＝女性）が、まさに外国人によって日本文化の素晴らしさを指摘されたことが契機となって、伝統文化を継承していくことの重要性を認識し、自ら精進していることが聞き取り調査で分かった。後藤和子も「日本の伝統的な文化の価値が、中ではなく外の人々によって再発見される、あるいは、域外を見ることによって改めてその価値に気付くケースは案外多い」[23]と指摘しており、改めてインバウンド・ツーリズムの意義に触れることができる。また、外国人が町家や伝統産業の工房などで文化体験やツアーに参加することにより、ホスト側は大いに刺激を受け、あるいは海外のユーザーからの貴重な情報を得られる機会となり、地域の文化の活性化・振興につながっている。

ここで注目したいのが、この起業の出発点が家庭の中の文化を資源としていることである。日本社会では、暮らしの中に文化が根付いており、実際、家庭や地域での文化活動は女性によるところが多い。暮らしの中の文化（＝生活文化）をキーワードに活動することは、女性にとって非常に身近であり、本領を発揮できる分野である。「家庭の主婦が披露する文化が一体、日本文化と呼べるような代物なのか」という批判もあるが、中川幾郎は、表現者は、「すぐれた」プロの芸術家だけを意味するのではなくすべての「市民」が対象であり、（略）「市民一人ひとりが文化的存在である」という認識と理念をぬきにしてはならないとしている。また、文化には、芸術・学術のような高度な文化もあれば、日常の衣食住にまつわる生活文化もあり、互いに作用しあい表裏一体の関係にあると述べており[24]、生活文化も日本文化の一部として外国人に紹介する価値が十分ある。

　④文化を支える人材の養成・確保については、本事例において、研修を通じて市民が主体となって日本文化の発信を担っており、十分にその役割が機能している[25]。

　⑤文化による国際貢献と文化発信については、本事例がその役割を果たしていることは明白であり、これについては後で詳述する。

　⑥文化発信のための基盤整備については、本事例における文化体験事業は、外国人観光客に対して、市民（＝女性）が主体となった日本文化の発信のためのシステムづくり（＝基盤整備）をしている。

　文化体験事業は、博物館・美術館などの文化施設のアウトリーチ[26]事業に関連づけることが可能であると筆者は捉えている。日本の文化をアウトリーチという形で外国人観光客に身近に感じてもらい、関心を持ってもらうための事業と考えられる。

　つまり、ワックジャパンは、その対象を外国人観光客に絞った文化事業とも言い換えることも可能であり、短時間で効率よく文化のエッセンスを凝縮した体験を提供できる方法を創造している。当事例の文化体験では、多くの女性が活躍しているその担い手は、単なる紹介や説明に留まらず、体験を効果的に演出できる「インタープリター」的役割[27]として機能しており、サービスの質にかかわる重要かつユニークな要素となっている。

アウトリーチ事業に付随してさらに検討したいのが、日本文化の鑑賞者開発という視点である。河島（2007）は、文化へのアクセスを妨げるバリアとして、①地理的要因、②経済的要因、③身体的障害を持った人々にとっての物理的なバリア、④情報面でのアクセスの問題をあげ、その解決に向かうことは重要な政策課題であるとしている[28]。ここで注目したいのが、インバウンド観光客にとっての文化へのアクセスを妨げるバリアとして言語の問題とそれから派生する情報不足である。すなわち、日本文化は圧倒的に日本語で表現されていることによるバリアが立ちはだかり、アクセスが容易ではない。当事例は、そういった日本文化への初心者へのアクセスを改善して身近なものとし、また既に理解者であるならそれをより深いものへと導く「鑑賞者開発」の一端を担っている。

　本事例から言及すれば、一度だけの文化体験を行っただけで日本文化を理解できるとは到底期待できないが、日本文化あるいは日本人、ひいては日本という国の理解や親近感への窓口になることは確かである。

　以上のように、マスタープランの具体的施策と照合してみても、本事例が文化振興に果たす役割は非常に大きく、文化振興の担い手としての意義があると考えられる。

(2) **女性のエンパワーメントと生きがい創出**

　女性の再チャレンジ支援策検討会議[29]の「女性の再チャレンジ支援プラン」2005（平成17）年によると、女性の再チャレンジをめぐる現状についての概要は、「第一子出産1年前に働いていた女性の約7割が、出産後半年以内に離職している。子育て中又は子育て後の女性の多くは、条件が整えば再就職したいと考えているが、実際には様々な事情により、自分の希望に沿った再就職を果たすことは難しい状況にある。また、特に高学歴の女性ほど再就職率が低くなっている」としている。この2005（平成17）年の女性の再チャレンジ支援策検討会議からさかのぼること10年ほど前に、ワックジャパンはいわば再チャレンジ事業として設立された。その活動を支援した前述の当時の日本観光振興会京都案内所長は以下のように述懐する[30]。「ワックジャパンは、ボランティア活動の先に起業の機会があることを示唆する好事例になると考えました。私は、京都に3年8ヵ月にわた

り駐在してきました。その間、京都市や大阪市の観光ボランティアの方々と接してきました。その中には、30～40代の語学力もある有能な女性の方々が少なからずおいでになりました。全国でボランティア活動をしている女性の方々に国際交流・観光の分野に起業の機会があり、それを実践している女性たちがいることを知らせることは、彼女たちの向上心や自己実現欲求を刺激することになると思いました。さらに、やはり小川さんの専業主婦というバックグランドに興味をもちました。専業主婦だった女性が起業し、社会から評価を得られる事業を行うという成功事例は、子育てのために第一線を退いた女性たちに希望を与えるものと思いました」とある。起業により小川だけでなく多くの女性たちが活動の場を得ることにより、女性たちの潜在能力の発達の機会と場が得られているのである。既述のように、ワックジャパンは、女性が生きがいを持って働ける場が社会にないなら、自分たちの手で作ろうと起業され、中高年女性が社会にでて仕事をするというきっかけ作り、生きがい作りに、貢献している。しかも、一定の学習・経験に基づくスキルを求められ、その発表の場もあり、成果が直接、外国人の反応から実感できることからその生きがいとしての充実度は高いと思われる。

池上（1991）は、「自己実現の欲求は日常の生活のなかにある」とした上で、「財の固有価値＝潜在能力と人間の享受能力の『出会い』によって人間の『いきがい』が実現しうるという考え方は、文化と経済の関係を考える上でも重要な意味をもっている」[31]と述べているがワックジャパンはこれをまさに実証している場である。

(3) 観光と地域社会・地域住民を関連づけたこと

従来型の観光は地域社会との関わりが少ないことから、地域社会から必ずしも好意的に受け取られてはいなかった。一般的にも観光の主たる目的である地域経済活性化についても、従来型の観光形態では、経済的効果が当該地域にはそれほど波及せず、地域外に流出することが問題になっていた。しかし、地域が主体の事業体が存在すれば、経済的効果が地域にとどまる可能性が高い。またそれ以外の文化的、社会的な地域活性化の効果が地域に反映されることが期待される。

本事例のように、地域固有の資源を観光資源化し、担い手は一般市民（＝女性）であり、地域の様々な主体と手を組んだ地域密着型の事業体であれば、観光による経済、文化、社会的効果が地域活性化に結びつきやすい。

　また、地域固有の資源を観光資源化していることが、地域活性化につながっていることは明らかである。「観光資源」とは、一般的には「名所旧跡や美しい風景など、観光客を集め、それによって収入を得られるものを資源にたとえた語」[32]であるが、本事例においては、その体験の素材となる資源は、すべて地域の中から発掘し、再評価した地域資源であり、本来は観光資源とは想定されないものから出発している。こういった「一般家庭」「生活文化」「市民との交流」という観光資源に始まり、最近では「京町家」という地域資源を、文化体験の場という付加価値を付けて、観光資源化している。また、寺社や公共文化施設、伝統産業の工房なども文化体験の舞台として利用している。すなわち、素材としての地域資源、人材を発掘し、磨き上げ、新たな観光資源として創造し、プロデュースし、それを観光ビジネス化している。地域の多様な主体の協力、連携を得ながら、文化観光事業を可能にしている。それを体験型ツーリズム、着地型ツーリズムなどの観光の新しい形態としてインバウンド・ツーリズムにいち早く適応させ、地域振興、まちづくりを伴う市民主体の新しい観光事業を実践している。

　後藤和子（2001）は「まちづくりは、その地域の固有の地域資源を文化の視点から再評価するところから始まることが多い」[33]、あるいは、「まちのいたるところに残る文化資源やノウハウを新たな視点から再評価し、まち全体の設計や生活に生かそうとする試みである」[34]、「まちづくりのプロセスについて、地域の固有価値の再発見と、再評価、リスクを恐れずアイデアや資金を出し合って挑戦する人々のネットワークとそれを支える制度的厚み、地域間交流と文化発信システムづくり」[35]という指摘は、本事例でその要素を見つけることができる。

　当事例であるワックジャパンの事業推進体制を図5-1に示したが、点線内が地域社会を表している。地域内外の多様な主体が作用しているが、特に地域との関連が大きいことがよくわかる。産・官・民のいずれの主体

とも多岐にわたる連携が取れている。また、行政等からのサポートを受けており、大きな力となっている。

(4) 担い手のアイデンティティの確立と市民によるソフト・パワーの醸成

本章の3-2で示した聞き取り調査においては、海外からの旅行者と、日本文化の素晴らしさに共感することから、自らの日本人としてのアイデンティティを認識したというコメントが多い。外部者のまなざしにより、自らの文化を認識しアイデンティティに目覚めるということはよくあるが、国際観光においては特に顕著な例である。

第2章で示したように、近年「文化力」[36]あるいは、「ソフト・パワー」[37]という概念が用いられ、文化の魅力で国際社会に国家の存在価値を発信することの重要性が問われているが、インバウンド・ツーリズムはその絶好

図5-1　ワックジャパンの事業の推進体制

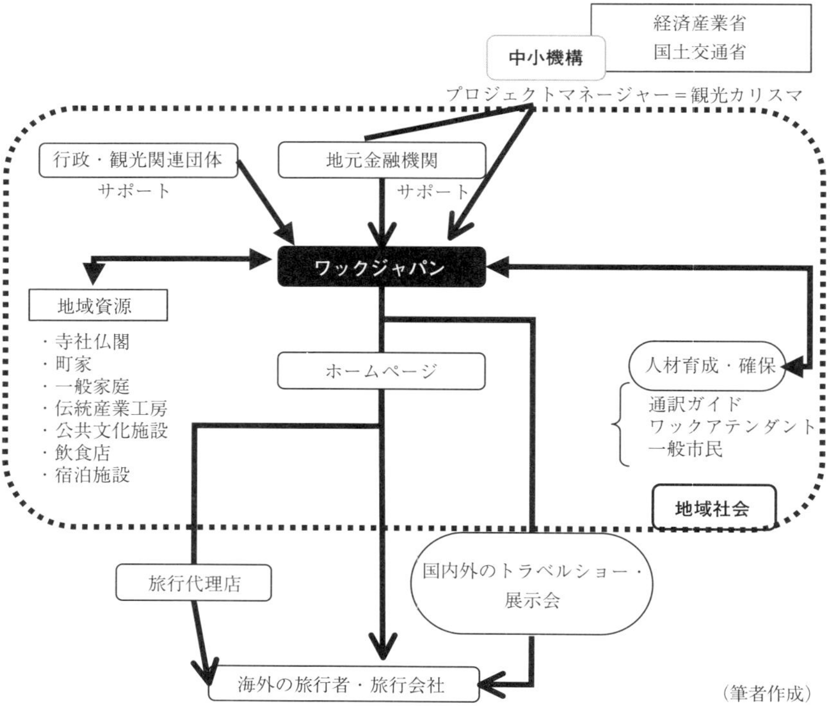

(筆者作成)

の機会である。「文化力」や「ソフト・パワー」は、外交政策として論じられているが、市民レベルでの観光を通じて発揮されるところも大きい。従来のように経済力を主力とするハード・パワーばかりでなく、文化の力で国の魅力を全世界にアピールすべきであるという、今後の日本の方向性に市民が応えている。さらに、日本の文化を海外に発信し日本のイメージを高めることは、少なくとも経済力、軍事力で相手を凌駕・圧倒し、世界に君臨するという方法だけでは得られない、非常に平和的な戦略であることは確かである。観光はその機会として最良であり、観光は平和であってこそ成り立つ産業であることを我々に改めて認識させる。

(5) 将来世代への教育効果

本章の3-1で見たように、本事例の活動の中には教育機関で日本文化紹介という講義や授業を担当している者がいる。文化事業は、そのクオリティが高ければ、観光という楽しみの場面だけでなく、教育の場面でも活用可能であり、対象は日本人、外国人を問わない。また、日本社会においても、日本の伝統文化を継承するような教育的な機会が少ないことから、今後この分野での発展も注目される。

(6) 地域の小規模ビジネス活性化の担い手としての意義

ここでは、地域の小規模ビジネス活性化という視点において、①起業モデルとしての意義、②地域社会で力を発揮する社会的企業のモデルとしての意義、の2点から述べる。

①起業モデルとしての意義

本事例は、インバウンド観光客対象に、日本の文化体験サービスを事業化したビジネスモデルとしての意義がある。実際、同様の活動は行政主体の国際交流事業の中でボランティア活動（無償）としてホームビジットや、書道、華道、茶道の体験を提供したりしているのが現状である。それをプロの仕事としての意識を持たせることに成功し、仕事（有償）ということで、持続可能性を追求し、サービスの質の向上をはかっている。

この点についても、前JNTO京都案内所長は、以下のように述べている。「観光客の満足を勝ち得るためには、観光サービスのクオリティーの安定性と向上が不可欠と考えていたことが理由です。ボランティアは、その方

の個人的都合が優先されるため、観光客が求める時に必ずしもサービスが提供できないこと、提供されるサービスのクオリティーにバラツキが生じがちだと思いました。また、サービスの提供を受ける観光客も、善意のボランティアによるサービスだけに、そのクオリティーを問う立場にないと思いました。金銭の収受を伴うビジネスであれば、金銭を受け取る側と支払う側に緊張感が生まれ、それがサービスのクオリティーの安定性と向上につながると考えました」と、評価も高い。

　池上（2001）は、文化政策は芸術文化支援政策を原点とし個性的なまちづくり政策や創造的起業を支援する政策にまで拡充されたとした。「起業家」とは自分自身の創造性や創意工夫や個性を活かして自分自身の人生を作り出す人であり、その起業家精神の発揮の結果、地域に文化によるまちづくりが達成され、地域社会の活性化にもつながるとしている[38]。個人や地域の固有価値を再発見しながら、文化資源を活用することが文化政策の出発点であるとした。本事例は、まさにこの概念と関連づけられる。

②地域社会で力を発揮する社会的企業[39]のモデルとしての意義

　非営利的な性格の事業に営利企業として取り組んだことがあげられる。すなわち、非営利組織の商業化に肯定的な価値を見出し、その結果、経済的価値追求をはかりながら、社会貢献もできるという事例として意義がある。さらに、インバウンド・ツーリズムにおける市民主体の新しい観光や、いわゆるまちづくり観光、あるいは着地型観光という領域の社会的企業の有効性も示している。

　当事例は、単に観光事業というだけでなく、国際交流という公共領域に踏み込んだ理念を掲げているために、ボランティア（＝無償）による慈善的なスタイルで取り組む活動と競合する場面がある。例えば「国際交流で儲けるのか」「国際交流は、商売の対象ではない、ビジネスには馴染まない」という意見が根強い日本社会の現状に対して小川は、「外国人＝国際交流＝ボランティア＝無料（あるいはボランティア価格）という公の機関や、一般的になっている考え方を見直すべき時ではないか。しかも、多くの公務員が関わって、外国人観光客にボランティアをアレンジしてあげることが、本当に『無料』であろうか」と[40]、問うている。

さらに、一般的に企業は「金儲け主義」「金儲けしか考えない」というイメージがあり、ビジネスとして社会的課題に取り組めるという発想が社会的に認知されているとは言えないのが現状であり、社会からの風当たりは厳しい。例えば、公共施設は営利企業には貸さない、あるいは、その利用に何らかの制限が設定されていることが多い。莫大な利潤をあげているわけでもない小規模事業体が、社会貢献をする事業を進めていても「金儲け主義」の営利企業という括りで扱われるのである。

　こういった認識不足や誤解などを克服するためにも、社会的企業の事例は意義がある。ボランティア活動に意義があることを筆者は認めるが、行政による支援が先細り状態で、もともと寄付行為が習慣化していない日本において、自立した財源を持ち責任ある経営にあたり、安定的かつ上質な事業の持続可能な継続のためには現実的な対応である。ビジネス化しやすい分野から、民間が公共領域に関わる分野で事業化することは、今後増加傾向にあると考えられる。

　一方、最近ではあいつぐ企業の不祥事からその社会的責任への関心が高まっている。また、企業の社会貢献活動の対象領域が広がり、社会的課題への取り組みが注目されている。かかる現場での様々な誤解や矛盾を解決する可能性が、社会的企業の認知度向上にあると期待できる。こういった、両セクターのボーダレス化から、「非営利」「営利」と固定概念で単純に線引きして、区分することの意味はそれほどない。一般に地域社会を基盤とするビジネスとして認知度が高いものにコミュニティ・ビジネスがあるが、社会的企業は、当該地域だけにとどまらず世界に向けて社会貢献もするビジネスとして、今後、観光事業を中心に地域経済活性化のために重要な役割を持つと考えられ、一層の研究が望まれる分野である。

4-2　事例の成立要件

　ここでは、なぜ一民間会社がユニークなインバウンド文化観光事業を担うことが可能であったかを考察する。

（1）京都という固有価値を活かしている。

　「京都は、建都1200年の歴史と伝統に育まれ、17の社寺・城が世界文化

遺産（京都市・宇治市・大津市）に登録されている。特に山紫水明・山河襟帯の豊かな自然にも恵まれた貴重な観光資源を多数保有する日本のハブ・ターミナル、つまり国際文化観光都市である」[41]という環境から、京都に惹かれて訪問する外国人は多い[42]という利点がある。また、京都は、1000年にもわたって、日本の都として栄えたため、日本文化のストックは、他に追随を許さない土地柄である。また、「大学の町」と言われ、研究者、留学生が多い土地柄、国際交流も活発であり、常に国際的な感覚が問われているといっても過言ではない。海外在住経験がある人材も豊富である。そういった恵まれた資源を十分活かしている。このような土地柄を十分に活用し、さらに従来の観光資源の枠に収まらない新たな観光ニーズに応えた事業を展開している。

(2) **女性たちの活動に「文化的営みのサイクル」が存在している。**

中川幾郎（2001）は、地方分権時代における自治体文化政策のあり方を考察するにあたり、文化政策のPCSサイクルという地域文化振興のメカニズム（これを、中川モデルと呼ぶことにする）を示しているが、ここでは、観光と地域文化振興の関係を考察するためにそれを援用する[43]。

中川モデルは、人間の文化的な営みは、P（パフォーマンス＝放電：表現・演技・発表）、C（コミュニケーション＝交流：批評・参加・交流）、S（ストック＝充電：観賞・学習・研究・蓄積）という3極の循環サイクルとしてラセン的に繰り返されており、それは、文化的な営みの拡大再生産のサイクルでもあるとしている（図5-2）。なお、この3極は、人が文化的に生きる権利の内容であり、人びとの文化活動、文化的な営みの三つの側面でもある。その3極の循環を活性化することが、地域社会の人的蓄積を達成し、地域の文化的ポテンシャル・エネルギーを高めることになるとしている。すなわち、市民の間でこの文化的営みのサイクルが活性化することをもって市民文化の活性化というべきで、地域・都市の文化の活性化・創造につながっていくのである。

筆者は、本書で取り上げる市民主体の新しい観光、すなわち固有価値論に基づく観光は、このメカニズムが存在していると考える。

すなわち、こういった観光の担い手（＝ホスト）は、来訪者（ゲスト）

に何らかの体験・交流を伴うプログラムを提供する。そのプログラムを創造するためには、当然、ホストには準備・企画の段階で、S：ストック（＝充電：観賞・学習・研究・蓄積）が存在する。それを体験プログラムという形でP：パフォーマンス（＝放電：表現・演技・発表）をし、ゲストとのあいだでC：コミュニケーション（＝交流：批評・参加・交流）をするのである。一般に、体験や交流を伴う観光プログラムは、P：パフォーマンスや、C：コミュニケーションの部分だけが表出しているが、実はS：ストックがなければ、成り立たないのである。つまり、S：ストックなくして、P：パフォーマンスなく、P：パフォーマンスなくして、C：コミュニケーションなく、C：コミュニケーションなくして再びS：ストックはない。

　別の視点から捉えれば、この「人間の文化的営みのサイクル」の中に観光事業が組み込まれ、良好に循環すれば、本書で注目をしている市民主体の新しい観光になり得、それは、地域社会の人的蓄積を達成し、地域の文化振興につなげることが可能なのである。

　さらに、こういった観光事業の担い手にとって、文化的営みのサイクルにうまく乗ることは、P（パフォーマンス）、C（コミュニケーション）、S（ストック）の循環があるために、持続的な活動のモチベーションとなり、生きがいを創出し人間発達の要因となっている。地域外、あるいは海外の人々との交流は、市民レベル、地域レベルでもアイデンティティの醸成と結びつきやすいことは言うまでもない。

　ワックジャパンの活動において、文化紹介＝P（パフォーマンス）、観光客との交流＝C（コミュニケーション）、日本文化と英語の学習、実技の習得＝S（ストック）が存在している。実際には、Aの部分にあたるS（ストック）は、観光事業では表出しない、いわば準備の部分であるが、Bの部分にあたるプログラムの場面と共に一体化している。プログラムに表出しないAの部分の成果がBのプログラムの質を決定するといっても過言ではない。このように、この文化事業には、文化的営みのサイクルが存在しており、活動する女性たちの文化活動、文化的営みを支えている。さらに、筆者がこのワックジャパンの活動から考察するには、その３極の間

に常に人間の成功体験、失敗体験などの体験や、交流から生まれる「感動」が触媒となり、そのサイクルを活性化している。一方で、その過程において、文化も人間も発展・発達を見せるのであり、それらの体験が、一個人から多くの人々に伝わり、社会全体への波及効果が見られる。そのような、立体的、多層的な展開が人間の文化的発展を醸成する。

このように、市民に始まる地域や都市の文化的な営みの中に観光事業が組み込まれていれば、観光は交流という大きなエネルギーをもたらすという点で、市民文化、地域・都市文化の活性化に大きく貢献する可能性がある。また、市民文化、地域・都市文化に活力がある地域は、当然のことながら、魅力的である。そのような魅力的な地域に魅かれて来訪者は訪れ、市民との交流を深めることで都市の文化は活性化され、そういった地域に魅かれて、また来訪者が訪れる。観光が市民の文化的な営みに組み込まれた時、観光は地域・都市の文化的営みを拡大再生産する可能性を持っている。

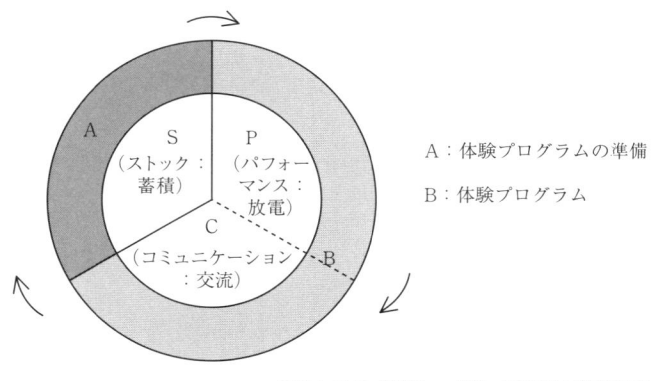

図5-2　市民の文化的営みのサイクルが成立する観光のモデル

A：体験プログラムの準備
B：体験プログラム

S（ストック：蓄積）
P（パフォーマンス：放電）
C（コミュニケーション：交流）

出所：中川（2001, p.31）を参照に筆者作成

(3) 交流により女性がエンパワーメントされている。

安福恵美子（2003）は、観光による女性のエンパワーメントとしてバリ島、ヨーロッパのアグリ・ツーリズムやファーム・ツーリズム、フィリピンのボロカイ島などの事例を上げ、観光による女性のエンパワーメントは

経済的自立ばかりでなく、観光客との交流により影響を受けるインターラクション（相互作用）について注目した。そこでは地域女性のアイデンティティの構築や、文化の異なるさまざまな人びととの日々の接触によって、女性たちの世界が広がりをみせていることを分析している[44]。また、工藤雅世（2003）は、グリーンツーリズムがホスト側地域に居住する女性に与える影響に関し、特に女性の意識・行動に影響を与える要素となるのは、居住地以外の人々との交流、小規模な単位の労働、経済力の向上を挙げている[45]。

　本事例は、担い手像やバックグラウンドが安福の事例とは異なるが、観光による女性のエンパワーメントは経済的側面ばかりでなく、精神的側面にも注目できることを示している。文化の異なる様々な人びととの日々の接触によって、女性たちがアイデンティティを構築し、女性たちの世界が広がりを見せていることから、観光における担い手にとってのインターラクション（相互作用）は、普遍的であると言える。

（4）暮らしの中の生活文化を観光資源とし、担い手が一般市民（＝女性）である。

　金井萬造（2008）は、観光客は観光地のライフスタイルの体験を求めていることが明らかであり、それゆえ、従来の観光業者だけによる対応から、地域住民が主人公となり、観光地の関係者が協力することが大切な時代になりつつあると分析している。したがって、着地型観光に取り組むにあたって、日常生活の観光資源に着目し、付加価値をつけていくことが求められていると、提言している[46]。金井は、主に国内観光を念頭において、分析していると見受けられるが、インバウンド・ツーリズムにおいても、全く同様のことが言えるのは、第4章の調査でも明らかになっている。

　また、女性は特に、生活文化については得意分野であり、その担い手としては、最適である。外国人旅行者にとっても、この文化体験を通じて、一般の人々と交流できる機会となるメリットもあり、本事例の一番の魅力にもなっている。

（5）フラットで小さな組織であったことが女性の能力を引き出しやすかった。

　鶴見和子（1989）は、内発的発展の単位としての地域について「『小さいことが』大切なのは、住民自身が、その生活と発展との形を自ら決定す

ることを可能にするためである。単位が小さいことが、自治の条件だからである」[47]と述べ、責任や影響力を感じて実現していく極めて小さな単位の場の提供の必要性や参加型の民主主義の実現を説いている。小さい組織だから、活動の新規加入者にも出番が早くまわってきて、能力拡大・成長のチャンスも多く、自らやらざるを得ない状況に追い込まれるのである。

　また、男女共同参画の時代とはいえ、男性と同じ場で活動していたら、中高年女性はどうしても遠慮して、後ろに回ってしまう。しかし、女性だけであるならそんな遠慮もないであろう。また、意見も言いやすく一人ひとりの個性も目立ちやすくなる。そういったところが、女性の能力を引き出すことに功を奏したといえる。

(6) **女性の就業、インバウンド振興、観光スタイルの変化という時代のニーズにうまく応えた**活動である。

　女性の就業支援及び再チャレンジ支援、インバウンド振興は国家レベルの重要課題として注目度が高い。そういった社会的なニーズを満たしている活動である。また「体験型観光」、「着地型観光」、「文化観光」などの観光スタイルの変化にも応えた観光事業を企画している。以上の要素が追い風になっていることは言うまでもない。

(7) **「場」がうまく機能している。**

　単体であった主婦が仲間と出会い、人間発達や生きがいを得ることが出来たのは、ワックジャパンという「場」[48]がうまく機能しているからである。遠山亮子・野中郁次郎（2000）のいう知識創造の「場」は、知識創造プロセスにエネルギーを与え、生み出される知識の質を決定すると考えている。本事例では、知識創造ばかりではなく、交流、知識形成、文化のストック、成果発表、感動、交流、共感、人間同士のつながり、文化的営みのサイクルの場であり、その場を通じて、各人がエンパワーメント[49]されている。市民一人の力、単体ではあり得ない活動を機能的な場の形成により、大きな力に変え活動を支えている。

5. まとめ

本事例の意義としては、以下をあげた。

（1）地域の文化振興の担い手としての意義
（2）女性のエンパワーメントと生きがい創出の意義
（3）観光と地域社会・地域住民を関連づけたという意義
（4）担い手のアンデンティティの確立と市民によるソフト・パワーの醸成に果たす意義
（5）将来世代への教育的意義
（6）地域ビジネス活性化の担い手としての意義

本事例の成立要件として、以下をあげた。
（1）京都という固有価値を活かしている。
（2）女性たちの活動に文化的営みのサイクルが存在している。
（3）交流が女性たちのエンパワーメントの要因となっている。
（4）暮らしの中の生活文化を観光資源とし、担い手が一般市民（＝女性）である。
（5）フラットで小さな組織であったことが女性の能力を引き出しやすかった。
（6）女性の就業、インバウンド振興、観光スタイルの変化という時代のニーズにうまく応えた活動である。
（7）「場」がうまく機能している。

　この章のまとめとして、第2章で導き出した固有価値論からみた観光の意義を本章の事例から抽出された意義と比較検証する。

　第2章では、固有価値論からみた観光の意義を以下のように捉えた。
①固有価値を媒体としたホストとゲストの交流から、文化交流が生まれ、地域の文化振興に寄与する。（地域文化振興）
②固有価値を媒体としたホストとゲストの交流が、共感や感動を基礎に個性的で、「かけがえのない」財やサービスを作り出し、ホスト・ゲスト双方の人間発達や生きがいを創出する。（人間発達と生きがいの創出）
③観光と地域との関わりに注目し、地域の環境の総合的な管理や設計の問題を提起する。（総合的なまちづくり）
④地域の固有価値をベースに、地域アイデンティティの醸成とソフト・パワーの発揮をもたらす。（地域アンデンティティの醸成とソフト・パワー

の発揮）
⑤地域の将来世代にわたる教育効果をもたらす。（教育効果）
⑥地域の小規模ビジネスの活性化と定着化をもたらす。（小規模ビジネスの活性化）

　これらは、本章の事例の意義、で示したことと一致している。すなわち、第２章で固有価値論から導き出した観光の意義を、事例を通じて実証した。

　単体であった主婦が、仕事を通じて仲間と出会い、活動の「場」を持つことが可能になった。外国人観光客との交流で触発され、生きがいとなり、自分自身を表現できるようになった。文化的営みのサイクルの中で文化活動を継続することで潜在能力[50]の開発は、個人ばかりでなく、仲間たちにも波及している。地域活動、家事、育児や介護などのおよそ経済活動とは程遠い日常の経験や文化が、実は経済活動（＝仕事）の経験や、ハイカルチャーと呼ばれる芸術・文化と同じく価値あるものであり、それをうまくつなげていくことで非常に大きな力を生んでいる。

　行き詰った経済・社会の閉塞感を活性化し再生していくためには、経済社会では周辺部にあった人々の人的資源、日常の文化資源を見出すことが一つの突破口になるのではないだろうか。多様化した価値観の中には、従来重きをおかれなかった文化にも価値があると位置づけられることもある。すなわち、オルタナティブな人的資源、文化資源に価値をおくことで新たな展開を見せる可能性がある。

　本事例は、経済的目標を追求しながらも、文化交流を通じて個人の生きがいとなり、なおかつ社会貢献できる新しいビジネス形態として注目したい。新しい経済的価値観の模索と、自己実現の欲求の交差したところに、この観光ビジネス、文化事業は創造された。

注
1　Boorstin, Daniel J., *The Image : A Guide to Pseudo-Events in America*（Vintage），Reissue 1992, pp.91-92, first published 1962.（翻訳は、星野郁美・後藤和彦約『幻影の時代　マスコミが製造する事実』東京創元社、1964年、103ページ）
2　*Ibid.*, pp.281-282.（翻訳は同上、300ページ）
3　http://www.wakjapan.com/jp/index.html　2008/10/2 確認
4　「2008年度泉都観光ルネサンス市民大学第２回講演会」（別府市の聴潮閣において、2008（平成

20）年7月12日（土）に実施）。同講演会は、APU（立命館アジア太平洋大学）が、2007（平成19）年7月に採択された文部科学省の「現代的教育ニーズ取組支援プログラム（現代GP）"地域活性化への貢献（地元型）"」の一環として、市民を対象に開催している。

5　http://www.wakjapan.com/TheJapanTimesFriday_April_25_2008.pdf　2008/10/23 確認
6　Lonely Planetシリーズは、2004（平成16）年現在、英語による旅行ガイドブックのシェアは25％と、世界一でありその規模と内容の詳細さからバックパッカーのバイブルとも称される。
7　「アジア旅行の1番人気は京都：米旅行口コミサイトの08年投票」『京都新聞』2008年5月12日。人気投票を行ったサイト「tripadviser」は、月間570万人が閲覧する米国最大手の旅行口コミサイトである。旅行者が観光地やホテルなどの評価を書き込み、その情報で旅行先を選ぶ米国人も多いという。
8　インセンティブツアー（招待旅行）は、自社社員へのモチベーションアップや取引先、顧客への販売促進の手法として実施されており、企業の営業成績を上げるために効果的であると注目されている。特に近年では、海外に進出している日本の有力会社が日本へのインセンティブツアーを実施することにより、日本固有の自然や歴史、日本という国を体感させ、日本における本社機能や見本市等への視察、そして日本市場における自社の強みをプロモーションする機会として活用されている。そのため、インセンティブツアーは、実施されるその企業イメージをかけて、十分な検討と最適な旅行内容の実現が必要となる。
　　JTBウェブサイトhttp://www.jtb.co.jp/shop/itdw/info/corp/incentive/　2008/10/2 確認
9　中小企業地域資源活用促進法は、地域資源を活用して新商品の開発等に取り組む中小企業に対し、税制・金融面をはじめとする総合的な支援措置を行い、地域経済の活性化を図ることを目的として、2007（平成19）年6月29日に施行された法律である。
　　中小企業基盤整備機構ウェブサイト
　　http://www.smrj.go.jp/chiikishigen/horitsu_gaiyo/index.html　2009/4/16 確認
10　『活かそう!!地域資源―先進の商品企画・開発・市場開拓の事例をレポート―』（独立行政法人中小企業基盤整備機構のパンフレット）によると、地域資源を活用した中小企業による、創意工夫にあふれる新しい商品・新しいサービスの開発・販売等を総合的に支援し、それによって地域経済を活性化、地域を元気にするためのプログラムであり、5年間で1,000件の新事業を創出することが目標とされている。
11　中小企業地域資源活用促進法では、地域資源を地域産業資源としている。定義は（1）地域の特産物として相当程度認識されている農林水産物または鉱工業品（2）特産物となる鉱工業品の生産にかかわる技術（3）地域の観光資源として相当程度認識されているもの―の3点が明記された。中小企業基盤整備機構ウェブサイトを筆者要約。
　　http://www.smrj.go.jp/chiikishigen/horitsu_gaiyo/index.html　2009/4/16 確認
　　この中に観光資源が加えられたことは画期的なことであると、観光カリスマでもある独立行政法人中小企業基盤整備機構（以下、中小機構と略する）の地域活性化支援事務局プロジェクトマネージャーが筆者に述べた。
12　事業名は、「アテンドサービスを付加した『京町家ホームビジットプログラム』の開発と提供」、事業概要は、「京都市への外国人観光客は、アメリカ、ヨーロッパから6割近くを占め、日本の伝統文化や伝統工芸工房などでの体験を求める旅行者が多くなっている。本事業では、ホンモノの日本文化に触れつつ家庭的な雰囲気も味わいたいとの顧客ニーズに応えるため、京都の歴史文化や伝統産業などにも精通した地域の住民の力を活用するアテンドサービスを併用した京町家ホームビジットプログラムの本格的な事業化を目指す」、地域資源として京町家（観光資源）をあげている。
13　創業1781（天明元）年の造り酒屋「キンシ正宗」の創業の地に保存されている邸宅が、1995（平成7）年に「堀野記念館」として、一般に開放されている。江戸・明治時代に使用された酒造りの道具や資料類が展示されており、当時の様子を伝える貴重な文化的遺産となっている。

なお、酒造拠点は、1880（明治13）年に京都市伏見区に移転した。
14　インストラクターが、茶道、着物、折紙等の複数の科目を担当できるようにすること。
15　JTB旅行マーケティング戦略部『第5回JTB交流文化賞受賞作品紹介』2010年、1ページ。
16　岡本伸之「観光振興とイノベーション」（『都市問題研究』第59巻・第9号・通巻681号、都市問題研究会、2007年、13ページ）において「ホスピタリティという捉えどころのない用語が多用されているが、ここでは「客に対する思いやり」とし…。（以下略）日本のホスピタリティは国際競争力を内包している。精神的な側面では、茶道にある『一期一会』の精神に尽きるといえよう」としている。
17　藤井は、日本文化を海外に紹介するための講座「英語による日本文化紹介—茶の湯を中心に—」でも、未出版であるが同様のテキストを作っている。
18　筆者が、藤井の授業を受講している日本人学生、生徒にインタビューした結果には以下のようなものがある。
・「日本文化」を学べる授業があるので、この大学に入学した。
・先生は、日本文化について何でも知っていて、憧れの存在である。
・この授業を受講するようになって、町でみかける生け花や和服姿の人が気になるようになった。
・この授業を受けて、浴衣が一人で着られることができるようになり良かった。この機会がなければ、一生浴衣は着なかったかもしれない。
・日本文化について、日本人でありながら、今まで興味がなかったことを恥じているが、この授業をきっかけにして、強い関心を持つようになったことは良かった。
・将来、機会があれば、自信を持って、自分なりの言葉で、海外で日本文化を紹介したい。
・以前は、日本の文化より海外の文化の方が優れていると思っていた。この授業で学んでから、日本の文化の素晴らしさについて知り、日本人であることに誇りを持つようになった。
　　また、藤井の授業の受講生である留学生にも、インタビューを試み、「日本文化は奥深い、興味深い」などの感想を得た。日本語の授業の一環として日本語で説明されたため、日本語の習熟度及び理解度と日本文化への関心度は比例するというのが筆者の実感である。特に興味のある者は、自ら情報を得て、学外での体験も積極的に行っている。
19　『読売新聞』2008年7月21日。
20　アマルティア・センのいう「潜在能力」は、「貧困から脱して人生の選択の幅を広げるもので、体を動かすこと、移動すること、栄養を摂ること、衣料を活用すること、コミュニティの活動に参加することなどを意味する」（池上惇「人間発達と固有価値の経済学」同・二宮厚美編『人間発達と公共性の経済学』桜井書店、2005年、31ページ）。「潜在能力の発揮」とは、「公共政策や、社会との合意と参加によって潜在能力を活かす機会をつくりだし、個々人の自由な人生をサポートすることを意味する」（同上、31ページ）。
21　国際観光振興会（現JNTO）前京都案内所長岡田豊一氏（現立命館アジア太平洋大学教授）
22　前述のように、2009（平成21）年12月、中京区内にある老舗の酒造メーカーが所有する京町家に事務所を移すと同時に、そこで日本文化体験ができるように改装し、日本文化体験館をオープンした。調査時には、まだその予定がなく、マンションの1室に事務所を設けていた。
23　後藤和子編『文化政策学—法・経済・マネジメント』有斐閣、2001年、222ページ。
24　中川幾郎『分権時代の自治体文化政策～ハコモノづくりから総合政策評価に向けて』勁草書房、2001年、18～19ページ。
25　本事例に対する客観的な評価として、前述の中小機構のプロジェクトマネージャーへのインタビューから以下のコメントを得た。
　「ワックジャパンの意義は、女性の人材を活用しているところであり、特に人材育成に力を入れている点において評価が高い。女性は、特にホスピタリティの心を持っているので観光業に非常に向いているのであるが、従来女性は観光では裏方に回ることが多かった。しかし、ワッ

クジャパンは、女性を前面に出してビジネスにしたことに意義がある。今回『町家』が地域資源として認定されたが、同時に人材も資源として成り立っているビジネスである。観光では、ゲストとホストのコミュニケーションが大事であるから、そういった人材は非常に重要であると考える。」

26　小暮宣雄『アーツマネジメントみち―社会に未知、まちにダンス』（晃洋書房、2003年、67～68ページ）は、「アーツ（いろんな芸術）を本当に必要としている各種社会の人たちに、未来の大人たちに、自分たちだけの世界から『出て』（『アウト』）、様々な工夫をして教養として押しつけるのではなく、彼らの手へと水平に『届け』（『リーチ』し）なければならない。…その一方でアーツセンター（芸術に出会うこのような場所をそこの事業や働くスタッフを含めて『アーツセンター』と呼ぶ）自体をより広く公開し権威的な障壁をはずして入りやすくすることも広義の『アウトリーチ』に含めることもできるだろう」としている。筆者は、本事例が、日本の文化の言語の障壁をはずすことによって、入りやすくするという広義の「アウトリーチ」として捉えている。

27　岡本は、「体験型観光は、適切な指導者が存在しなければ成立しないことに注意する必要がある。自然観光を学習するエコツアーやトレッキングにインタープリターやガイドが不可欠であるように、体験型プログラムにはインストラクターが欠かせない。街歩きにもガイドが付くと付かないとでは観光体験の内実が大きく異なる。その場合何らかの手段による外国語対応が可能であるかどうかによって、国際競争力が規定される」と、述べている（岡本伸之「観光振興とイノベーション」『都市問題研究』第59巻・第9号・通巻681号（都市問題研究会）2007年、12ページ）。

28　河島伸子「京都市の文化政策における一つの課題―鑑賞者開発という視点―」『都市研究・京都』20号、京都市総合企画局政策推進室政策企画課、2007年、71～82ページ。

29　子育て等でいったん就業を中断した女性の再就業等を支援する「女性の再チャレンジ支援策」について検討を行うため2005（平成17）年7月25日に男女共同参画推進本部が設置した会議。男女共同参画推進本部に副本部長及び関係本部員をもって構成する。
http://www.gender.go.jp/saisien/siryo/2-3.pdf　2008/10/2確認。

30　筆者が、2008（平成20）年10月8日メールにより取材した。

31　池上惇『経済学―理論・歴史・政策』青木書店、1991年、159～166ページ。

32　松村明・山口明穂・和田利政編『国語辞典』第九版、旺文社、1998年、277ページ。

33　後藤和子編『文化政策学―法・経済・マネジメント』有斐閣、2001年、219ページ。

34　同上、220ページ。

35　同上、222ページ。

36　川勝平太『文化力―日本の底力』ウェッジ、2006年、96ページ。
　　川勝によると、「日本の21世紀の目標は『文化力』をもつことである（略）、日本人がおのおののライフスタイルに誇りをもち、それが国のたたずまいに反映して、魅力を高め、外国人から憧れられるようになるとき、日本は文化力をもつ」という。

37　Nye, Joseph S. Jr., *Soft Power : The Means To Success In World politics*, Public Affairs, New York ; New edition版, 2005, p.x.（山岡洋一訳『ソフト・パワー：21世紀国際政治を制する見えざる力』日本経済新聞社、2004年）。Nyeは、同著において、「ソフト・パワーは国の文化、政治理想、政策の魅力によって生まれ、強制や報酬ではなく、魅力によって望む結果を得る能力であるとしたうえで、日本はアジア各国のなかで、ソフト・パワーの源泉になりうるものをとくに大量に持っている」と述べている。

38　池上惇・端信行・福原義春・堀田力編『文化政策入門　文化の風が社会を変える』丸善、2001年、13ページ。

39　社会的企業については、本書第2章参照のこと。

40　「ボランティアを考える」　京都新聞論壇投稿記事、2007年5月8日掲載。

41 山上徹『京都観光学』法律文化社、2000年、12ページ。
42 2008（平成20）年の京都市宿泊外国人客は、93.7万人である。
なお、2006（平成18）年から2007（平成19）年の都道府県別では、東京57.4％、大阪23.7％、京都20.3％、神奈川18.8％、千葉16.7％の順になっている。JNTO訪日外客実態調査2006-2007 http://www.jnto.go.jp/jpn/downloads/070928houmonchi.pdf#search='訪日外国人 都道府県別' 2009/12/06 確認。
43 中川幾郎『分権時代の自治体文化政策～ハコモノづくりから総合政策評価に向けて』勁草書房、2001年、26～36ページ。
44 安福恵美子「観光とジェンダーをめぐる諸問題」石森秀三・同編『観光とジェンダー』国立民族学博物館調査報告、2003年、7～21ページ。
45 工藤雅世「グリーンツーリズムが女性に与える影響」同上、35～52ページ。
46 金井萬造「着地型観光と地域資源の活用」尾家・同編著『これでわかる！着地型観光 地域が主役のツーリズム』学芸出版社、2008年、16～18ページ。
47 鶴見和子・川田侃編『内発的発展論』東京大学出版会、1989年、51ページ。
48 遠山（2000）らは、「知識創造と『場』の理論」とは、「知識創造のプロセスにおいて共有され再定義される動的な文脈（＝相互作用の行為）を『場』と呼び、遠山・野中は、『場』は知識創造プロセスにエネルギーを与え、生み出される知識の質を決定すると考えている。知識というものは、それが独立して存在し得るものではなく、つねに人々によって共有される文脈（＝相互作用の行為）としての『場』に埋め込まれた形でしか存在しえない。したがって、効果的な知識創造を行なうためには、その知識の存在基盤となる場を創っていくことが重要である」と述べている。本事例では、「場」は、「知識創造」のためばかりでなく、「女性のエンパワーメント」の場であり、「文化交流」の場である（遠山亮子・野中郁次郎「『よい場』と革新的リーダーシップ：組織的知識創造についての試論 」『一橋ビジネスレビュー 2000 Sum.-Aut.』東洋経済新報社、2000年、198～199ページ）。
49 女性のエンパワーメントとは「女性が力（パワー）をつけることである。あるグループのパワーが増大することは、競争的な別のグループのパワーを弱めるようなゼロ・サム型の、人を従属させる性質の力ではない、ひとりが力をつけることで別の人の力となり、それが他の人に影響を与え、グループの力を高めていく、そのような力のあり方が想定される」とされている（横浜市女性協会編『女性問題キーワード111』ドメス出版、1997年、198～199ページ）。
50 アマルティア・センが提起した「潜在能力」という概念は、人間が幸福の実現を目指す合意を形成しながら、それに積極的に参加することによって、一人ひとりの人生の可能性に対する選択の幅を広げることを意味し、美を担う芸術文化の社会的環境づくりや、それに参加する人間の発達や教育と密接に関わった概念である（池上惇「文化政策における人間発達の視点と固有価値論の現代的課題―発達保障コーディネーターの概念、その市民性と専門性―」端信行・中谷武雄編『文化によるまちづくりと文化経済』晃洋書房、2006年、63ページ）。

第 6 章

市民による交流をテーマとした観光事業の創造

―― 京都市におけるインバウンド・ツーリズムの現場から ――
〜春光院・シーコケットを事例として〜

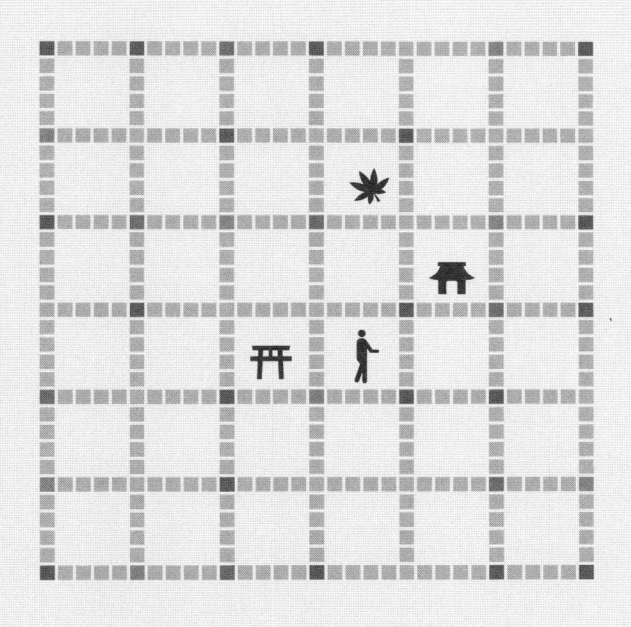

1. はじめに

　京都市において、インバウンド・ツーリズム振興は重要な政策課題である。2010（平成22）年3月には、「未来・京都観光振興計画2010[+5]」が策定され、「観光スタイルの質」と「観光都市としての質」を高めることが重視されている。インバウンド・ツーリズムにおいては、世界における「KYOTO」ブランドの確立を目指して施策が講じられている。こういった状況に対応して、インバウンド・ツーリズムを対象にした事業の事例は、今後ますます求められる。

　本章では、地域資源を活用したり、つなげたりすることによって、新しい観光事業を創造し、地域文化の推進役となっている2事例を紹介する。一つは、外国人観光客に英語での座禅会や寄宿舎を運営し、仏教を通じて日本文化を発信している臨済宗妙心寺派・本山塔頭・春光院で、京都のインバウンド・ツーリズムの人気スポット[1]となっている。もう一つは、外国人向けのフリーペーパー（無料観光情報紙）を発行し、外国人が求める情報を提供しながら、外国人と京都、あるいは地域内の様々な主体もつないでいく活動をしている国際交流サロン・シーコケット（C. Coquet communication service）である。この2つの事例を、市民主体の新しい観光事業の事例として分析し、第2章で導き出した固有価値論から見たオルタナティブ・ツーリズムの意義と比較検証し、その理論を実証することを目的とする。

2. 禅寺における古くて新しい観光への可能性
―臨済宗妙心寺派・本山塔頭・春光院―

2-1　観光と寺院

　古今東西、人々は、宗教施設や宗教行事を観光の対象としていた。宗教施設は、純粋な宗教の場であると同時に、観光の対象という側面を持っていた。しかし、マス・ツーリズム時代を経て、宗教施設は、物見遊山的に見物するだけの観光施設になりつつあるのが日本の現状である。

　一方、個人旅行、体験旅行へと旅行スタイルが変化する中、人々の宿泊

施設の選択肢も多様になってきている。ホテルや旅館、民宿だけではなく、静かな仏教ブームを背景に宿坊[2]は新たに注目されている。国宝級の建築物に触れ、美しい日本庭園を前にくつろぎ、伝統の精進料理を味わい、写経や座禅体験をし、住職や同宿の旅人と語らうことがその魅力であるという[3]。宗教施設での宿泊は、比較的安価な宿泊料金の上に、宗教文化に浸ることができ、癒しを求める現代を生きる人びとにとって、魅力的な選択肢である。宿坊に代表される宗教施設での宿泊は、古くから存在していたが、今、新しいスタイルとして見直されているのである。また、欧米では、後述のようにメディテーション（瞑想）[4]という実践を中心に仏教思想が一定の人気を得ているという。

インバウンド・ツーリズムでは、宿坊を含めた高野山一帯が人気スポットとなっている。また韓国では、寺院に泊まりながら、伝統的な仏教文化を体験することができるテンプルステイが、2002（平成14）年サッカー日韓ワールドカップ共催以来、内外から人気が高く、参加者数は初年度の年間2,500人から、約7万人余に増大し、日本からも、多くの参加者が訪れているという[5]。

一方で、寺院はアジアや日本の文化的蓄積の拠点であり、古くから中心的な観光の対象であった。しかし、マス・ツーリズム全盛時代の名残から、いまだに物見遊山に見物するだけの観光施設になりがちである。本事例では、寺院が、来訪者と僧侶の禅を通じた交流を魅力的な価値として新しい観光の形を提示していることを示したい。

2-2　禅、日本の仏教・寺院、欧米の仏教

本章で扱う事例をあげる前に、禅と日本文化の関係、日本の仏教の現状、欧米の仏教の現状について以下にまとめる。

(1) 禅と日本文化

禅を世界に広めた鈴木大拙（1940）は、その著『禅と日本文化』で、禅は、8世紀に中国で発達した仏教の一形態であり、その教義は大乗仏教の一般教義と変わりはないとしている。しかし、禅の目的は、仏教が発展するにしたがって当初の教えの周囲に堆積した様々な見解を取り去り、仏陀

自身の根本精神を教えることであり、禅は仏陀の精神を直接見ようとするものであると説明している。禅の鍛練法の特徴として「それは真理がどんなものであろうと、身をもって体験することであり、知的作用や体系的な学説に訴えぬということである」と指摘し、「禅のモットーは『言葉に頼るな』（不立文字）というのである」と述べている[6]。

さらに鈴木は、禅以外の仏教各派が日本文化におよぼした影響の範囲は、ほとんど日本人の生活の宗教方面に限られたようだが、ひとり禅はこの範囲を逸脱したとし、禅は国民の文化生活のあらゆる層のなかへ深くおよんでいると強調している[7]。その著書においても、「禅と美術」、「禅と武士」、「禅と剣道」、「禅と儒教」、「禅と茶道」、「禅と俳句」という章立てをして詳細に記述し、いかに禅が日本の一般文化にも影響を与えたかということを説いている。鈴木にとって禅を知ることは、日本文化を知ることであるといっても過言ではない。

しかし、現実には、一般日本人が、禅寺を訪問したり、座禅を実践したりすることは、ほとんどない。こういった禅への無関心は、日本の他の仏教の宗派への無関心とも似たような状況である。このような、日本における禅宗を含めた仏教・寺院の状況や、今後のあり方について、次に諸説をあげる。

(2) 日本の仏教・寺院の現状

文化人類学者の上田紀行（2004）は、「葬式仏教」と呼ばれるようになった日本の仏教の現状に危機感を抱きながらも、元気がない日本社会にとって、仏教には大きな使命があるとしている。それは、上田自身が仏教再生のために始めた「仏教ルネッサンス塾」で出会った、さまざまな宗教家の活動を通じて、「希望のある仕事として住職を見る。希望が生まれる場所として寺を見る」[8]という発想の転換があったからだという。

『お寺の経済学』の著書である中島隆信（2010）は、日本特有の檀家制度の歴史を紐解きながら、江戸時代の檀家制度が行政ルールとして機能する一方で仏教が教化よりも儀式行事に特化していった経緯を説明している。この檀家制度は、仏教寺院と日本人の信仰のありように強い影響力をもってきたが、近年急速に進みつつある少子高齢化や核家族化といった世の中

の変化から、「檀家制度に乗っかっただけの寺院経営は今後は立ち行かなくなるだろう」[9]としている。さらに中島は、寺院が生き残るために、3つの道をあげた。それは、①葬祭全般のサービス業に特化する道、②現世利益という信仰サービスを提供する道、③宗派としての布教活動に注力する道である。特に③については、ストレスを抱える現代人のニーズとマッチし、新しい自分探しの機会を提供する場として、今後も寺院が存続していく可能性は十分あるとしている[10]。

寺院の社会貢献活動を実践・研究している山口洋典（2008）は、「現代社会において、お寺は自分自身の変化（自己変容）と、社会の変化（文明の変容）を接続させるほど、ひとびとの魂を揺さぶる媒介役として機能しているかどうか」[11]と、問いかけ、「多くの人々が寺院を観賞の対象としてとらえるのではなく、自らの世界を拡げつつ社会の変化も導く活動拠点たりうるものだととらえていただきたい」[12]と、提言している。

現代日本の仏教・寺院が危機に瀕しているが、その将来像に期待もしているという点で三者は一致している。上田は、仏教・寺院が社会的な使命を果たすことが出来ると期待し、中島は、それを現代人の新たな自分探しの場として期待し、山口は、社会と人々との変容をもたらす媒介役としての機能に期待している。すなわち、仏教は、今後人々の精神生活の拠り所としての使命を果たし、さらには、その基盤を活かして積極的に社会の中で事業を興していくというものである。上田（2007）によると、古来から仏教寺院は、多様な活動のセンターとして存在し、そこには「癒し」「学び」「楽しみ」といった機能があったという[13]。それならば、彼らの期待は、仏教・寺院の新しいモデル像でもあるが、実は、仏教・寺院の本来備えているはずの機能に、原点回帰することでもある。

筆者は、本事例を通して仏教・寺院が日本人ばかりでなく海外の人々の精神生活の拠り所になり得、さらには日本文化の生きた紹介者としての役割を果たし得ることに注目したい。その一例として、従来型ではない観光の場面でも、その原点に回帰した寺院の機能を発揮して新しい展開を見せ得る可能性をここでは示唆しておきたい。

以上、日本の仏教・寺院の現状を押さえた上で、本章でも関わりのある

欧米における仏教の現状にも次に触れておく。

(3) 欧米における仏教

ケネス・タナカ（2010）は、アメリカ合衆国をはじめとする欧米諸国において仏教人口は着実に伸びており、特に1960年代頃から、急速な伸びを示しているという[14]。久保田滋子（2007）も、1950年代に鈴木大拙の著書により、禅がヨーロッパに紹介され、70年代、80年代のメディテーション・ブームにつながったと分析している[15]。

また、戦前のヨーロッパの仏教が、経典の解釈等哲学、思想の摂取を中心としてきたのに対し、戦後はライフスタイルに溶け込むような、実践を中心とした形に変わり、仏教は「宗教」という核の外側に広い裾野を持つことになったという[16]。佐藤研（2007）は、ドイツ語圏においては、「禅」といっても、禅文献が広く読まれているというような知的次元の禅受容ではなく、実際に自ら坐る「坐禅」の修行がはなはだ広範囲に行われていると指摘している[17]。また、タナカ（2010）は、アメリカ人が仏教に惹かれる最大の理由はメディテーションであり、一般のアメリカ人は、メディテーションに対して健全な印象を抱いており、多くの人々は興味を示すと述べている[18]。

さらに、仏教がヨーロッパで広く受け入れられた理由として、久保田（2007）は、「僧たちが、いわゆる仏教を原理主義的な方向へ向かわせたのではなく、むしろヨーロッパの価値観に積極的に合わせていこうとする側面をもっていたからでもあった」[19]とし、佐藤（2007）は、「坐禅が体験知であること、特定の宗教イデオロギーに特化しない超『宗教』性にあること、さらには、禅の持つ西欧的思想にはない東洋的な発想に魅力を感じているからではないか」としている[20]

また、アメリカの仏教は、以下のような特徴を持っている。それは、①平等化（在家者中心、女性の地位向上、同性愛者に寛容）②メディテーション中心（仏教が伸びた原因）③参加仏教（エンゲイジド・ブディズム：家庭や社会で仏教を実践すること）④超宗派性⑤個人化宗教という点である（タナカ、2010）[21]。

このように、日本をはじめアジア諸国から欧米にわたった仏教は、1960

年代以降急速に、広がり、仏教に何らかの影響を受けたとする人々が増えている。しかし、一般レベルでは、仏教という純粋な宗教性というよりは、メディテーションというプラクティカルな体験に健全なイメージを持ち、興味を持つ人が多いという印象を筆者は受ける。さらには、現地での独特な解釈で受け入れられ、変容しつつ、日本を含むアジアとの仏教とは一定の距離をおいて、独自の期待や思想を備えて、いわば禅がZENとなったわけである。特に興味深い点として超宗教性、超宗派性があり、キリスト教徒にも受け入れられていることがあげられる。

一方で、仏教を基本とする東洋思想が、キリスト教社会である欧米社会において西洋思想に生き詰まった中でのオルタナティブな思想として注目を浴びている点にも注目したい（タナカ、2010）[22]。あるいは、科学や心理学とも親和性があると捉えられ注目を集め、さらには、ダライ・ラマの持つ良いイメージも効果的に働いて、欧米社会では、ますます仏教の影響力が増すであろうとしている（同上）[23]。仏教が、科学と親和性があるかどうかは、疑う余地もある[24]が、要するに、独自の解釈が、伝播された地域の事情に合わせて採用されたと見るべきであろう。日本では、一般に参禅するという習慣は絶えて久しいが、欧米でのZENに対する興味が増加するにつれ、日本にも逆輸入され、日本の宗教文化にも大きな影響を与える可能性もあると述べられているのも興味深い[25]。

日本での仏教・寺院は、日本文化に多大な影響を与えてきたが、現在衰退の危機にあると言う。その一方で、日本の仏教・寺院が社会との接点を求めようと様々な模索を始め、その動向が新たな展開を見せる兆しがあることを示唆している。観光の場面でも、海外でのZENへの注目や、人々の求める旅行形態の変化を受けて、仏教・寺院が従来とは違った観光のあり方を模索する動きが出てくるのも偶然ではない。

2-3　春光院の事例検証
(1) 事例の基本情報

本事例で取り上げる臨済宗妙心寺派・本山塔頭・春光院（以下、春光院と略す）は、禅宗の臨済宗妙心寺派の大本山である妙心寺の塔頭[26]の一つ

である。妙心寺は、もとは花園の離宮（仁和寺花園御所）で、開創は、1337（建武4）年、開山は関山慧玄（かんざんえげん）、開基は花園法皇である。現在、塔頭46ヶ寺、末寺は日本をはじめ世界各国にわたり3,400ヶ寺余り、在籍僧数は約7千人を数える[27]。

　臨済宗は、曹洞宗、黄檗宗とならぶ禅宗の一つである。栄西（1141〜1215）と道元（1200〜1253）によって中国・宋から導入された禅の教えは、日常生活そのものを仏教の実践活動と見なすことで、武士階級および農民の支持を得ることに成功した。特に、禅宗の基本的な修行である禅とは、単に僧院で坐することを意味するのではなく、作務(さむ)といわれる調理、食事、掃除、作業等、日常生活上の平凡な労務を規則正しく丁寧に行う事が修行となり得ると強調する。こうした、日常的で明るいイメージは、武士や農民に魅力的に映り支持を得たという。栄西開祖の臨済宗は、北条政権と結びつき、鎌倉と京都を中心に多くの寺院を建立し、後の足利政権時代には、千利休の茶道や雪舟の水墨画といった禅の思想を背景とする文化が花開く礎になった。また、道元開祖の曹洞宗は、農村を布教活動の中心とした[28]。

　以下に春光院の概要を表6-1に表した。

　春光院は、400年以上の歴史を持つ寺院であるが、京都のインバウンド・ツーリズムの場面では、「英語による座禅会」と「寄宿舎」が非常に注目されている[31]。

写真6-1：妙心寺・春光院（筆者撮影）

　春光院は、仏教寺院でありながら、キリスト教、神道にもゆかりがあることが特色である。国の重要文化財「南蛮寺の鐘」は、1577（天正5）年にポルトガルで鋳造され、京都にあった南蛮寺と呼ばれたイエズス会の教会で使われていたものだと伝えられている。釣

表6-1　春光院概要[29]

名称	臨済宗妙心寺派・本山塔頭・春光院
所在地	京都市右京区花園妙心寺町42
建立	1590（天正18）年、開祖は妙心寺百十三世猷山景嘉(ゆうざんけいか)。 豊臣秀吉の家来で後に松江城主となった堀尾吉晴によって、長子金助の菩提を弔うため建立され、当初俊巖院と称した。その後、堀尾家は、3代目に嗣子なく断絶したが、姻戚関係にある石川家が中興して、春光院と改称された[30]。
文化財	南蛮寺鐘（重要文化財）、狩野永岳の筆による「月と雁図」「琴棋書画図」、狩野永岳の襖絵「琴棋書画図」「月と雁」「花鳥」「太公望」、伝張平山筆の重要文化財「東方朔奪桃図」
事業概要	①英語による座禅会　（2006年夏開始） 　　毎日　9:00～10:30、10:40～12:10 　　体験内容：重要文化財である「南蛮寺の鐘」や狩野永岳による金襖絵、隠れキリシタンゆかりの美術品の英語説明と、坐禅体験、お茶とお菓子
	②外国人向け寄宿舎　（2007年夏開始） 主に外国人を対象にしたもので、キッチンが付いている。
	③国際交流・教育活動　（2005年から関わる） オレゴン大学、京都サマープログラム ワシントン大学セミナー Semester at Sea

（春光院ウェブサイトを参照に筆者作成）

鐘は青銅製で、側面に「1577」の西暦とイエズス会の紋章が刻まれている。この鐘は、当時の日本におけるキリスト教文化・南蛮文化を知るための重要な手がかりとなるものであり、この春光院とキリスト教との関連を示すものでもある。また、太平洋戦争時には、当時の住職が釣鐘を庭に埋めて守ったとのことで、キリスト教側からも非常に感謝されているという。さらに、切支丹灯篭を所蔵しており、本堂・花鳥の間には二つのキリスト教シンボルが隠されている[32]。

　方丈前庭は「伊勢神宮の庭」と称し、禅寺には珍しい神道形式の庭であり、伊勢両宮を庭園の景観とする枯山水である。石川家が伊勢亀山城主で伊勢神宮崇拝者でもあったことに由来する。実際に、伊勢神宮の御師（参拝者と大神宮との仲介役を勤めた職）との師檀関係を結んでいた[33]。

　20世紀には、近代日本哲学の中心人物で、F.A.S協会の創設者でもある久松真一京大教授が春光院に庵を構えていた。そのため、禅を世界に広めた鈴木大拙も春光院を訪ね、久松博士と日本の近代禅文化・哲学について語りあっていた。境内には、大拙が植えたと言われるつつじが現存する[34]。

（2）英語による座禅会開始の経緯

　2010（平成22）年7月29日に当塔頭においての筆者と春光院副住職の川上全龍氏（以下敬称略）に対して行ったインタビューによれば、座禅会開始の経緯は以下のとおりである。

　川上は、幼少時から、妙心寺内に居住する外国人たちとの交流や、高校時代のアメリカ合衆国訪問経験から、アメリカ文化にしっくりとなじむ感覚があり、興味もあった。そのため、日本人の少ないところで、アメリカ社会にどっぷりつかりたいとの思いで高校卒業後、アリゾナ州立大学等で、宗教学、特に宗教紛争学を学んだ。生家が寺院であり、仏教については身近であるがゆえに当たり前すぎて、漠然とした知識しか持っていなかったことに気付き、英語の仏教の本を読み漁った。また、大学では、理論的に宗教全般を学ぶ機会を得たことは、新鮮な感覚で、それが非常によかったと感じている。それまで、自らのことを寺の跡継ぎとあまり意識していたことはなかったが、アメリカで学んだ宗教学と宗教紛争学が寺に戻したのだと思っている。

　1997（平成9）年から2004（平成16）年までアメリカ合衆国に滞在したが、2001（平成13）年9月11日のアメリカ同時多発テロ事件を現地で体験したことが衝撃的で、イスラム教にも興味を持った。またチベット仏教やチベット問題にも自然と接するようになり、関心を持った。それは、後に、チベット騒乱が起こった時に、チベット旗を寺に掲げる抗議行動につながった。

　帰国後、宮城県松島の瑞巌寺の修行場で1年間過ごし、京都に戻った。京都では、妙心寺内の塔頭大心院と協力して、オレゴン大学造園学科・建築学科のサマープログラム等に通訳として、携わった。また、寺院の庭のコンセプトや寺院建築の機能などを学生に講義をした[35]。後に、アメリカからの知人に頼まれて、英語で座禅を紹介したことが好評で、一般のインバウンド観光客に対しても座禅会を始めるようになったのは、2006（平成18）年夏のことである。今では、年間1,500人から2,000人にのぼる外国人観光客を受け入れているが、あくまでも宗教活動の一環としてやっている。

　今日、日本人でも観光で参禅する機会は少ない中、僧侶自らが外国から

訪れる人々に英語で座禅会を提供し、寺院内の案内をするというユニークな事業であり、寺院におけるオルタナティブな観光として注目すべき事例である。

(3) 英語による座禅会と寄宿舎

参加者は、禅センターの比較的多いアメリカ・ドイツ・スイス・オランダ・スイスなどの国からが多い。その中で一番多いのはキリスト教徒もしくは無神論者であるが、仏教を学んでいる人も少なくない。寄宿舎は座禅会参加者や海外の禅センターから長期で禅を学びたいとの要望により2007（平成19）年の夏に始めた。春光院に集まってくる人々が非常にバラエティに富み、宗教家はもちろん心理学者、建築家等多彩で、彼らから非常に影響を受け、また多くのことを知ったという。例えば、世界の禅がその地域独自の発展をしており多様であること、また、仏教とは別の「禅」が存在し、それは、医学の分野、カウンセリング等でも使われているということも知った。また、the Mindfulness Program in San Franciscoなどで、禅をセラピーに使っていることには、賛成している。

写真6-2：川上 全龍氏（川上氏提供）

川上によると、将来的には宿泊施設を拡張し、海外からの観光客にもっと利用してもらう予定であるという。ただし、宿泊に禅体験は必須として、あくまでも宗教活動をする施設としてのコンセプトは守りたいという方針である。日本の寺院も生き残りが厳しく、何らかのビジネス展開をしていかないと継続していくのが困難であることから、京都という利点を活かして、観光にシフトすることは避けられない。しかし、川上は、あくまでも、仏教や禅を学ぶというコンセプトを大事にしたビジネスにしたいと考えている。

アメリカ留学の際に学んだ宗教学や宗教紛争学が彼にとって仏教に惹かれていった理由であり、海外で客観的に仏教を学んだことや、他宗教にも知識を拡げたことが、「英語で座禅会」において威力を発揮している。一

般的には、家業を継承するのに否定的な若者が多い中で、自ら家業に目覚めたといっても過言ではないであろう。留学して得た学問的知識と寺院の文化的遺産を有効にリンクさせ、相乗効果を呼んでいる。川上自身が、現在30歳代前半ということで、今後京都において、宗教者としてだけでなく、様々な分野で活躍の機会があろうと予感させられる。禅僧としての日常の勤めをこなしながらの座禅体験や寄宿舎経営は、宗教活動の一部の事業であることから、一般のビジネスと簡単には比較できない。しかし、この春光院が、京都におけるインバウンド・ツーリズムの新しいビジネスモデルになる可能性を秘めている。

　筆者が、宿泊者数名に取材した結果、「インターネット、エアコンとキッチンが付いていて快適だ。ロケーションは中心街から離れているが、春光院のまわりには主要な名所がいくつもあり、宿泊客は自転車を借りることもできる。非常に人気が高く予約が取りにくい。実際に宿泊してみると、思ったより快適である。夜間、妙心寺の広い境内を通って、宿に戻るのは神秘的な体験だ。また、副住職といろいろ話ができ、コンシェルジェの役割も果たしていて心強い」というコメントを得た。

　以下は、20代後半の女性（アメリカ合衆国アトランタ近郊在住、大学職員）から得た座禅体験についてのコメント要約である。

　「アメリカでは、一般に禅は1960年代のヒッピーと結びつくイメージがあるが、健康志向の人々には、禅のリラックス効果や呼吸法の重要性はよく知られている。副住職の見事な英語の説明で春光院の歴史や座禅について多くの情報が得られ、双方向の対話もあり、他ではない魅力である。座禅を体験してリラックスできたので、今後生活の中でも実践していけたら良いと思っている。京都に訪れる人で禅に興味がある人には、お勧め

写真6-3：座禅会 1（川上氏提供）

である。」

　英語で説明される寺院内のツアーや座禅体験は非常に外国人にとってわかりやすい。川上の知識は豊富で、それを流暢な英語で説明できることがツアーの一番の魅力である。また、川上が宗教学を学んでいたことから、仏教以外の宗教についても知識があり、キリスト教、イスラム教等と比較しながら説明できるので、説得力がある。外国人観光客の尽きない質問にも丁寧に答えており、知的好奇心を満足させていることが、プログラムの大きな魅力となっている。

写真6-4：座禅会 2（川上氏提供）

　座禅についても初心者対象であることに配慮してあり、椅子に座ることも可能である。終始一貫リラックスした雰囲気で体験でき、警策でたたかれることもめったにない。寺院が所有している南蛮寺の鐘や襖絵に描かれた隠れたキリスト教のメッセージ等は貴重な文化財であるが、説明があることでより一層価値深いものとなっている。何より、外国人が日本で禅僧と直接語り合えるということは、非常に珍しく、強烈な印象が残る。

　春光院のある妙心寺一帯は、中心伽藍はもとより、広い敷地内では、宿坊と精進料理、娑羅双樹の花等で有名な東林院、庭園が有名な退蔵院、桂春院など多くの塔頭がある。境内は、目立つほどの多数の観光客もなく、非常に丁寧に整備され、静かで落ち着いた通路を通ると街中でありながらリラックスした気分になれる。一方で、近隣の庶民的な商店街に接し、境内に保育園があることから、一般市民が日常的に気軽に境内を行き来するような生活に密着したエリアであることがわかる。そういった雰囲気は、いわゆる観光寺院とは、全く違った印象を受け、一層外国人にとって魅力的であろう。

仏教やキリスト教という宗教の枠を超えて、癒しを求め、自分探しの旅を求める人々が今後増えれば、従来型のツーリズムに代わる新しい旅を寺院が創出していく可能性を感じる。

2-4 本事例のまとめ

本事例の特徴は、表6-2に表すように、ハード・ソフト・ヒューマンという複合的な観光資源をうまく活かした体験プログラムということである。寺院建築・庭園というハード面の観光資源はもとより、春光院は仏教寺院でありながら、キリスト教、神道の要素も合わせ持っており、独自の魅力がある。

また、春光院が禅寺であることも、大きな魅力である。前述のように、禅・ZENは、欧米諸国では、独自の展開を見せながら、一定の注目を浴びていることが背景にある。

表6-2　春光院の多様な観光資源

モノ（ハード）	寺院建築・庭園 　一般的：・日本の伝統芸能・文化の宝庫 　固有的：・超宗派的（キリスト教、神道）コンセプト 　　　　　（南蛮寺の釣鐘、狩野永岳による金襖絵、 　　　　　　隠れキリシタンゆかりの美術品、切支丹灯籠、神道様式の庭園）
コト（ソフト）	禅・ZEN（英語による座禅会・寄宿舎）
ヒト（ヒューマン）	副住職

一方で、本事例では、禅体験プログラムをリードする副住職の存在が非常に大きい。マス・ツーリズムではない、体験・交流型のプログラムではガイド役のインタープリターの存在は大きい。適切な説明があれば、ハードやソフトの観光資源に情報という付加価値がつく。さらに、いわゆる社寺仏閣を巡るマス・ツーリズム型の観光と本事例の決定的な違いは、副住職と参加者の「固有価値」を通じた交流が存在することである。宗教を核とした文化交流が生まれ、地域の文化振興に寄与しているのである。また、この交流を通じて、ホストとゲストの間で、共感や感動を基礎に個性的で「かけがえのない」サービスを作り出し、双方の人間発達や生きがい創出

を図っている。

インタープリテーションの父と言われるティルデン（1957）は、インタープリテーションを「単に事実や情報を伝えるというよりは、直接体験や教材を活用して、物事や事象の背後にある意味や相互の関係を解き明かすことを目的とする教育的活動である。」と定義し、それを実施する人をインタープリターといっている[36]。歴史的には、アメリカの国立公園での利用者サービスとして始まったが、現在は、地域住民によるボランティアガイドや「語り部」など、自然に限らず、歴史や生活文化、伝統などを扱いその役割は広がりつつある[37]。まさにこのインタープリターは、本事例からわかるように、来訪者との「交流」の担い手としての重要性、あるいは日本文化を発信する役割、地域文化振興の担い手、ひいてはソフト・パワーの源泉にもなり得、今後の観光が展開する中で注目すべき存在である。

本事例は、抜群の好条件を備えた上での宗教活動の一環としての観光・交流事業であり、汎用性に乏しいかもしれない。しかし、本来、日本の仏教寺院は、国宝級か否かに関わらず、日本文化の宝庫である。また、宗教活動の場である。日本中どこにでもあるような寺院を訪れても、だれでもがその空間にたたずむだけで、おごそかな気持ちになる。脈々と受け継がれてきた宗教への畏敬の念が湧きあがってくる。そういった、寺院の持つかけがえのない常在的な価値を再評価し、ただ見世物にするのではなく、僧侶と参拝者の「交流」という古くて新しい価値を宗教活動に付加し、いかに生きた日本文化として伝えられるようにするかが鍵であることを、この事例は示唆している。

3．外国人と京都をつなぐフリーペーパーの挑戦
―国際交流サロン・シーコケット―

3-1　観光と情報

本節では、京都市内で、外国人向けの観光情報を伝えるフリーペーパー（無料観光情報紙）『Journal Kyoto』の発行を始め、観光案内所、語学教室を運営するシーコケットの事例を紹介する。外国人観光客にとって訪問地の市民の視点による観光情報は、非常に魅力的である。それが、フリー

ペーパーであれ、観光案内所であれ、さらに双方向のかけがえのない交流があれば、より一層効果的である。インターネットによるデジタル情報がいつでも手に入る時代において、交流や触れ合いが伴う温かみのある生の情報は、オルタナティブなツーリズムにとってもまた、魅力的である。

3-2　フリーペーパーについて

日本生活情報誌協会（JAFNA）[38]によると、フリーペーパーとは、「特定の読者を狙い、無料で配布するか到達させる定期発行の地域生活情報紙誌で、イベント、タウン、ショップ、求人求職、住宅・不動産、グルメ・飲食店、ショッピング、演劇、エステ・美容、レジャー・旅行、各種教室など多岐にわたる生活情報を記事と広告で伝える」（平成15年6月12日開催第28回理事会で承認）と定義している[39]。

山中茉利（2001）は、フリーペーパーをひとことで言えば、「新聞の形式を取りながら、購読料をとらず広告収入を運営の柱として無料で発行される媒体」[40]でありチラシでも新聞でもない、その両方の利点を生かした第三のメディアとして発展を続け、地域興しのベンチャービジネスとしても注目されているという[41]。地域社会、地域文化と経済を結びつけ、まちづくりを推進するビジネスであれば、文化経済学・文化政策学の視点からも非常に興味深い媒体である。

最近のフリーペーパーは、同協会設立時に想像することもできなかったほど大きな発展を遂げ、「フリーペーパー実態調査2009」によると、2006（平成18）年に発表したフリーペーパー・フリーマガジンの総部数2億9,177万4,880部をしのぐ3億3,766万部と推計、率にして115.7％、勢いに緩急をつけながらもその規模を確実に拡大しているという。この拡大の要因として山中（2001）は、①市場の細分化　②ダイレクト・コミュニケーションの見直し　③企業の意識改革、をあげている[42]。消費者のライフスタイルの多様化に伴い、市場としての細分化されたコミュニティに対応して、フリーペーパーも同様に細分化された市場を持つこと、また、フリーペーパーは、定期的に読者に直接届き、フィードバック機能を持つ双方向的な媒体である。そういったことから、多くの企業が生産者優位から消費者優

位への社会の変化を意識して、市場と消費者のコミュニケーションの活性化のための媒体としてフリーペーパーを位置づけていると考えられる。しかも、情報化社会、デジタル化社会に対応できるという特性もあり、新しい時代の地域生活情報を発信する媒体として期待されている。このように、フリーペーパーの拡大は、市場の成熟化や消費者主導化、社会における企業倫理への関心など、経済市場と消費者の関係の変化に密接に関連していることが、大きな要因である。

　同協会によるフリーペーパーの分類は、①コミュニティペーパー（地域生活情報紙で、約1,000紙あると思われる最大勢力で、新聞販売店、新聞社系、独立系がある）②ターゲット・メディア（読者ターゲットを特定の読者に絞り込んだもの）③ニュースペーパー（地域のニュースを掲載しているほぼ日刊のフリーペーパー）④タウンペーパー・マガジン（商店街単位や、複数街区をカバーするものなど、歴史も古い）⑤広告紙誌（基本的には編集記事がほとんどない、クーポンを含んだ、広告だけの紙誌）⑥広報・PR紙誌・通販などのカタログ・会員紙誌など ⑦新タイプ（従来の伝統的なフリーペーパーの枠を超えたフリーペーパー）、となっている。本事例で関連すると考えられるのは、②ターゲット・メディアであり、特定のターゲット（＝外国人）と特定の情報アイテム（＝観光情報）を絞り込んだ非常にニッチなフリーペーパーであると言える。

　なお、在住外国人対象の外国語の情報紙として「エスニック・メディア」と呼ばれるものがあり、1980年代後半から急増したニューカマーと呼ばれる外国人たちによって、爆発的に増加している。経営状態が厳しいものの活字メディアから電子メディアへと活動を拡げ、インターネットの双方向性をいかして、国際理解や交流を支援している。英語のほか、中国語、韓国語、ポルトガル語などの、地域生活情報が中心であり、一部観光情報等を盛り込んだものもある（森口、1997）[43]。エスニック・メディアは、ターゲット・メディアの一分野であり本事例もそのように捉えてもよいと考える。

3-3　シーコケットの事例検証
(1) 事例の基本情報

　本事例は、京都市内で外国人向けのフリーペーパー（無料観光情報紙）を発行し、JNTO（日本政府観光局）公認の観光案内所や、外国語学教室を運営するシーコケットである。この事務所は、京都御所の南、堺町御門近くの丸太町通りに面したビルの2階にある。近くには、京都地方裁判所があり、きれいに整備された落ち着いた場所に位置している。南に行くと、家具や建築に関する業種を主として、雑貨や飲食など様々な店舗が並ぶ夷川通がある。

　事務所は、元カフェということで、カウンターがあり、コンピューターとソファがいくつか置かれ、明るく、くつろぎやすい雰囲気になっている。

　表6-3に概要をまとめた。

(2) 設立の経緯

　筆者が、シーコケット事務所において竹本千賀子氏（以下、敬称略）へのインタビュー（2010年9月14日実施）や、シーコケットのホームページ、2008年12月21日京都新聞、MyウェイMyライフ「外国人と京都をうまくつないでいきたい　海外体験を生かして紙面に―外国人向け　無料情報冊子の編集長　竹本千賀子さん」の記事等を基に以下設立の経緯を以下に示す。

　シーコケットの竹本は、航空会社で国際線の客室乗務員を勤めた後、2002（平成14）年に学生時代を過ごした京都に戻り、カフェを開いた。しばらくして、コンピューターを設置すると、インターネット目的の外国人が徐々に増えていった。

　通常のカフェ業務にとどまらず、様々な京都の旅の相談、宿探しの手助け、食事処の紹介など、旅行者からのたくさんの要望にサービスの一環として応えるのにかなりの時間を要して、臨時観光案内所的な存在となっていた。さらに、これだけ多数の外国人が京都を訪れている割には、まだまだ外国人にとっての情報は少なく、それを解決していかなければならないと考え始めていた。フリーペーパー『Journal Kyoto』発行も、そんな外国人たちの要望にスムーズに応えられるよう、そして何よりも京都の素晴らしさ、奥深さを紙面で紹介することによって、より多くの外国人が京都

表6-3　シーコケットの概要

名称	シー・コケット（C.Coquet communication service）（個人事業主）
所在地	京都市中京区高倉通丸太町南東角
設立年	2002年
スタッフ	2名
コンセプト	"世界の人たちとコミュニケーションする"という基本コンセプトを軸にした、コミュニケーションサロン。
事業概要	①各国語学教室 　　フランス語、英語、スペイン語 ②京都情報誌"Journal Kyoto"の編集、発行（2007年9月創刊） 　外国人観光客向け・在京外国人向けの英語・無料観光情報紙、 　　A5判、25ページ、無料、隔月、10000部発行。 　　イベント情報、ツアー提案、京都の伝統工芸品の紹介、美術館情報、 　　地図、グリーンツアー情報、その他情報等を提供。設置場所は、京都市内を中心に130か所以上。 　　フランス語版（5000部・年3回発行）、スペイン語臨時号（5000部発行）も発行 ③「ビジット・ジャパン案内所」 　（各地の訪日外国人旅行者対応観光案内所）[44]（JNTO日本政府観光局認可） ④Green Tour Kyoto（ウェブサイト：http://greentour-kyoto.net/） 　　外国人旅行者向けに京都周辺の山歩きと社寺訪問を組み合わせた自然志向のツアーを提案。京都のイベントやアート情報も、紹介。

を楽しみ、さらには京都のリピーター、京都のファンを増やしたいという思いでスタートした。また、彼女自身が、編集したり執筆したりするのが好きであったことも大きかった。また、カフェを観光案内所にし、『Journal Kyoto』や、在住外国人との交流の中で得られた情報を蓄積・発信する場とした。JNTO（日本政府観光局）からの認可を取得することによって、政府からの観光情報を適宜入手でき、社会的信頼を得たことは大きかった。現在は、メイン業務に集中するため、カフェ業務は終了したが、コンピュータも設置された観光案内所として、フリーペーパー発行の編集室として、語学教室の場として、元カフェの雰囲気がくつろげる場として生きている。

さらに、2010（平成22）年夏に、彼女はウェブデザイナーの友人と京都の自然の素晴らしさを世界に発信するために新たにウェブサイトを始めた。京都と言えば、寺社観光が定番であるが、それに京都近郊の山歩きを組み合わせたツアーを提案したのである。そういった、健康志向、自然志向のツアーは外国人に需要があると判断し、ウェブでそのサポートをすること

を思い立ったのである。その一環として、京都の郊外・大原での農業体験も実施している。

業務は、基本的には語学教室が収益事業の中心であるが、フリーペーパーと観光案内所という2つの情報受発信ツールを活かして、「世界の人たちとコミュニケーションする」というコンセプトを軸にした、コミュニケーションサロンであると捉えている。その他、市内の飲食店等に英語のホームページ開設のサポート事業も実施している。将来的には、語学の苦手な日本人をサポートするための会話教室の充実や、さらには子供たちが楽しみながら外国語を習得できる教室、日本人の海外留学のサポート等を充実していきたいと考えている。

(3) フリーペーパーの内容

次に、フリーペーパーの内容を分析する。『Journal Kyoto』は、全面カラー印刷で、A5判とやや小ぶりであるが、手に取ってみると携帯に便利なサイズである。情報量も適当で、読みやすくなっている。広告の占める割合は、全体の25％程度、一般のフリーペーパーに比べるとかなり少ない印象を受けるが、広告の内容はすべて外国人観光客にとって興味深いものである。一例として、29号（2010年4・5号）30号（2010年6・7号）、31号（2010年8・9月号）の内容を、表6-2に表した。例えば、「おすすめツアー」が、毎号季節にあわせて提案され、春であれば山歩きツアー、梅雨時には、デパートの地下街で日本の生きた食文化を観察できるツアー、あるいは、銭湯ツアー、そして夏から秋にかけては、川に関連するツアーといったように、切り口が工夫されている。京都に住む京都ファンでもある編集者の視点で、お勧めのコースを紹介しているというコンセプトが伝わってきて好感が持てる。

写真6-5：C. Coquet 内部（筆者撮影）

表中の内容を見ると、京都のイベント情報、美術館、博物館の企画展情報、京都の伝統工芸品やその店舗の紹介、その他外国人に有益な情報

が網羅されている。地域密着型で、観光情報でありながら生活情報でもあり、旅行者、在住者の両方に有益である。

興味深いのが、「レポーター募集」である。推奨したグリーンツアーを実際に歩いてのレポートと、京都で最近話題の宿泊施設のレポート作成を求めている。これは、

写真6-6：『Journal Kyoto 表紙』（筆者撮影）

双方向のコミュニケーションを目指すものであるという。他にも「Kyotorians」のコーナーでは、京都在住外国人の京都での暮らしぶりとその感想を載せており、外国人の視点で見た京都の一端が伝わり興味深い内容となっている。

「Made in Kyoto」のコーナーでは、老舗和傘店が、その伝統的な技術を生かしてランプやインテリア商品を製造し、工房見学・ミニ和傘づくり体験も実施していることを紹介している。その他の老舗の簡単な店舗情報もあり、日本人でも知りたい情報である。

京都市内で手に入れることのできる同様の外国人対象のフリーペーパー（英語版）としては、『Kyoto Visitor's Guide』[45]があり、20年以上発行し続けている。また、大阪で発行されている『KANSAISCEAN（関西シーン）』[46]なども、「京都総合観光案内所（愛称：京ナビ）」[47]で入手することができる外国人向けフリーペーパーである。両者とも、紙媒体と同じ内容の電子媒体も持っている。それらに対し、本事例は、地域密着性や、フリーペーパーと読者のコミュニケーション性、編集者の思いやこだわりが全面に出ており独自性が強いことが特徴である。

編集には、京都外国語大学や同志社大学の学生がスタッフとして加わり、編集長が若い意見をうまく取りまとめている。

3-4　本事例のまとめ

山中（2001）は、フリーペーパーの機能として、地域密着機能（コミュ

表6-4 『Journal Kyoto』 No.29、No.30、No.31の内容

表紙	29号：2010年 4・5号	30号：2010年 6・7号	31号：2010年 8・9号
p.1 p.2	各月京都市内イベントスケジュール その他：百万遍知恩寺手づくり市、東寺弘法さん、北野天満宮天神さんの案内			
	広告：旅館で京料理と舞妓の夕べ、旅館）、英語で禅体験		
p.3 p.4	おすすめツアー： 蹴上、大文字山、鹿ケ谷、哲学の道コース	おすすめツアー： デパート地下街（食品売り場）巡り・銭湯の勧め 広告：デパート	おすすめツアー： 京都の川に関連した夏のイベントの紹介： 広告：宇治茶
p.5 p.6	Made in Kyoto:京都の伝統工芸品と店舗紹介		
	風呂敷	和の小物	和傘
	JKおすすめのお店		
	風呂敷、地下足袋、和紙、洋書店、ハンディクラフトセンター、包丁、絵はがき、お香と書道具、木版刷り、座布団、和の小物等店舗情報		
	Art & Performance		
	都をどり、京をどり、鴨川町をどりの案内 京都国立博物館、京都国際マンガミュージアム、京都芸術センター、承天閣美術館、京都現代美術館何必館、京都清宗根付館	京都市立美術館、美術館「えき」KYOTO、平安神宮薪能、細見美術館、京都国際マンガミュージアム、承天閣美術館	細見美術館、京都市美術館、東寺、美術館「えき」KYOTO、京都国際マンガミュージアム、京都国立博物館、大江能楽堂
	広告：陶器店、漆器店、京都芸術センター、ギャラリー	広告：陶器店、漆器店、日本文化体験、クラフト体験	広告：陶器店、漆器店、ギャラリー、アトリエ
p.7 〜 p.10	京都市全図、嵯峨嵐山方面地図、京都市中心部地図。 （掲載広告事業者の場所を明示）		
	広告：温泉・スーパー銭湯、クラフト体験、日本文化体験	広告：温泉・スーパー銭湯、レストラン	広告：温泉
p.11 p.12	Kyotorians 京都在住外国人の紹介	The jK Green tour Project 仁和寺・成就山八十八カ所ウォーク案内/ハイキングレポート桂駅から二ノ瀬駅（2日間） jK NEWS 美山ネイチャー号運行情報/在住外国人妊産婦のための通訳サービス/京都クラフトマート開店/丹波茶園ツアー/ライブ情報/無料チケットプレゼント jK サマー企画〜祇園祭を浴衣で	Kyotorians 京都在住外国人の紹介 広告：レストラン2軒
		広告：シーコケット	広告：レストラン2軒

p.13 p.14	各種情報 ATMと両替できる場所／インターネット利用、無線LANサービスのある場所／レンタサイクル／京都御所の一般公開／ホテル、旅館、美術館、レストランと店舗、その他、配布先を紹介		
	書評："BENTO BOXES"	書評："DISCOVERING KYOTO IN TEMPLES AND SHRINES"	広告：シーコケット
裏表紙	葵祭案内とスケジュール 広告：シーコケット	祇園祭 案内とスケジュール	友禅染等のクラフトや茶道体験、禅体験などの紹介記事とその広告

ニティ・メディアとしての機能）、セールス・プロモーション機能（アドメディアとしての機能）、フィードバック機能（双方向メディアとしての機能）、レスポンス機能（アクティブ・メディアとしての機能）、イベント機能（速効・アクション・メディアとしての機能）、アフター・マーケティング機能（サ

写真6-7:『Journal Kyoto』（筆者撮影）

ービス・メディアとしての機能）をあげ、ほとんどのフリーペーパーは、この6つの機能をベースに、ミックスまたはクリエートして独自色を出しているという。

　この山中のフリーペーパーの機能の分析は、ビジネス的な観点での機能を中心にあげており、詳細に分析することは、ここでは避けるが、この事例は上記機能すべてを持っている。しかも、自らの経済的価値を追求しながらも、地域社会への貢献機能や、読者への適切な情報提供機能という側面を持つ意義も大きい。なお山中も特に、地域社会への貢献機能（地域市場の活性化）をあげ、フリーペーパーが広告媒体としての機能だけではなく、タウン誌としての地域社会への貢献機能をもっているからこそ、地域に密着した独自の媒体として発展してきたとしている。その貢献機能の詳細は、以下、「地域の文化遺産の紹介と伝承」「地域の祭り・催事の推進と

伝達」「地域の文化祭やスポーツ行事の開催」「文化的事業の開催」「地域の緑化・美化運動および環境保護の推進」「企業の地域社会活動の伝達・報道」であり[48]、地域の文化振興や環境保護の分野でも貢献できることに言及している。

　これらは、一般にフリーペーパー特有の機能であるが、本事例も同様に、地域の歴史・文化的イベントの案内や、伝統産業の紹介などを通じて地域の文化振興から経済活動にも及ぶ総合的な地域振興に貢献する機能を持っている。

　さらには、フリーペーパーの編集者・竹本の好きなこと、やりたいことをビジネスで実践して自己実現をはかりつつ、京都における外国人への情報不足を解決する課題解決型ビジネスにもなっている。また、京都に健康志向、自然志向の新しい旅の提案は、京都の観光に新しい価値も創造している。本事例は、多くのフリーペーパーとは違い宅配システムをとらない設置型で、特定のターゲット（＝外国人）と特定の情報アイテム（＝観光情報）を絞り込み、非常にニッチな媒体である。フリーペーパーは、パソコンや印刷機器などの急速な発展と普及により誰でも参入することができるベンチャービジネスとして見直されている[49]という背景もあり、まちづくりに貢献するニッチな分野での起業モデルとして捉えられ、地域ビジネスの活性化にも寄与している。

　編集には、地元大学生の力も活用しており、観光・ジャーナリズム・語学など実践的な教育の場にもなっている。さらには、こういった活動を通じて地域アイデンティティを醸成させ、民間レベルの文化力を示し、ソフト・パワーの発揮にもつながっている。

　筆者が、時折「京都総合観光案内所（愛称：京なび）」を訪れると、非常に多くの外国人が訪ねている割には、彼ら向けの情報が少ない。外国語の情報は、あったとしても、老舗や、大手業者、行政関連団体のパンフレットが中心である。これからの観光は、本事例のような市民の手による比較的小規模の新しい創造的な企業が中心になって進められて行く可能性があるのは、後述の宗田好史（2009）の著書にも詳しい。そういった企業が増えることが地域活性化につながり、京都市が魅力的な観光都市になってい

くのである。行政がこういったエネルギーあふれる小さな事業体を支援し、それらが活躍できるように、支援していくことが、今後必要ではないかと考える。

4．まとめ

ここでは第2章で述べた固有価値論から導き出された、市民主体の新しい観光の意義を再掲する。

①固有価値を媒体としたホストとゲストの交流から、文化交流が生まれ、地域の文化振興に寄与する（地域文化振興）。
②固有価値を媒体としたホストとゲストの交流が、共感や感動を基礎に個性的で、「かけがえのない」財やサービスを作り出し、ホスト・ゲスト双方の人間発達や生きがいを創出する（人間発達と生きがいの創出）。
③観光と地域との関わりに注目し、地域の環境の総合的な管理や設計の問題を提起する（総合的なまちづくり）。
④地域の固有価値をベースに、地域アイデンティティの醸成とソフト・パワーの発揮をもたらす（地域アンデンティティの醸成とソフト・パワーの発揮）。
⑤地域の将来世代にわたる教育効果をもたらす（教育効果）。
⑥地域の小規模ビジネスの活性化と定着化をもたらす（小規模ビジネスの活性化）。

2事例とも、地域の文化振興に貢献していることは明らかである。また海外からの来訪者との交流により刺激を受け、情報や知識を取得、さらなる発展をしている。また、地域へのこだわりを大切にし、地域振興に貢献している事業である。さらには、こういった事業が存在すること自体が京都の魅力であり、海外にむけてソフト・パワーで魅了している。教育への貢献も明らかである。創造的な起業であり、地域ビジネスの活性化にも寄与している。

以上から、本事例においては、第2章であげた、固有価値論と固有価値の外部性から導き出された観光の意義を確認できた。

さらに、筆者はこの2事例について以下の点について注目している。ど

ちらも若い事業者が立ち上げた新しい事業であるため、小規模である。しかし、その内容は、ユニークで、海外からの来訪者との交流がテーマとなっており、地域への貢献度も高い。市民主体の新しい観光事業は、第5章の事例も含めて、こういった共通性がある。

宗田（2009）は、マス・ツーリズムのオルタナティブな観光産業は、小さくとも個性的な商品とサービスを開発し、市場の隙間を付いて事業を始めた彼ら（多くが若者や女性であるという）の登場が、業種構成を変え、観光産業を高度化することであろうと述べている。また、地元定着化する若者が、継ぐべき家業が順調ではない状況で、彼らは旧世代と違い、観光客を積極的に受入れ交流することで新しいビジネスを考えている。このように新時代の市場を的確にとらえ、機敏に反応し、彼らとともに新しい観光のモデルを提案する創造都市づくりが必要だと説いている[50]。本事例が、まさにそれに応えており、創造都市づくりの重要な要素をしめていると言えるのではないだろうか。

岩崎邦彦（2004）は、21世紀は、消費者ニーズの多様化、市場の成熟化、高齢化、地域回帰の欲求、地産地消の動きなど経済の大きなトレンドがあり、それが、小規模小売業のスモールスケールであるがゆえの優位性を高める要因となるとしている[51]。これは、観光のトレンドにおいても全く同様で、第1章のプーンによるニューツーリズムの推進要因で表した通り消費者ニーズの多様化、市場の成熟化、高齢化がある。地域回帰の欲求、地産地消の動きについては、グローバル化が著しい観光については、相反しているようだが、グローバル化が進展するからこそ、訪れる地域の固有性が問われている。地域回帰の欲求は、グローバル化と表裏一体なのである。そういったことから、新しい観光においても、地域の小規模ビジネスの優位性が成立する可能性は高い。

岩崎（2004）は、さらに小規模小売業に惹かれる人々を、以下3つのタイプに分類している。それは、①「こだわり、個性、専門性」を重視する「本格志向」、②「店員のアドバイス、店員とのコミュニケーション」を重視する「人的コミュニケーション志向」、③「気にいった店は長く利用したい」、「ここと決めた店がある」割合が顕著に高い「関係性志向」、である[52]。

当然、こういった消費者の志向を配慮して対策を講じるべきであるが、この中でも「人的コミュニケーション志向」を重視することが重要であるとしている[53]。また、「消費者との直接の接点をもつスモールビジネスは、『コミュニケーション・ビジネス』であるという認識が不可欠であるとしている」[54]としている。これは、本章の2つの事例においても、非常に通じるポイントである。また、第5章の事例でも、観光客と文化体験プログラムのインストラクターとの交流は、魅力的な要素となっていると分析した。すなわち、観光客と直接の接点をもち、交流やコミュニケーションが重要な要素となる新しい観光事業は、創造的な小規模ビジネスによって、推進される可能性が高いことを、本章の2つの事例が示している。これは、本書の第2章で、地域密着型の小規模な文化事業、あるいはそれに類似している市民を主体とする新しい観光事業の有望な担い手として、SE（社会的企業）が有望であるとしたことも実証している。

　ただし、第2章では、そういった小規模な文化事業や、観光事業が「価値創造型」であるため、社会的な課題を解決することを目的としたSE（社会的企業）の一つとして捉えられるべきなのか否かという課題を残していた。シーコケットの事例は、外国人にとって京都の観光情報の不足を解決するという点で「課題解決型」であるが、春光院や第5章のワックジャパンの事例は、「価値創造型」といった要素が強いのである。これは、今後の研究の課題としなければならない点である。今後、SE（社会的企業）の展開の中で、「価値創造型」の事業をどのように位置づけるか興味深い点である。

注
1　世界最大の旅行クチコミサイトTripadvisorにおいて、Specialty lodging in Kyoto人気ランキングで常時ベスト10入りをしている。
2　宿坊とは、僧侶用の僧坊、また参詣者用の宿泊所である。とくに中世において庶民が社寺に参詣する時に、各社寺に付属する宿を利用するようになった。鎌倉時代から室町時代にかけて、仏教をはじめ、宗教の全国的な普及で、伊勢参詣・高野参詣・出羽三山参詣などに代表される社寺参詣が行われ、これらの全国からの参拝者のための宿泊施設をいう（山上徹「宿坊」同・堀野正人編著『ホスピタリティ・観光事典』白桃書房、2001年、49～50ページ）。
3　宿坊研究会編『最新版　全国宿坊ガイド』ブックマン社、2010年、4ページ。
4　Meditationとは瞑想一般を意味するので、座禅はmeditationに含まれるが、正確にはZen meditationと訳さなければならないであろうと、後述の川上副住職の説明を受けた。

5 韓の国三十三観音聖地　公式サイト：http://www.korea33kannon.com/　2010/09/16 確認。
6 鈴木大拙、北川桃雄訳『禅と日本文化』岩波書店、1940年、1～7ページ。
7 同上、12ページ。
8 上田紀行『がんばれ仏教！　お寺ルネッサンスの時代』日本放送出版協会、2004年、50ページ。
9 中島隆信『お寺の経済学』筑摩書房、2010年、261ページ。
10 同上、254ページ。
11 山口洋典「文化創造拠点としての宗教空間：コミュニティとNPO、そして場としての寺院」井口貢編著『入門　文化政策　地域の文化を創るということ』ミネルヴァ書房、2008年、225ページ。
12 同上、226ページ。
13 上田紀行「お寺と慈悲ある社会の再生を考える」『観光文化』vol.184、日本交通公社、2007年、3ページ。
14 ケネス・タナカ『アメリカ仏教　仏教も変わる、アメリカも変わる』武蔵野大学出版会、2010年、13～14ページ。
15 久保田滋子「ヨーロッパにおける仏教の諸相：チベット仏教への関心を事例として」一橋大学機関リポジトリ、2007年、5～6ページ。http://hermes-ir.lib.hit-u.ac.jp/rs/bitstream/10086/16021/1/070cnerDP_024.pdf　2010/09/16 確認。
16 同上、6ページ。
17 佐藤研『禅キリスト教の誕生』岩波書店、2007年、6～7ページ。
18 タナカ、2010年、156～157ページ。
19 久保田、2007年、3ページ。
20 佐藤、2007年、10～16ページ。
21 タナカ、2010年、143ページ。
22 同上、205～258ページ。
23 同上、205～258ページ。
24 鈴木大拙は、「禅は科学、または科学的の名によって行われる一切の事物とは反対である。禅は体験的であり、科学は非体験的である」（鈴木、1940年、7ページ）と述べている。
25 佐藤、前掲書、26ページ。
26 「塔頭」とは、個別の寺院のことを言う。塔頭というのは元来は高僧の墓のことで、その近くに小庵を建てて弟子たちがそこを守っていた。年月を経るとともに増加したそれらの小庵が明治以降に寺として独立したため、妙心寺などの大寺院には多数の寺院が存在する状況になり現在に至っている。妙心寺ウェブサイトより。
http://www.myoshinji.or.jp/faq/faq_02.html　2010/08/17 確認。
27 妙心寺ウェブサイト：http://www.myoshinji.or.jp/faq/faq_02.html　2010/08/17 確認。
28 中島、2010年、29～30ページ。
29 春光院ウェブサイト：http://www.shunkoin.com/　2010/09/16 確認。
30 荻須純道編著『妙心寺　寺社シリーズ（2）』東洋文化社、1977年、207～209ページ。
31 The　Japan Times　2008年4月25日
"It's hands-on in Kyoto : Sick of just looking at temples? Here's a different approach"
http://search.japantimes.co.jp/cgi-bin/fv20080425a1.html　2010/09/06 確認。
日本文化の簡素な美は禅に関連するものであるから、日本文化を理解するのに禅は最適である。そのためには、坐禅を体験することが最も良い方法であると紹介されている。
32 杉野榮『京のキリシタン史跡を巡る―もう一つの京都　風は都から』三学出版、2007年、93～98ページ。
33 春光院ウェブサイト：http://www.shunkoin.com/　2010/09/05 確認。
34 同上。

35 京都新聞2010年７月23日「京都駅前、緑や水辺をふんだんに米大生が将来構想案を発表」京都新聞ウェブサイト：http://www.kyoto-np.co.jp/education/article/20100723000176　2010/09/08確認。

36 Tilden, Freeman（Author）, Craig, R. Bruce（Introduction）, Russell E. Dickenson,（Foreword）, *Interpreting our Heritage*, Chapel Hill Books, [Paperback], University of North Carolina Press, ; 4th edition, March 18, 2008, p.33, first published 1957.
なお、日本語訳は、以下を参照した。レニエ、キャスリーン／グロス、マイケル／ジーマン、ロン／日本環境教育フォーラム監訳『インタープリテーション入門　自然解説技術ハンドブック』小学館、1994年、20ページ。

37 野口洋平「インタープリター」香川編『観光学大事典』木楽舎、2007年、109ページ。

38 日本生活情報紙協会（JAFNA）は、サンケイリビング新聞社が中心となり、1998（平成10）年４月１日に設立された。「信頼性の高い役に立つ生活情報を提供し、もって豊かな国民生活に資するとともに、生活情報紙誌の信頼性と社会的存在価値を高め、あわせて業界および構成会員の健全な発展と成長の促進を図ることを主目的」としている。日本生活情報紙協会ウェブサイト：http://www.jafna.or.jp/freepaper/freepaper_1.html　2010/09/15 確認。

39 同上ウェブサイト。

40 山中茉莉『新・生活情報誌──フリーペーパーのすべて』電通、2001年、12ページ。

41 同上、29ページ。

42 同上、24ページ。

43 森口秀志『エスニックメディアガイド』1997年、ジャパンマシニスト社。

44 日本政府観光局（JNTO）は、訪日外国人旅行者（外国人観光客）のひとり歩きのサポートとして各地の観光案内所のうちの全国 250 ヵ所以上を「ビジット・ジャパン案内所」として指定し、そこで必要な情報が入手できるようにしている。さらに、日本政府観光局（JNTO）のツーリスト・インフォメーション・センター（TIC）と連携し、各案内所への案内用に基本共有情報（全国情報）ファイルの配布や、案内所の職員などに対する「ビジット・ジャパン案内所」研修会の開催など、様々な支援を行っている。JNTOウェブサイト：http://www.jnto.go.jp/info/html/i-system/i-system.kanto.html　2010/9/26 確認。

45 月刊英文観光情報誌。1987（昭和62）年から20年間発行。京都の観光情報、歴史、伝統文化のみならず、移りゆく京都、新しい京都の魅力をタイムリーに届ける。京都・大阪・東京など国内350ヶ所、海外90ヶ所で配布。発行部数は15,000部（レギュラー配布分）、発行回数は年11回（12月、１月は合併号）、体裁はB4タブロイド版、28頁（カラー８頁・２色20頁）、購読料は無料である。発行元：アドブレーン株式会社、〒604-8315京都市中京区新シ町御池下ル大文字町233番5（御池黒門角）　http://www.kyotoguide.com/　2010/09/17 確認。

46 無料月刊英語マガジン（毎月１日発行）。2000（平成12）年５月創刊、関西を中心とする記事や文化、音楽、アウトドア、旅行などの情報を満載した総合情報誌。雑誌サイズ：180×250㎜（B5判）64ページ、25,000部発行、配布場所約400か所、ウェブでも発信している。
所在地：大阪府 大阪市浪速区 桜川１丁目4-29
http://www.kansaiscene.com/current/html/home.shtml　2010/09/17 確認。

47 2010（平成22）年３月、京都市と京都府が共同で設置する『京都総合観光案内所（愛称「京なび」）』が京都駅ビル内にオープンした。京都市を含む府内全域の観光案内や宿泊の紹介、催しチケットの販売など、様々な観光情報の提供をワンストップで行っている。英語、中国語、韓国、朝鮮語での案内もある。（社）京都市観光協会ホームページ
http://www.kyokanko.or.jp/kyonavi_open.html　2010/09/17 確認。

48 山中茉莉、2001年、130〜168ページ。

49 同上、27〜28ページ。

50 宗田好史、『創造都市のための観光振興──小さなビジネスを育てるまちづくり』学芸出版社、

2009年、178～179ページ。
51　岩崎邦彦『スモールビジネス・マーケティング　小規模を強みに変えるマーケティング・プログラム』2004年、2～4ページ。
　　岩崎邦彦「中小小売業のマーケティング戦略の実証的構築」影山喜一編『地域マネジメントと起業家精神』雄松出版社、2008年、104ページ。
52　岩崎邦彦、2004年、34ページ。
53　同、2008年、117ページ。
54　同、2004年、89ページ。

終章

市民主体の新しい観光から未来に向けて

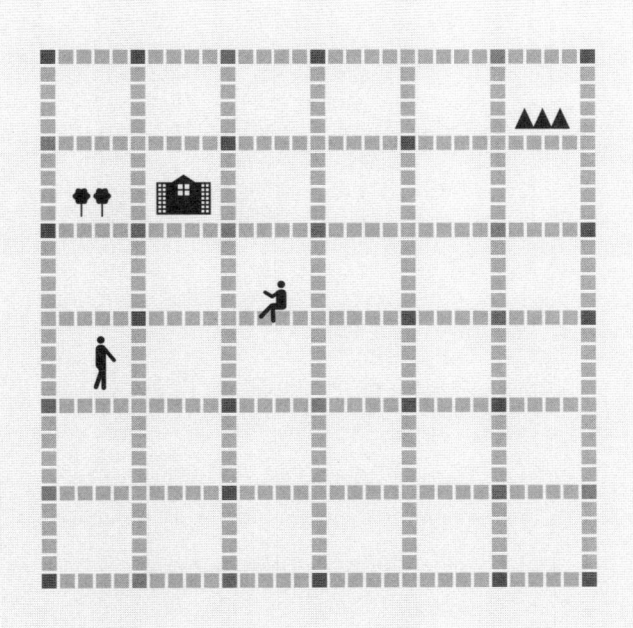

本書では、文化政策とまちづくりの視点から観光にアプローチすることによって、近年、地域再生の切り札として注目されている、オルタナティブ・ツーリズムの一つでもある市民主体の新しい観光の発展プロセスとその諸相を明らかにした。また、この市民主体の新しい観光を、ラスキンの固有価値論をもとに理論的に考察するとともにその諸層を、京都市のインバウンド・ツーリズムの事例により明らかにした。以下にそのまとめをすることで完結したい。

1．市民主体の新しい観光とは

　市民主体の新しい観光の発展プロセスは、以下の通りである。第一段階として、1980年代の初頭までに「市民参加」という手法で観光とまちづくりが融合したが、その後、バブル景気を背景としたリゾート開発などの影響でその動きは一旦止まった。第二段階として、1990年代以降、地域の「固有価値」をテーマに文化政策との融合が進んで、2000（平成12）年前後に三者が融合し、「市民主体の新しい観光」が生まれた。

　「市民主体の新しい観光」とは、文化や固有価値の視点から再評価した地域固有の資源を仲立ちとする来訪者と地域住民が知的交流を図る行為を地域社会が主体となって地域経済に結び付け地域活性化を図る持続可能な活動の総体である。

　一方、固有価値論に基づいて、新しい観光を位置づけると、「地域の固有価値を媒体として消費者（ゲスト）と生産者（ホスト）が交流し、共感や感動を基礎に個性的で『かけがえのない』財やサービスを作り出すことであり、市場外部における地域や環境の総合的な管理や設計の問題も提起すべきものである」とすることができ、この概念にあたるのが市民主体の新しい観光である。

　市民主体の新しい観光事業の特徴は「大量観光客誘致・大量消費型ではなく、地域の固有価値をベースに、持続可能で、地域アイデンティティを醸成するソフト・ヒューマンウェア重視型、多品種少量生産・高付加価値・個性的消費型の財やサービスを生産する観光事業」とした。

　次に、スロスビーによる文化産業の同心円モデルを応用し、地域資源活

用モデルを提示して、市民主体の新しい観光が地域と関わるメカニズムを示した。それは、中心部に固有価値としての地域資源を、その周辺部に固有価値を観光資源としてプロデュースする地域密着型の事業体を、外郭部には従来型の観光産業を位置づけた。この固有価値を観光資源としてプロデュースする地域密着型の事業体の存在により、市民主体の新しい観光が成立するとした。新しい観光事業は、文化事業と類似性があり、その担い手として、SE（社会的企業）が有力であるとした。

固有価値論からみた観光の意義としては、以下をあげた。

①固有価値を媒体としたホストとゲストの交流から、文化交流が生まれ、地域の文化振興に寄与する（地域文化振興）。

②固有価値を媒体としたホストとゲストの交流が、共感や感動を基礎に個性的で、「かけがえのない」財やサービスを作り出し、ホスト・ゲスト双方の人間発達や生きがいを創出する（人間発達と生きがいの創出）。

③観光と地域との関わりに注目し、地域の環境の総合的な管理や設計の問題を提起する（総合的なまちづくりに寄与）。

④地域の固有価値をベースに、地域アイデンティティの醸成とソフト・パワーの発揮をもたらす（地域アンデンティティの醸成とソフト・パワーの発揮）。

⑤地域の将来世代にわたる教育効果をもたらす（教育効果）。

⑥地域の小規模ビジネスの活性化と定着化をもたらす（小規模ビジネスの活性化）。

2．今なぜ新しい観光なのか

全世界の海外旅行者数は、1950（昭和25）年には2,500万人であったのが、1997（平成9）年には6億人を超えた。21世紀に入ると、同時多発テロ（2001年）、重症急性呼吸器症候群（SARS）（2003年）、世界的な金融恐慌（2008年）、新型インフルエンザ（2009年）など、大きなマイナス要因となる事態が発生したが、世界的に見れば、観光客数は増加している。2008（平成20）年には9億2,200万人と過去最高となり、2020（平成32）年には15億6,100万人になると、世界観光機関（UNWTO）は予測している。現

在は、世界的な大交流の時代に入っている。

　こういったことから、世界的に観光は21世紀のリーディング産業と認識され、我が国でも観光が政策として本格的にとりあげられるようになった。2003（平成15）年には、小泉総理大臣（当時）自ら施政方針演説において「観光立国宣言」をし、2007（平成19）年には、観光立国推進基本法が施行され、2008（平成20）年には、国全体として観光立国の実現に取り組む体制として国土交通省に観光庁が設置された。

　なお、本書に関連しているインバウンド・ツーリズムについて、政府は、訪日外国人旅行者の増加は、国際相互理解の増進のほか、我が国における旅行消費の拡大、関連産業の振興や雇用の拡大による地域の活性化といった大きな経済効果をもたらすものと位置付け、その振興を重要な課題としている。しかしながら、2008（平成20）年の、訪日外国人旅行者（インバウンド）は約835.1万人〈出典：日本政府観光局（JNTO）「訪日外客数」〉であり、海外を訪れた日本人旅行者（アウトバウンド）の約1,599万人〈出典：法務省入国管理局「日本人出国数」〉と比較して極端に少ない。

　一方、本書で取り上げる事例のフィールドでもある京都市は、明治の開国以降、観光は常に重要政策であった。21世紀に入ると、地域活性化の切り札としてますます期待され、一連の観光振興政策の結果、入洛観光客数も目標の5,000万人を超えた。2010（平成22）年3月に策定された「未来・京都観光振興計画2010^{+5}」では、観光に質の重視も盛り込んだ、新たな挑戦で、京都市としての観光に対する意気込みが感じられる。

　このような観光振興政策の背景には、少子高齢化が進み人口減少社会に突入した我が国では、定住人口による人口増が期待できないという現状がある。そのため、交流人口の拡大で地域を活性化し、経済活性化の切り札となり得る観光が注目されているのである。一方で成長社会が終わり、成熟社会に入ると、人々は物質的欲求から、精神的欲求を求めるようになる。これは、観光スタイルにも反映され、少人数で、様々な目的を持ち、個性ある内容をもとめる旅行スタイルへの変化へと通じている。これは、大量消費・大量生産型のマス・ツーリズムの行き詰まりの原因の一つともなっ

ている。

　世界的な大交流の時代にあり、地域活性化への切り札としての我が国の国内状況、あるいは旅行市場の成熟化といった要素が重なった今、従来型のマス・ツーリズムだけでは、対応できなくなってきている。

　すなわち、少子高齢化社会においては、観光による「地域再生」事業によって、交流人口の拡大による地域活性化を図ることが現実的な解決策なのである。そのためには、外来型の観光、従来型のマス・ツーリズムを推進する観光産業に頼る経済振興が目的の観光振興だけは、効果的ではない。市民が主役になり、地域の固有価値を持続可能な形で来訪者に提供し、市民と来訪者がともに感動や幸せを共有できるような交流を伴う「新しい観光の創造」が必要なのである。観光事業の多様化により、地域の経済振興だけでなく、地域全体のバランスがとれる観光振興策が求められている。

3．新しい観光の主体

　では、そういった新しい観光の担い手として、どういった主体が想定されるのであろうか。市民主体の新しい観光事業の特徴は、「大量観光客誘致・大量消費型ではなく、地域の固有価値をベースに、持続可能で、地域アイデンティティを醸成するソフト・ヒューマンウェア重視型、多品種少量生産・高付加価値・個性的消費型の財やサービスを生産する観光事業」である。それを実現できるのは、地域密着型で小規模な、SE（社会的企業）が有望である。かかる小規模な市民主体の事業体のメリットは、成熟した消費者でもある観光客との距離が近く、交流が図りやすいことである。

　さらに京都市での調査・分析によってインバウンド・ツーリズムにおいても、市民によって担われている「生活文化」と市民・観光客の「相互交流」が観光資源になることも導き出された。これも、市民主体の事業体にとっては、得意分野である。21世紀の観光は、来訪者と地域住民との交流やコミュニケーションを重視した創造的な小規模な事業体によって、推進される可能性があることを、本書の事例から導き出した。

　さらには、こういう小規模な事業体によって推進される新しい観光は、前項でも述べた固有価値論から導き出された観光の意義を達成していること

とも検証できた。

4．残された課題

　本書では、京都市内のインバウンド・ツーリズムの3事例をあげた。今後は、地方においても同様な事例を検証し、新たな観光の展開を追跡する必要があろう。オルタナティブ・ツーリズムは、マス・ツーリズムのもたらす弊害を超えようと模索されているが、世界的に見ても理論的研究の歴史は浅い。今後は、世界的な研究の動向も見守りながら、日本での研究も深めていかなければならないであろう。

　さらに、本書の2章では、日本のオルタナティブ・ツーリズムである市民主体の新しい観光の担い手として、SE（社会的企業）が有望であるとした。しかし、SE（社会的企業）とは、社会的課題の解決に様々なスタイルで取り組む、「課題解決型」の事業体と、言われている。

　しかし、本書の関心である地域文化事業を初め市民主体の新しい観光事業の担い手は、社会的課題を解決する「課題解決型」事業というよりは、地域資源に新たな価値を見出し、付加することによって、新しい価値を創造し、事業に結びつけていく「価値創造型」事業という側面が強い。本書でも、紹介した「観光まちづくり」「着地型観光」「常在観光」「地域ツーリズム」「ニューツーリズム」と呼ばれる同様の観光事業も、地域固有の資源を地域住民の手によって掘り起こし、観光資源化するというプロセスを持つ。また、そのプロセスにおいて、ホスト（地域住民）が自己実現を図る。それらはすべて「価値創造型」事業と言ってよいであろう。

　もし、文化事業や市民主体の新しい観光事業は、「価値創造型」事業であるなら、SE（社会的企業）やコミュニティ・ビジネスの一つとして位置づけてもよいのか否か、あるいは、SE（社会的企業）の概念に、新たに「価値創造型」事業を付加すべきなのか、今後の課題として残される。筆者が研究の理論の拠り所としている文化経済学・文化政策学の分野では、文化事業が研究対象であり、こういった課題が研究されていくことは十分意義があり、観光の分野でも同様である。

5. 終わりに

　「観光立国懇談会報告書―住んでよし、訪れてよしの国づくり―」（2003年4月）では、観光立国の推進に当たって、観光の語源と言われる中国の古典『易経』の一節、「観国之光」を引用し、「観光の原点」に立ち返ること、つまり「観光」概念の革新が必要になるとしている。「観国之光」の解釈には諸説あるが、本書では、「観国之光」を「固有価値」を仲立ちとしたゲスト（来訪者）とホスト（市民）との知的交流であるという立場から論考を進めてきた。

　一方で、国をあげての観光振興による地域活性化が叫ばれる中、今だ社会は、旧態依然とした、享楽的で非生産的で、物見遊山という観光のイメージを引きずっているようだ。このイメージの多くは、マス・ツーリズムやその弊害に起因する。同様に、文化振興派からは、観光は地域文化・社会を破壊するという負のイメージで好意的には見られない。一方で、経済振興派からは、観光と言えば、いかにたくさん観光客を集め消費させるかに議論が集中する。しかし、こういったイメージや、議論の中には、その地域に住む人々の存在や、主体的な地域社会が見えてこない。あるいは、目的が経済振興に偏った観光の姿がある。観光によって地域経済が活性化されることは、大きな目標であり、それを否定する気はないが、それだけが、観光の姿ではないはずである。ここに「観光」概念の革新が必要になるのである。

　『固有価値』を仲立ちとしたゲスト（来訪者）とホスト（市民）との知的交流を図るには、地域の誇りである文化を来訪者に示す市民が存在しなければならない。自らのまちを主体的に学び、そこにアイデンティティを見出す市民がいて、生き生きとした地域社会が見えてこなければならない。その存在抜きにしては、観光の真の姿が見えてこないのである。本書では、地域に住む人々や地域社会が主体となった新しい観光を分析し、観光の新たな概念を導き出すことを試みた。その手立ては、文化政策学・文化経済学の研究の成果である。これを契機に、文化政策学・文化経済学の分野でもこのような新しい観光の研究が、ますます発展していくことを期待して

いる。

　人々の価値観やライフスタイルが変化し、観光形態も多様になってきた現在、観光の新たな形態に注目し、観光のあり方やその意義を積極的に捉え直すことの意味は大きい。本書で取り上げたように、観光は地域に次世代にわたる文化振興をもたらし、地域の持続可能な発展の鍵を握り、地域アイデンティティの醸成とソフト・パワーを発揮する機会となり得る。固有価値を仲立ちにしたホストとゲストの交流が、共感や感動を基礎に個性的で「かけがえのない」財やサービスを作り出し、人々の「文化的営みのサイクル」により双方の人間発達や生きがいを創出する。さらに、こういった活動を創造的なビジネスとして起業すれば、多様な主体との関わりの中で地域に経済的波及効果をもたらし、地域経済の活性化にも寄与し得る。かかる観光の新たな意義の認知度を高め、観光に新たな価値づけを付与することにより、観光はますます豊かになるのである。

　21世紀の観光は、持続可能性という大きな枠組みの中、地域活性化とグローバリゼーションという課題に対応していくことが大きな鍵を握っている。その中で、地域が主体となって、地域の固有価値を核に交流する観光形態が望まれることは、本書で再三述べてきたとおりである。かかる観光の先には、さらには「観光立国」の先には、観光を通じて我が国の固有の文化を一層豊かにし、次世代に継承していくことが最終的な目標となるであろう。「観光立国」の先に見えてくるのは、豊かな「文化立国」なのである。

　固有価値論で言えば、観光を通じて、伝統や習慣の中で、過去の文化的な蓄積を継承し、生産者と消費者の対話の中で、共感や感動を基礎に個性的で「かけがえのない」財やサービスが作り出せるような社会を目指すことである。あるいは、多様で豊かな日本文化という固有価値を、日本国民という享受者により有効価値に変えていくことが必要である。すなわち、国民自身が日本文化の価値を知り、次世代に継承しながら発展させ、一方では多様なバックグラウンドの人々との交流を通じて新たな日本文化を創造し、文化的、精神的に豊かな社会をつくるべきである。それこそが「観光」の真意である。

引用文献一覧

赤塚忠訳『中国古典文学大系』平凡社、1972年。
足羽洋保『新・観光学概論』ミネルヴァ書房、1994年。
井口和起・上田純一・野田浩資・宗田好史編『京都観光学のススメ』人文書院、2005年。
井口貢『観光文化の振興と地域社会』ミネルヴァ書房、2002年。
井口貢『まちづくり・観光と地域文化の創造』学文社、2005年。
井口貢編著『観光学への扉』学芸出版社、2008年。
井口貢編著『入門文化政策　地域の文化を創るということ』ミネルヴァ書房、2008年。
池上惇『経済学―理論・歴史・政策』青木書店、1991年。
池上惇『生活の芸術家　ラスキン、モリスと現代』丸善、1993年。
池上惇『文化と固有価値の経済学』岩波書店、2003年。
池上惇「文化政策における人間発達の視点と固有価値論の現代的課題―発達保障コーディネーターの概念、その市民性と専門性―」端信行・中谷武雄編『文化によるまちづくりと文化経済』晃洋書房、2006年。
池上惇・植木浩・福原義春編『文化経済学』有斐閣、1998年。
池上惇・端信行・福原義春・堀田力編『文化政策入門　文化の風が社会を変える』丸善、2001年。
池上惇・端信行編『文化政策学の展開』晃洋書房、2003年。
池上惇・二宮厚美編著『人間発達と公共性の経済学』桜井書店、2005年。
石原照敏・吉兼秀夫・安福恵美子編『新しい観光と地域社会』古今書院、2000年。
石森秀三「内発的観光開発と自律的観光」『国立民族学博物館調査報告』国立民族学博物館、2001年。
石森秀三・安福恵美子編『観光とジェンダー』国立民族学博物館調査報告、2003年。
石森秀三「観光立国における観光創造」同編著『大交流時代における観光創造』北海道大学大学院メディア・コミュニケーション研究院、2008年。
猪爪範子「地域と観光―トータル・システムとしての観光のあり方を問う」『観光』通号160号、日本観光協会、1980年。
岩崎邦彦『スモールビジネス・マーケティング　小規模を強みに変えるマーケティング・プログラム』中央経済社、2004年。
岩崎邦彦「中小小売業のマーケティング戦略の実証的構築」影山喜一編『地域マネジメントと起業家精神』雄松出版社、2008年。
今井宇三郎『新釈漢文大系第23巻易経（上）』明治書院、1987年。
上田紀行『がんばれ仏教！　お寺ルネッサンスの時代』日本放送出版協会、2004年。
上田紀行「お寺と慈悲ある社会の再生を考える」『観光文化』vol.184、日本交通公社、2007年。
上野征洋編『文化政策を学ぶ人のために』世界思想社、2002年。
梅棹忠夫「京都と観光産業」『梅棹忠夫著作集　第17巻　京都文化論』中央公論社、1992年、237～257ページ。初出は、「70年代の観光京都のビジョン」『観光事業経営者夏期講座』京都市文化観光局観光課、1970年、123～154ページ。
尾家建生・金井萬造著『これでわかる！着地型観光　地域が主役のツーリズム』学芸出版社、2008年。
尾家建生「町並み保全型まちづくりから見たツーリズム発展論」『政策科学』15（3）、立命館大学政策科学会、2008年。
尾家建生「ニューツーリズムの概要と現状分析及び展望」『明日の静岡を考える情報紙SRI』No.101、2010年。
岡本伸之編『観光学入門―ポスト・マスツーリズムの観光学―』有斐閣、2001年。
岡本伸之「観光振興とイノベーション」『都市問題研究』第59巻・第9号・通巻681号、都市問題研究会、2007年。

荻須純道編著『妙心寺　寺社シリーズ（２）』東洋文化社、1977年。
織田直文『臨地まちづくり学』サンライズ出版、2005年。
織田直文『文化政策と臨地まちづくり』水曜社、2009年。
香川眞編、日本国際観光学会監修『観光学大事典』木楽舎、2007年。
川勝平太『文化力―日本の底力』ウェッジ、2006年。
川勝平太・鶴見和子『「内発的発展」とは何か―新しい学問に向けて』藤原書店、2008年。
河島伸子「文化政策の歩み」後藤和子編『文化政策学』有斐閣、2001年。
河島伸子「京都市の文化政策における一つの課題―鑑賞者開発という視点―」『都市研究・京都』20号、京都市総合企画局政策推進室政策企画課、2007年。
北川宗忠『「観光」交流・新時代』サンライズ出版、2003年。
北川宗忠編著『観光文化論』ミネルヴァ書房、2004年。
北川宗忠編著『観光・旅行用語辞典』ミネルヴァ書房、2008年。
岐部武・原祥隆『やさしい国際観光』（財）国際観光センター、2006年。
京都市産業観光局観光部観光企画課編『京都市観光振興推進計画～おこしやすプラン21～』2001年。
京都市産業観光局観光部観光企画課『新京都市観光振興推進計画～ゆとり　うるおい　新おこしやすプラン21～』2006年。
京都市産業観光局『京都市観光調査年報　平成20年（2008年）』2009年。
京都市産業観光局『未来・京都観光振興計画　2010^{+5}』2010年。
京都市総務部庶務課『京都市政史』京都市役所、1941年。
工藤雅世「文化と観光―自律的観光の視点から―」『都市問題研究』第59巻・第９号・通巻681号、都市問題研究会、2007年。
久保田滋子「ヨーロッパにおける仏教の諸相：チベット仏教への関心を事例として」　一橋大学機関リポジトリ、2007年。
国土交通省総合政策局観光部監修、観光まちづくり研究会編『あらたな観光まちづくりの挑戦』ぎょうせい、2002年。
国土交通省『訪日外国人観光客の受け入れの推進―国際交流の拡大に向けて―』2005年。
小暮 宣雄『アーツマネジメントみち―社会に未知、まちにダンス』晃洋書房、2003年。
後藤和子『芸術文化の公共政策』勁草書房、1999年。
後藤和子編『文化政策学―法・経済・マネジメント』有斐閣、2001年。
後藤和子『文化と都市の公共政策』有斐閣、2005年。
後藤和子・福原義春編『市民活動論―持続可能で創造的な社会に向けて』有斐閣、2005年。
佐々木一成『観光振興と魅力あるまちづくり―地域ツーリズムの展望』学芸出版社、2008年。
佐藤研『禅キリスト教の誕生』岩波書店、2007年。
島川崇『観光につける薬　サスティナブル・ツーリズム理論』同友館、2002年。
島川崇編著『ソフトパワー時代の外国人観光客誘致』同友館、2006年。
下平尾勲『地元学のすすめ―地域再生の王道は足元にあり』新評論、2006年。
社団法人日本観光協会編『観光実務ハンドブック』丸善、2008年。
宿坊研究会編『最新版　全国宿坊ガイド』ブックマン社、2010年。
杉野榮『京のキリシタン史跡を巡る』三学出版、2007年。
鈴木大拙、北川桃雄訳『禅と日本文化』岩波書店、1940年。
須田寛『観光の新分野　産業観光 産業中枢「中点圏」からの提案』交通新聞社、1999年。
須田寛「広域連携による新しい地域づくりをめざして」『北陸の視座』vol.8 2002.3、北陸建設弘済会、2002年。
高井薫『観光の構造―その人間学的考察』行路社、1991年。
多方一成・田淵幸親『現代社会とツーリズム』東海大学出版会、2001年。
タナカ、ケネス『アメリカ仏教　仏教も変わる、アメリカも変わる』武蔵野大学出版会、2010年。

谷本寛治編著『ソーシャル・エンタープライズ　社会的企業の台頭』中央経済社、2006年。
谷本寛治「社会的企業の可能性と課題―ソーシャルビジネス研究会を踏まえて―」『経済産業ジャーナル』2008年5月号、経済産業調査会。
田村明『まちづくりの実践』岩波書店、1999年。
鶴見和子「内発的発展論の系譜」同・川田侃編『内発的発展論』東京大学出版会、1989年。
鶴見和子『内発的発展論の展開』筑摩書房、1996年。
遠山亮子・野中郁次郎「『よい場』と革新的リーダーシップ：組織的知識創造についての試論」『一橋ビジネスレビュー』2000 Sum.-Aut.、東洋経済新報社、2000年。
冨本真理子「京都における市民交流型観光とホスピタリティの考察～外国人観光客に対する料理体験プログラムの実践を通じて～」『HOSPITALITY』第13号、日本ホスピタリティ・マネジメント学会、2006年。
冨本真理子「京都市のもうひとつのインバウンド観光振興に関する一考察―外国人観光客対象の料理体験プログラムの事例を通じて―」『京都橘大学大学院文化政策学研究科研究論集〈第2号〉』京都橘大学大学院、2008年。
冨本真理子「女性たちによる新しい文化事業の創造に関する研究―京都市におけるインバウンド観光ビジネスの事例から―」『京都橘大学大学院文化政策学研究科研究論集』第3号、京都橘大学大学院、2009年。
冨本真理子「地域資源の活用による観光まちづくりに関する考察―地域資源活用モデルを使って―」『文化政策研究』第3号、日本文化政策学会、2010年1月。
冨本真理子「観光をめぐる諸論の整理と今日の研究課題：『文化政策』と『まちづくり』を関連付けて」『京都橘大学大学院文化政策学研究科研究論集』第4号、京都橘大学大学院、2010年。
冨本真理子「市民による新しい観光事業の創造に関する研究―京都市におけるインバウンド観光ビジネスの事例から―」『京都橘大学大学院文化政策学研究科研究論集』第5号、京都橘大学大学院、2011年。
独立行政法人国際観光振興機構（JNTO）『2006年版　JNTO　国際観光白書』2006年、（財）国際観光サービスセンター。
中尾清『自治体の観光政策と地域活性化』イマジン出版、2008年。
中川幾郎『新市民時代の文化行政―文化・自治体・芸術・論―』公人の友社、1995年。
中川幾郎『分権時代の自治体文化政策―ハコモノづくりから総合政策評価に向けて』勁草書房、2001年。
中川幾郎・松本茂章編著『指定管理者は今どうなっているのか』水曜社、2007年。
中島隆信『お寺の経済学』筑摩書房、2010年。
中谷武雄「文化産業誕生への道程―起業政策としての文化政策という視点から―」『京都橘大学大学院文化政策学研究科研究論集』第3号、京都橘大学大学院、2009年。
中谷武雄・織田直文編『文化政策の時代と新しい大学教育　臨地まちづくりと知的財産形成による人づくり』晃洋書房、2005年。
中村雄二郎『臨床の知とは何か』岩波新書、1992年。
二階俊博編著『二階俊博対談集　観光立国宣言―躍動の観光産業を語る』丸ノ内出版、2000年。
西岡久雄編著『観光と地域開発』内外出版、1996年。
西村幸夫編著『観光まちづくり　まち自慢からはじまる地域マネジメント』学芸出版社、2009年。
似田貝香門・大野秀敏・小泉秀樹・林泰義・森反章夫編『まちづくりの百科事典』丸善、2008年。
根木昭『日本の文化政策―「文化政策学」の構築に向けて―』勁草書房、2001年。
端信行・中谷武雄編『文化によるまちづくりと文化経済』晃洋書房、2006年。
長谷政弘編著『観光学辞典』同文館出版、1997年。
服部勝人『ホスピタリティ・マネジメント　ポスト・サービス社会の経営』丸善、1996年。
福山潤三「観光立国実現への取り組み―観光基本法の改正と政策動向を中心に―」『調査と情報』

554、国立国会図書館調査及び立法考査局、2006年。
細内信孝「観光とコミュニティ・ビジネス」『観光　2007/春　通号487』日本観光協会、2007年。
堀貞一郎『メイド・イン・ジャパン・からウエルカム・ツー・ジャパンへ』ダイヤモンド社、2002年。
本田済『中国古典選1　易（上）』朝日新聞社、1978年。
本間正明・金子郁容・山内直人・大沢真知子・玄田有史『コミュニティビジネスの時代　NPOが変える産業、社会、そして個人』岩波書店、2003年。
前田勇編著『現代観光総論』学文社、1995年。
松下圭一『政策型思考と政治』東京大学出版会、1991年。
松野弘・森巌夫編著『講座・まちづくり開発入門』ぎょうせい、1992年。
松村明・山口明穂・和田利政編『旺文社国語辞典』第九版、旺文社、1998年。
水野潤一『観光学原論』東海大学出版会、1994年。
三村浩史「町並み保存と観光」『隔月刊環境文化』31/32号特集、環境文化研究所、1978年。
宮本憲一『環境経済学』岩波書店、1989年。
宗田好史『創造都市のための観光振興—小さなビジネスを育てるまちづくり』学芸出版社、2009年。
森口秀志『エスニック・メディア・ガイド』ジャパンマシニスト社、1997年。
盛山正仁『観光政策と観光立国推進基本法』ぎょうせい、2010年。
安福恵美子「ソフト・ツーリズム」石原照敏・吉兼秀夫・安福恵美子編『新しい社会と地域社会』古今書院、2000年。
安福恵美子「観光とジェンダーをめぐる諸問題」石森秀三・安福恵美子編『観光とジェンダー』国立民族学博物館調査報告、2003年。
安村克己「観光の歴史」岡本伸之編『観光学入門　ポスト・マス・ツーリズムの観光学』有斐閣、2001年。
安村克己「サスティナブル・ツーリズムの理念と系譜」前田勇編著『21世紀の観光学』学文社、2003年。
山口洋典「文化創造拠点としての宗教空間：コミュニティとNPO、そして場としての寺院」井口貢編著『入門　文化政策　地域の文化を創るということ』ミネルヴァ書房、2008年。
山上徹『京都観光学』法律文化社、2000年。
山上徹『観光の京都論』学文社、2002年。
山上徹『おこしやすの観光戦略』法律文化社、2001年。
山上徹『国際観光論』白桃書房、2004年。
山上徹・堀野正人編著『ホスピタリティ・観光事典』白桃書房、2001年。
山中茉莉『新・生活情報誌—フリーペーパーのすべて』電通、2001年。
結城登美雄『地元学からの出発—この土地を生きた人びとの声に耳を傾ける』シリーズ地域の再生、農山漁村文化協会、2009年。
横浜市女性協会編『女性問題キーワード111』ドメス出版、1997年。
吉本哲郎『地元学をはじめよう』岩波書店、2008年。
レニエ、キャサリーン／グロス、マイケル／ジーマン、ロン／日本環境教育フォーラム監訳『インタープリテーション入門　自然解説技術ハンドブック』小学館、1994年。

Baumol, William J. & Bowen, William G., *Performing arts and Economic Dilemma*, Twentieth Century Fund, Inc. 1966.　池上惇・渡辺守章監訳『舞台芸術　芸術と経済のジレンマ』芸団協出版部、1994年。
Boorstin, Daniel J., *The Image : A Guide to Pseudo-Events in America* (Vintage), Reissue, 1992. 星野郁美・後藤和彦訳『幻影の時代　マスコミが製造する事実』東京創元社、1964年。
Butler, Richard, "Alternative Tourism : The Thin Edge of the Wedge" in Smith, Valene. L. and

Eadington, W. R. (eds.), *Tourism Alternative : Potentials and Problems in the Development of Tourism*, University of Pennsylvania Press, 1992.

Eadington, William R. and Smith, Valen L., "Introduction: The Emergence of Alternative Forms of Tourism" in Smith and Eadington (eds.), *Tourism Alternatives : Potentials and Problems in the Development of Tourism*, University of Pennsylvania Press, 1992.

Holden, Andrew, *Environment and Tourism*, Routledge, 2000.

Jafari, Jafar, "The Basis of Tourism Education" *The Journal of Tourism Studies*, Vol.1, No.1, May'90, 1990.

Kahan, Herman, Brown,William and Martel, Leon, *The Next 200years : A Scenario for American and the World*, Associated Business Programmes Ltd., 1977.

McGray, Douglas, "Japan's Gross National Cool" *Foreign Policy*, May/June, 2002. 神山京子訳「ナショナル・クールという新たな国力―世界を闊歩する日本のカッコよさ」『中央公論』2003年5月号、130〜140ページ。

Nye, Joseph S. Jr., *Soft Power : The Means To Success In World politics*, Canada, Public Affairs ; New edition, 2005. 山岡洋一訳『ソフト・パワー：21世紀国際政治を制する見えざる力』日本経済新聞社、2004年。

Pearce, Douglas G., "Alternative Tourism : Concepts, Classifications, and Questions" in Smith, Valene L. and Eadington, W. R. (eds.), *Tourism Alternative : Potentials and Problems in the Development of Tourism*, A Publication of the International Academy for the Study of Tourism, 1992.

Poon, Auliana, *Tourism Technology and Competitive Strategies*, UK, CAB International, 1993.

Rowthorn, C., *Lonely Planet Kyoto*, Lonely planet publications Pty Ltd, Australia, 2005.

Ruskin, John (1862, 1863), *Munera Pulveris*, paperback General Books, 2009, first published 1907. ラスキン、ジョン『ムネラ・プルウェリス　政治経済要論』木村正身訳、関書院、1958年。

Smith, Valene, L., *Hosts and Guests : Anthropology of Tourism*, Blackwell Publishers, 1978. 三村浩史監訳『観光・リゾート開発の人類学―ホスト＆ゲスト論でみる地域文化の対応―』勁草書房、1991年。

Smith, Valene. L. and Eadington, W. R "Introduction : The Emergence of Alternative Forms of Tourism", in Smith, Valene. L. and Eadington, W. R. (eds.), *Tourism Alternative : Potentials and Problems in the Development of Tourism*, A Publication of the International Academy for the Study of Tourism, 1992.

Sorensen, Andre and Funck, Carolin (eds.), *Living Cities in Japan : Citizens' Movements, Machizukuri and Local Environments* (The Nissan Institute/Routledge Japanese Studies), Routledge, New York, 2009.

Throsby, David, *Economics and Culture*, Cambridge University Press, 2001. 中谷武雄、後藤和子監訳『文化経済学入門　創造性の探求から都市再生まで』日本経済新聞社、2002年。

Tilden, Freeman (Author), Craig, R. Bruce (Introduction), Russell E. Dickenson, (Foreword), *Interpreting our Heritage*, Chapel Hill Books, [Paperback], University of North Carolina Press, ; 4th edition, March 18, 2008, first puublished 1957.

あとがき

　筆者が、海外から京都市に来訪される方々に、日本の家庭料理を紹介する活動を始めたのは、2003（平成15）年のことであった。それ以来、何百人の海外の方と交流したであろうか。あるいは、千人の大台を超えているかもしれない。一人一人、一期一会の思いで、この仕事を続けてきたが、遠来の訪問者とのかけがえのない交流は、毎回、心を突き動かされるものがある。生きる元気をいただいている。交流を通じて多くのことを教えていただいたし、自らも学ばなければならないことに気がついた。海外の方々がこれだけ興味を持ち、称賛してくださる日本文化に誇りを持つようになった。さらには、この分野で活躍されている方々を拝見するにつれ、生き生きと輝き、ますますパワーアップされる姿に圧倒される。

　こういった観光のおもしろさに惹かれて、それをつきつめて研究してみたいと、京都橘大学大学院文化政策学研究科の門をたたいた。「文化政策学」という新しい研究分野に自分の関心事が、なにか関わりがありそうだと感じたからである。文化政策学の研究の世界では、観光研究の占めるウェートは決して大きくない。しかし、筆者は、これからの観光研究は、文化経済学・文化政策学からのアプローチが非常に有力であると本書の執筆を通じて実感した。特に「固有価値論」は、オルタナティブな観光を分析するには、心強い味方である。筆者は、これを契機として、文化経済学・文化政策学の分野での観光研究のますますの発展に期待している。

　本書は、小さなインバウンド観光ビジネスの末端で、直接海外の方々との交流をしている現場での目線が基本にある。それは、普通の市民の普通の感覚で営まれているが、そこに新しさがある。それは、世界的な観光ビッグバンの中で、観光立国の実現を目指している我が国の観光を論ずるには、あまりにも矮小かもしれない。しかし、そういったミクロの諸現象が積み重なって大きな流れとなり、政策や研究の指針となりうると筆者は考えている。

　なお、本書は、京都橘大学博士学位論文「文化と固有価値の観光論―京

都市におけるインバウンド観光事業の事例を通じて―」（2010年）に基づいている。

　そのもとになった論文は以下の通りである。なお、本書執筆にあたり大幅に改稿している部分がある。また、第1章は、2010（平成22）年6月に、デンマーク・コペンハーゲンビジネススクールにおいて開催された、国際文化経済学会（ACEI）において、"A Study on the Development Process of Alternative Tourism in Japan"というタイトルで、発表する機会に恵まれた。

第1章　市民主体の新しい観光の発展プロセスとその諸相
　　　　―「文化政策」と「まちづくり」とに関連づけて―
　「市民主体の新しい観光の発展プロセスに関する研究　―〈文化政策〉と〈まちづくり〉を関連付けて―」『京都橘大学大学院文化政策学研究科研究論集』第4号、京都橘大学大学院、2010年3月所収。
第2章　固有価値論からみた観光論
　「地域資源の活用による観光まちづくりに関する考察―地域資源活用モデルを使って―」『文化政策研究』第3号、日本文化政策学会、2010年1月所収。
第3章　日本と京都における観光政策の変遷と観光の現状
　「京都における市民交流型観光とホスピタリティの考察～外国人観光客に対する料理体験プログラムの実践を通じて～」『HOSPITALITY』第13号、日本ホスピタリティ・マネジメント学会、2006年3月所収。
第4章　京都市におけるインバウンド・ツーリズムがめざすもの
　　　　―現場からの調査を中心として―
　「京都市のもうひとつのインバウンド観光振興に関する一考察―外国人観光客対象の料理体験プログラムの事例を通じて―」『京都橘大学大学院文化政策学研究科研究論集』第2号、京都橘大学大学院、2008年3月

所収。
第5章　女性たちによる新しい観光事業の創造
　　　　―京都市におけるインバウンド・ツーリズムの現場から―
　　　　〜ワックジャパンを事例として〜
「女性たちによる新しい文化事業の創造に関する研究―京都市におけるインバウンド観光ビジネスの事例から―」『京都橘大学大学院文化政策学研究科研究論集』第3号、京都橘大学大学院、2009年3月所収。
第6章　市民による交流をテーマとした観光事業の創造
　　　　―京都市におけるインバウンド・ツーリズムの現場から―
　　　　〜春光院・シーコケットを事例として〜
「市民による新しい観光事業の創造に関する研究―京都市におけるインバウンド観光ビジネスの事例から―」『京都橘大学大学院文化政策学研究科研究論集』第4号、京都橘大学大学院、2011年3月所収。

　本書をまとめるにあたっては、実に多くの方にお世話になり、心よりお礼を申し上げたい。京都橘大学の中谷武雄教授は、博士学位論文完成から本書出版まで導いてくださった。青木圭介教授（現京都橘大学学長）は、何度も温かい言葉をかけてくださった。織田直文教授には、まちづくりについての実践と理論を学ばせていただいた。小森治夫教授には、博士前期課程から5年間、一貫してご指導いただいて感謝している。修士論文をご指導くださった井口貢・現同志社大学政策学部教授には、筆者の観光研究の土台を作っていただき、本書の中にも多くの影響が見られる。博士学位論文のタイトル「文化と固有価値の観光論」は池上惇・京都大学名誉教授の著者『文化と固有価値の経済学』（岩波書店、2003年）に多大な影響を受けたからである。また、研究を進めるにあたって、大学院のリサーチ・プロジェクトでは、複数の先生方のご指導を仰ぐことができ、大きな力となった。さらに、織田ドクター・ゼミ、中谷アダム・スミス研究会などの

自由で幅広い議論の中から、多くのことを学ばせていただいた。20代から60代までの幅広い年齢層と多彩なバックグラウンドをもつ諸先輩や大学院生との交流は、研究への大きな励みとなった。特に、本書出版にあたってお世話になった、山北一司氏と滋野浩毅氏には、感謝申し上げる。

　本書の事例としてあげている有限会社ワックジャパン代表の小川美知氏は、観光の実践の場における筆者の指導者であり、本書出版にあたりご理解とご協力をいただき、心からお礼申し上げたい。また茶道家の藤井多恵子氏は、筆者に日本文化の魅力を教えてくださった恩師であり、そのご活躍にいつも刺激をいただいている。同じく事例研究に関しては、妙心寺塔頭春光院・副住職の川上全龍氏とシーコケットの竹本千賀子氏にお礼申し上げたい。また、第5章の事例については、第5回JTB交流文化賞優秀賞を受賞させていただき、JTBの皆さまや審査員の先生方の高い評価に感謝している。

　また、各章を構成する論文への貴重な御教示とコメントをいただいた日本文化政策学会、文化経済学会〈日本〉、日本ホスピタリティ・マネジメント学会会員の諸先生、京都橘大学大学院の諸先生方にも、心よりお礼を申し上げる。本書の出版をお引き受けくださった水曜社にも、この場をおかりして感謝の意を表したい。

　最後に、筆者の大学院での研究を支え、執筆を温かく見守ってくれた家族にも感謝を捧げたい。

　2011年初春

　　　　　　　　　　　　　　　　　　　　　　　　　　冨本　真理子

事項索引

記号

「かけがえのない」財やサービス …… 35, 54, 63, 64, 66, 67, 163, 193, 201, 206

あ

アイデンティティ … 32, 34, 64, 70, 100, 101, 154, 159, 161, 192, 193, 200, 201, 203, 205, 206

アウトバウンド … **74**, 76, 77, 80, 83, 84, 98, 104, 202

アウトリーチ …………………… 150, 151, 167

アジェンダ21 ……………………… **19**, 30, 40

新しい観光の創造 …… **12**, 22, 51, 81, 82, 99, 203

い

インストラクター …… **26**, 56, 133, 135, 139, 141, 143, 145, 166, **167**, 195

インセンティブツアー(招待旅行)…… 135, 136, **165**

インタープリター …… **26**, 56, 150, **167**, 182, **183**, 197

インバウンド …… 4, 5, 13, 14, 62, **74**, 75, 76, 77, **80**, 81, 82, 84, 95, 96, 98, 99, 104, 107, 109, 119, **120**, 121, 123, 149, 151, 153, 154, 155, 156, 157, 161, 162, 163, 170, 171, 176, 178, **180**, 200, 202, 203, 204, 209, 212, 213, 214

う

ウェルカムプラン21 ……………………… 30, 77

え

易経 ……………………… 5, 10, 15, 205, 207

エスニック・メディア …………………… 185

エンパワーメント …… 34, 151, 160, 161, 162, 163, **168**

お

オプション価値 ……………………… 64

オルタナティブ …… **4, 5, 11, 12, 35, 37, 64, 68, 69, 120, 164, 170, 175, 179, 184, 194, 200, 204, 212**

オルタナティブ・ツーリズム … 4, 5, **11**, **12**, 18, **19**, **20**, 26, **33**, **37**, 40, **43**, 59, 67, 68, 120, 121, 170, 200, 204

か

海外渡航自由化 ……………………… **76**, 98

海外旅行倍増計画/テンミリオン計画 …… 76

外部性 ……………………… 63, 64, 67, 68, 97, 193

課題解決型 ………… 30, **62**, 67, 192, 195, **204**

価値創造型 ……………… **62**, 67, 70, 195, **204**

観光 …… 4, **5**, 10, 11, 12, **13**, 14, 15, 16, 18, 19, 20, 21, 22, 23, 24, 25, 26, 27, 28, 29, 30, 31, 32, 33, 34, 35, 36, 37, 38, 39, 40, 41, 43, 44, 45, 46, 47, 50, 51, 52, 53, 54, 55, 56, 57, 58, 59, 60, 62, 63, 64, 65, 66, 67, 68, 69, 70, 71, 74, 75, 76, 77, 78, 79, 80, 81, 82, 83, 84, 87, 88, 89, 90, 91, 92, 93, 95, 96, 97, 98, 99, 100, 101, 102, 104, 105, 106, 107, 108, 109, 111, 112, 113, 114, 115, 116, 117, 118, 119, 120, 121, 122, 123, 124, 125, 126, 128, 132, 133, 134, 135, 140, 141, 142, 143, 144, 145, 146, 147, 148, 150, 151, 152, 153, 154, 155, 156, 157, 158, 159, 160, 161, 162, 163, 164, 165, 166, 167, 168, 170, 171, 173, 175, 179, 182, 183, 192, 193, 194, 200, 201, 202, 203, 204, 205, 206, 207, 208, 209, 210, 211, 212, 213, 214, 215

観光基本法 ………… 13, 30, 76, 79, 101, 209

観光客5000万人構想 ……………………… **90**

観光資源 …… 26, 27, 28, 37, 53, 55, 56, 58, 59, 60, 69, 71, 72, 82, 89, 106, 113, 114, 121, 123, 124, 155, 160, 163, 165, 167, 168, 186, 205, 207, 208

観光庁 …… 4, 10, 15, 23, 30, 45, 74, 75, 78, 79, **80**, 101, 102, 109, 121, 123, **202**

観光まちづくり …… **18**, **22**, 23, **31**, **43**, **45**, **55**, 58, 69, 70, 99, 143, 204, 208, 209, 213

観光立国懇談会 …… 10, 15, 77, 78, **104**, 205

観光立国推進基本計画 ……………23, 78
観光立国推進基本法 4, 13, 27, 30, **40**, **74**, 78, **79**, 202, 210
観光立国宣言 · 4, 10, 24, 74, **77**, 78, 104, **202**, 209
鑑賞者開発 ………………151, 167, 208

き
起業家 ……………… 70, 156, 198, 207
起業モデル ………………… 155, 192
教育価値 ………………………… 66
享受能力 ………… 4, 52, 53, 54, 55, 66, 152
京都議定書 ……………………… 93
京都市観光局 …………………… 87
京都市観光振興推進計画～おこしやすプラン21～ …………………… **88**, 89, 102, 208
京都市基本計画 ………………… 88
京都市基本構想 ………………… 88
京都市国際文化観光都市建設法 ……… 87
京都市政史 …………… 87, 102, 208
京都総合観光案内所 …… 189, 192, **197**
京都市MICE戦略 ……………… 92

く
観国之光（くにのひかりをみる）·· 5, **10**, 11, **16**, 25, 34, 205
グラミン銀行 …………………… 61
グローバル観光戦略 …………… 77

こ
交流・体験・学習 …………… 27, 33, 54
交流人口 …… 12, 29, 39, 78, 81, 93, 98, 142, 202, 203
交流文化産業 …………………… 141, 142
国際観光 …… 10, 11, 14, 16, 19, 64, 65, 66, **74**, 76, 80, 81, 82, 84, 101, 104, 154, 208, 209, 210
国際観光協会 …………………… 75
国土交通省 …… 23, 43, 44, 70, 75, 77, 79, 80, 101, 123, 134, 202, 208
国民生活に関する世論調査 ………… 38
国連環境開発世界委員会 …… 19, 32, 44
心の豊かさ ……………………… 4, 38
コミュニケーション・ビジネス ……… 195

コミュニティ・ビジネス …… 57, 58, **60**, 61, 62, 70, 157, 204, 210
固有価値 … 4, 5, 11, 14, 16, 25, 32, 33, 35, 37, 40, 41, 47, 50, **52**, **53**, **54**, 55, 56, **57**, 58, 63, 64, 65, 66, 67, 68, 69, 81, 91, 109, 120, 121, 122, 152, 153, 156, 157, 163, 166, 132, 158, 163, 164, 168, 212, 214
固有価値論 ……4, 5, 12, 14, 35, 50, 51, **52**, **53**, 54, 55, 56, 58, 63, 64, 65, 66, 67, 69, 122, 170, 193, 200, 201, 203, 206, 207, 212, 213

さ
サスティナブル・ツーリズム ……11, 18, **20**, 29, 40, 43, **44**, 208, 210

し
シーコケット　C.Coquet …… 170, 183, 184, 186, 187, 190, 191, 195, 214, 215
ＪＮＴＯ（国際観光振興機構／日本政府観光局） ……… 75, **101**, 102, 105, 106, 108, 115, 121, 123, 155, 166, 168, 186, 187, 197, 202, 209
JTB交流文化賞 ………134, **141**, **142**, 166, 215
事業型NPO …………………………… 61
慈善型NPO …………………………… 61
持続可能な発展 …… **19**, **32**, 36, 38, 40, 41, **44**, 74, 206
市民 …… 4, 5, 11, 12, 14, 29, **31**, 33, 34, 36, 38, 39, 41, 50, 51, 52, 55, 63, 76, 89, 91, 92, 97, 98, 99, 101, 102, 108, 119, 120, 122, 123, 143, 145, 148, 150, 153, 154, 155, 158, 160, 161, 162, 163, 165, 170, 181, 184, 192, 193, 194, 195, 200, 201, 203, 204, 205, 207, 208, 209, 212, 213, 214
市民参加 ……………… 29, 32, 33, 50, 98, 200
市民主体の新しい観光 …4, 5, 12, 14, 18, **33**, 36, **37**, 41, 50, 55, 56, 58, 59, 63, 64, 65, 66, 67, 68, 74, 82, 92, 99, 109, 120, 132, 156, 158, 159, 170, 193, 194, 200, 201, 203, 204, 213
市民主体の新しい観光事業の特徴 ………**56**, 200, 203
市民との交流 …………… 57, 153, 160
地元学 …………………62, **70**, 208, 210

Journal Kyoto…183, 186, **187**, **188**, 189, **190**, **191**
社会的課題 …………………59, 60, 62, 157, 204
社会的企業（ソーシャル・エンタープライズ、SE）‥57, 58, **59**, **60**, **61**, **62**, 63, 67, 70, 155, 156, 157, 168, 195, 201, 203, 204, 209
ジャパン・ツーリスト・ビューロー……75
ジャンボジェット旅客機 ………………76
住民参加 ……………………29, 30, 41, 45
住民主役 …………………………27, 33
宿坊…108, 112, 115, 125, 171, 181, **195**, **208**
春光院……134, 170, **175**, **176**, **177**, 178, 179, 180, 181, 182, 195, 196, 214, 215
小規模ビジネス……64, 65, 67, 132, 155, 164, 193, 194, 195, 201
常在観光 …………………25, 53, 122, 204
少子高齢化社会 ………12, **39**, 79, 81, 99, 203
自律的観光 ……………**22**, 45, 69, 207, 208
新ウェルカムプラン21 …………………77
新京都市観光振興推進計画～ゆとり うるおい 新おこしやすプラン21 ～………**89**, 208

す
ストック ………………………158, 159, 162
住んでよし、訪れてよしの国づくり……10, **15**, 80, 82, 205

せ
生活文化 ……27, 57, 111, 120, 121, 122, 123, 132, 149, 150, 153, 161, 163, 183, 203
世界観光機関（UNWTO/WTO）……10, **15**, 44, 82, 201
世界文化自由都市宣言 ……………………88
禅……**171**, **172**, 174, 175, 176, 177, 179, 180, 181, 182, 196, 208
ZEN ……………………………175, 182
潜在能力 ………………147, 152, 164, **166**, **168**
禅宗 …………………………14, 172, 175, **176**

そ
総合的なまちづくり…64, 67, 132, 163, 193, 201
葬式仏教 …………………………………172

曹洞宗 ……………………………………176
ソフト・ツーリズム…………19, **43**, 71, 210
ソフト・パワー……64, **65**, **66**, 67, 71, 81, 101, 104, 132, 154, 155, 163, **167**, 183, 192, 193, 201, 206, 211

た
体験型観光 ……………24, 97, 147, 162, 167
檀家制度 ……………………………172, 173

ち
地域アイデンティティ………56, 64, 67, 132, 163, 192, 193, 200, 201, 203, 206
地域活性化 ………12, 22, 23, 27, 33, 37, 38, 39, 50, 79, 81, 82, 99, 138, 140, 142, 145, 152, 153, 165, 192, 200, 202, 203, 205, 206, 209
地域交流ビジネス …………………27, 141
地域事業価値 ………………………………63
地域資源活用プログラム ………134, **139**
地域資源活用モデル ……**56**, **57**, 59, 62, 67, 200, 209, 213
地域主導 ……………11, 22, 25, 27, 33, 51
地域ツーリズム……**25**, 26, 45, 56, 69, 102, 204, 208
地域文化振興……64, 67, 132, 158, 163, 183, 193, 201
地球サミット …………………19, 30, 32, 40
知識創造プロセス ………………162, **168**
着地型観光…**24**, **25**, 26, 45, 56, 59, 120, 123, 156, 161, 162, 168, 204, 207
中小企業地域資源活用促進法 ……**139**, **165**

つ
Tourism 2020 Vision………………10, 15, 82

て
ディスカバー・ジャパン・キャンペーン…28
テンプルステイ ………………………171

と
東京オリンピック ………………28, 30, 76

な
内発的観光開発 …………**22**, 45, **51**, 69, 207

内発的発展 ……………… **44**, 50, **51**, 161, 208
内発的発展論 …… 22, 44, **50**, 51, 69, 168, 209
中川モデル ………………………………… **158**
南蛮寺の鐘 ………………… 176, 177, 181

に
日本生活情報誌協会（JAFNA）…… 184, **197**
日本文化体験 … 134, 145, 147, 148, 166, 190
ニュー・ツーリズム ………………… **23**, **44**
人間発達と生きがいの創出 …… 64, 67, 132, 163, 193, 201

は
パフォーマンス ………………………… 158, 159
バブル景気 …………… 30, 31, 33, 41, 50 ,201

ひ
ビジット・ジャパン・キャンペーン …… 40, 77, 78, 84, 95

ふ
フリーペーパー ……… 14, 170, 183, **184**, **185**, 186, 187, 188, 189, 191, 192
フリーペーパー実態調査2009 ………… 184
ブルントラントレポート ……… 19, 32, **43**, 44
プレスティッジ価値 ………………………… 63, 64
文化経済学 … 4, 5, 35, 70, 100, 184, 204, 205, 207, 211, 212, 213, 215
文化産業 ………… 56, 57, 62, 68, 70, 100, 209
文化産業の三層構造 ………………………… 56
文化産業の同心円モデル ……………… 56, 200
文化事業 …… **37**, 54, 55, 62, 63, 67, 150, 155, 159, 164, 195, 201, 204, 209, 214
文化資源 ……… 41, 43, 57, 70, 153, 156, 164
文化振興マスタープラン ……………… 30, **149**
文化政策（学）…… 4, 5, 12, 14, 18, 28, 30, 31, 32, 33, 35, 36, 37, 38, 41, **43**, 46, 50, 70, 87, 100, 124, 156, 158, 166, 167, 168, 184, 196, 200, 204, 205, 207, 208, 209, 210, 212, 213, 214, 215
文化的営みのサイクル … **158**, **159**, **160**, 162, 163, 164, 206
文化力 ……………… 154, 155, **167**, 192, 208

へ
平和都市宣言 ………………………………… 88

ほ
訪日外国人旅行者調査 …………… 105, 106
訪日ツーリズム元年 ………………………… 77
ホームビジット …… 111, 118, 124, **133**, 135, 138, 155
ホスト-ゲスト論 ………………… **13**, **34**, **54**

ま
MICE ……………………………… **102**, 107, 120
マス・ツーリズム … 4, 5, 11, 12, **18**, 19, **20**, 25, 28, 29, 33, 34, 36, 39, 40, 41, 43, 47, 57, 58, 59, 67, 68, 76, 80, 82, 99, 100, 121, 132, 142, 170, 171, 182, 194, 202, 203, 204, 205, 210
まちづくり … 4, 12, 14, 16, 18, 23, 28, 29, 30, 31, 32, 33, 34, 36, 37, 38, 39, 40, 41, **43**, 45, 46, 50, 55, 60, 63, 64, 67, 69, 70, 88, 89, 90, 92, 97, 98, 99, 102, 132, 142, 143, 145, 148, 153, 156, 163, 168, 184, 192, 193, 197, 200, 201, 204, 207, 208, 209, 210, 213, 214
町並み保全型まちづくり …… **28**, **29**, 30, 31, 46, 207

み
妙心寺 …… 134, 170, 175, 176, 177, 178, 180, 181, 196, 208, 215
未来・京都観光振興計画2010[+5] …… **90**, **91**, **92**, **93**, 99, 100, 123, 170, 202

む
ムネラ・プルウェリス ……………… **52**, 69, 211

め
メディテーション ……………… 171, 174, 175
メディテーション・ブーム ……………… 174

も
物見遊山 ………………………… 170, 171, 205

ゆ
有効価値 ………………………… 52, 53, 66, 206

よ
欲求段階説 …………………………… 39

り
リゾート法 …………………………… 46
留学生 ……… 65, 107, 120, 123, 135, 144, 158, 166
臨済宗 ………………………170, 175, 176, 177

ろ
ロンリープラネット(Lonely Planet) ….. 113, **123**, 134, **165**, 211

わ
わくわく館 …………………134, 135, 137, **141**
ワックジャパン ……111, 123, 132, **133**, **134**, **136**, 138, 139, 140, 142, 143, 144, 145, 147, 148, 150, 151, 152, 153, 159, 162, 166, 195, 214, 215

人名索引

い
イーディングトン W.R.Eadington …… 43, 44, 46, 211
井口貢 …… 16, 25, 45, 122, 124, 207, 210, 214
池上惇 …… 4, 43, 47, 51, 56, 69, 70, 166, 167, 168, 196, 207, 210, 214
石森秀三 …… 15, 16, 22, 45, 51, 69, 81, 91, 102, 168, 207, 210
猪爪範子 …………………………… 29, 46, 207
岩崎邦彦 …………………………… 194, 198, 207

う
上田紀行 ……………………… 172, 196, 207
上野征洋 ………………………………… 207
梅棹忠夫 ……………… 68, 71, 99, 102, 207

お
尾家建生 ………………… 24, 45, 46, 123, 207
岡本伸之 …… 16, 43, 47, 101, 166, 167, 207, 210
小川美知 ……………………………… 133, 215
織田直文 ………………… 43, 208, 209, 214

か
カーン Herman Kahan ………… 10, 15, 211
香川眞 ………………………… 16, 44, 101, 208
金井萬造 ………… 25, 45, 123, 161, 168, 207
川勝平太 …………………………… 167, 208
川上全龍 …………………………… 178, 215
河島伸子 ……………………… 43, 167, 208

き
北川宗忠 ……………………… 16, 124, 208
木村正身 ……………………………… 52, 69, 211

く
工藤雅世 …………………… 161, 168, 208
久保田滋子 ………………… 174, 196, 208

こ
小暮宣雄 …………………………… 167, 208
後藤和子 …… 43, 47, 149, 153, 166, 167, 208, 211

さ
佐々木一成 ……… 25, 45, 56, 69, 81, 102, 208
佐藤研 …………………………… 174, 196, 208

し
島川崇 …………………………… 44, 70, 208
下平尾勲 ……………………………… 70, 208
ジャファリ Jafar Jafari ………… 12, 16, 211

す
杉野榮 …………………………… 196, 208
鈴木大拙 ……………… 171, 174, 177, 196, 208
須田寛 …………………………… 25, 45, 208
スミス Valen L. Smith …… 13, 16, 34, 43, 44, 46, 47, 54, 69, 210, 211, 214
スロスビー David Throsby …… 32, 35, 36, 47, 56, 68, 69, 71, 200, 211

た
竹本千賀子 …………………………… 186, 215
タナカ、ケネス KennethTanaka …… 174, 196, 208
谷本寛治 ……………………… 59, 61, 70, 209
田村明 ………………………………… 31, 46, 209

つ
鶴見和子 …… 22, 44, 50, 51, 69, 161, 168, 208, 209

て
ティルデン Freeman Tilden …… 183, 197, 211

と
遠山亮子 …………………………… 162, 168, 209

な
ナイ Joseph Samuel Nye, JR ……… 65, 70, 167, 211
中尾清 ………………………………… 209
中川幾郎 …… 31, 46, 150, 158, 166, 168, 209
中島隆信 …………………………… 172, 196, 209

中谷武雄 · 47, 62, 70, 168, 207, 209, 211, 214
中村雄二郎 209

に
西村幸夫 22, 43, 45, 58, 69, 70, 209
似田貝香門 29, 46, 209

ね
根木昭 46, 209

の
野中郁次郎 162, 168, 209

は
長谷政弘 43, 209
バトラー Richard Butler 28, 46, 210

ひ
ピアス Douglas G. Pearce 19, 43, 211
久松真一 177

ふ
ブーアスティン D.J.Boorstin 34, 47, 132, 164, 167, 210
プーン Auliana Poon 20, 21, 24, 28, 44, 46, 54, 69, 194, 211
福山潤三 209
藤井多恵子 138, 143, 215

ほ
ボウエン W.G.Bowen 63, 70, 210
ボウモル W.J. Boumol 63, 70
ホールデン Andrew Holden 44, 47, 211
細内信孝 60, 70, 210
本間正明 60, 70, 210

ま
マッグレイ Douglas McGray 66, 71, 211
松下圭一 31, 46, 210

み
三村浩史 16, 29, 46, 47, 69, 210, 211
宮本憲一 22, 44, 51, 69, 210

む
宗田好史 64, 70, 192, 197, 207, 210

も
森口秀志 197, 210
モリス William Morris 4, 54, 69, 207

や
安福恵美子 68, 71, 160, 168, 207, 210
安村克己 16, 43, 44, 47, 210
山口洋典 173, 196, 210
山上徹 43, 70, 122, 124, 168, 195, 210
山中茉莉 197, 210

ゆ
結城登美雄 70, 210
ユヌス Muhammad Yunus 61

よ
吉本哲郎 62, 70, 210

ら
ラスキン John Ruskin 4, 5, 12, 14, 50, 51, 52, 53, 54, 56, 63, 69, 132, 200, 207, 211

れ
レニエ Kathleen Regnier 197, 210

ろ
ローソン Chris Rowthorn. 113, 123, 134, 211

筆者紹介

冨本 真理子（とみもと まりこ）

1959年愛知県名古屋市生まれ。1978年愛知県立千種高校卒業。1982年南山大学外国語学部イスパニア科卒業。（株）トヨタ自動車勤務、公文式教室経営・指導を経て、2010年京都橘大学大学院文化政策学研究科博士後期課程修了。博士（文化政策学）。京都橘大学TA、2011年から岐阜女子大学非常勤講師。

固有価値の地域観光論 京都の文化政策と市民による観光創造

発行日　2011年3月20日　初版第1刷

著　者　冨本 真理子
発行人　仙道 弘生
発行所　株式会社 水曜社
　　　　〒160-0022　東京都新宿区新宿1-14-12
　　　　TEL 03-3351-8768　FAX 03-5362-7279
　　　　URL http://www.bookdom.net/suiyosha/
印　刷　大日本印刷 株式会社
制　作　株式会社 青丹社

©TOMIMOTO Mariko, 2011, Printed in Japan　ISBN978-4-88065-256-6　C0036

本書の無断複製（コピー）は、著作権法上の例外を除き、著作権侵害となります。
定価はカバーに表示してあります。乱丁・落丁本はお取り替えいたします。

文化とまちづくり叢書　地域社会の明日を描く――。

企業メセナの理論と実践
なぜ企業はアートを支援するのか
菅家正瑞 監修編・佐藤正治 編著
2,835 円

文化政策学入門
根木昭 著
2,625 円

文化行政法の展開
文化政策の一般法原理
根木昭 著
3,150 円

文化政策の法的基盤
文化芸術振興基本法と文化振興条例
根木昭 著
2,835 円

創造都市と社会包摂
文化多様性・市民知・まちづくり
佐々木雅幸・水内俊雄 編著
3,360 円

文化政策と臨地まちづくり
織田直文 編著
2,835 円

まちづくりと共感、協育としての観光
地域に学ぶ文化政策
井口貢 編著
2,625 円

フランスの文化政策
芸術作品の創造と文化的実践
クサビエ・グレフ 著　垣内恵美子 監訳
3,675 円

指定管理者は今どうなっているのか
なぜ企業はアートを支援するのか
中川幾郎・松本茂章 編著
2,100 円

芸術創造拠点と自治体文化政策
京都芸術センターの試み
松本茂章 著
2,940 円

文化的景観を評価する
世界遺産富山県五箇山合掌造り集落の事例
垣内恵美子 著
3,360 円

まちづくりオーラルヒストリー
「役に立つ過去」を活かし、「懐かしい未来」を描く
後藤春彦・佐久間康富・田口太郎 著
2,100 円

アーツ・マネジメント概論 三訂版
小林真理・片山泰輔 監修
伊藤裕夫・中川幾郎・山﨑稔惠 編著
3,150 円

アーツ・マーケティング入門
芸術市場に戦略をデザインする
山田真一 著
3,150 円

全国の書店でお買い求めください。価格はすべて税込（5％）です。